Rômulo Monteiro é um autor excepcional e um leitor voraz, o que transforma seu livro em uma rica jornada de conhecimento teológico. Neste livro, ele apresenta uma análise teológica e ética que busca apresentar a moralidade cristã à luz do conceito do templo, como um espaço sagrado que serve como seu habitat. Ele também argumenta que a ética não deve ser reduzida a uma simples lista de regras ou mandamentos, mas deve ser entendida em um contexto mais amplo que inclui a flexibilidade, a criatividade e a complexidade das relações humanas. Sua proposta é demonstrar que a moralidade cristã deve ser vivida em um espaço de acolhimento e edificação, respeitando a diversidade de consciências dentro da comunidade de fé. Para todos aqueles que desejam viver corretamente no habitat ético da fé, este livro é uma leitura indispensável!

MARCELO BERTI, pastor da Igreja Fonte São Paulo

Em *O habitat da moralidade*, Rômulo Monteiro apresenta uma abordagem inovadora e profunda sobre a moralidade bíblica ao explorar o conceito do templo como estrutura unificadora da ética cristã. O autor nos conduz em uma jornada teológica que vai desde a compreensão do templo-presença no Antigo Testamento até as implicações éticas dessa temática no Novo Testamento, oferecendo uma visão abrangente que conecta Gênesis ao Apocalipse.

A escrita de Rômulo Monteiro é clara e envolvente, combinando erudição acadêmica com reflexões pessoais que tornam o conteúdo acessível e relevante. Não se esquivando dos limites da obra, demonstra humildade intelectual ao encorajar o leitor a prosseguir na exploração do tema por conta própria. Essa abordagem não apenas enriquece a leitura, mas também convida a uma participação ativa na aplicação dos conceitos apresentados.

O habitat da moralidade é uma contribuição significativa para a teologia moral e ética cristã. Ao rejeitar uma moralidade "chata" e legalista, o autor nos guia em direção a uma compreensão mais profunda e vibrante da vida ética, enraizada no encontro com Deus e na realidade do templo como espaço sagrado. Ele nos lembra que a moralidade bíblica não é um conjunto de regras isoladas, mas um convite a participar da missão divina de expandir a presença de Deus no mundo.

Recomendo esta obra a teólogos, pastores, estudantes e a todos que buscam uma compreensão mais rica da ética cristã. O livro desafia pressupostos comuns e oferece insights valiosos que têm o potencial de transformar não apenas o pensamento, mas também a prática cotidiana da fé. Ao enfatizar a importância do lugar, da identidade e da missão, Rômulo Monteiro fornece ferramentas essenciais para navegar pelas complexidades éticas de nosso tempo de maneira fiel e significativa.

Rômulo Monteiro nos oferece um trabalho que combina profundidade teológica com aplicabilidade prática, encorajando-nos a viver como verdadeiros templos de Deus, onde a presença divina informa e transforma nossas escolhas morais. Uma leitura indispensável para quem deseja aprofundar-se nos fundamentos da moralidade bíblica e aplicá-los de forma concreta em sua vida e comunidade.

> **TIAGO ROSSI MARQUES**, professor adjunto do Seminário Martin Bucer Brasil na matéria de Teologia Pública/Política e pastor-presidente da Igreja Batista no Novo Riacho, na região metropolitana de Belo Horizonte, Minas Gerais

O habitat da moralidade é um daqueles livros com uma rara combinação de boa teologia, belas provocações, convicção latente, graça confortante, sabedoria prática e escrita agradável. E não poderia ser diferente, pois suas palavras não são só frutos de longas horas de pesquisas pontuais e leituras atentas. Contudo, encontramos refletida na vida do próprio autor, o amigo e pastor Rômulo Monteiro, a disciplina e o estilo de vida de um novo mundo, que busca preservar e iluminar o mundo em seu contexto. Espero que dê muitos frutos em muitas vidas, começando pela minha.

> **ALDAIR QUEIROZ**, pastor na MPC (Missão Paixão e Compaixão), diretor e professor no Theocidade – Instituto de Teologia, Cultura e Vida Cristã

O HABITAT *da* MORALIDADE

Rômulo Monteiro

Lar

Escola

Sagrado

O HABITAT da MORALIDADE

Existe um **lugar certo** para o certo

Trabalho

Copyright ©2025, de Rômulo Monteiro

Todos os direitos desta publicação são reservados à Vida Melhor Editora Ltda. Nenhuma parte desta obra pode ser apropriada e estocada em sistema de banco de dados ou processo similar, em qualquer forma ou meio, seja eletrônico, de fotocópia, gravação etc., sem a permissão dos detentores do copyright.

As citações bíblicas são da Nova Versão Internacional, da Bíblia, Inc.

Produção editorial	Fabiano Silveira Medeiros
Preparação	Daila Fanny
Revisão	Gabriel Braz e Gabriel Carvalho
Diagramação	Tiago Elias
Capa	Kaiky Fernandez

Dados Internacionais de Catalogação na Publicação (CIP)
(BENITEZ Catalogação Ass. Editorial, MS, Brasil)

M772h
1.ed.   Monteiro, Rômulo
          O habitat da moralidade : existe um lugar certo para o certo /
          Rômulo Monteiro. – 1.ed. – Rio de Janeiro : Thomas Nelson
          Brasil, 2025.

          288 p.; il.; 15,5 x 23 cm.

          ISBN 978-65-5217-286-0

          1. Ética – Aspectos religiosos – Cristianismo. 2. Legalis-
          mo. 3. Moral cristã. I. Título.

03-2025/54   CDD 241

Índice para catálogo sistemático
1. Moral cristã   241
Aline Graziele Benitez – Bibliotecária - CRB-1/3129

Os pontos de vista desta obra são de responsabilidade de seus autores e colaboradores diretos, não refletindo necessariamente a posição da Thomas Nelson Brasil, da HarperCollins Christian Publishing ou de suas equipes editoriais.

Thomas Nelson Brasil é uma marca licenciada à Vida Melhor Editora LTDA. Todos os direitos reservados à Vida Melhor Editora LTDA.

Rua da Quitanda, 86, sala 601A - Centro,
Rio de Janeiro/RJ - CEP 20091-005
Tel.: (21) 3175-1030
www.thomasnelson.com.br

Sumário

Prefácio 9

Agradecimentos 11

Introdução 9

**PRIMEIRA PARTE
O CONCEITO BÍBLICO DE TEMPLO**

1 O habitat da moralidade: a estrutura unificadora 25

2 Nosso lugar: o templo-presença de Apocalipse a Gênesis 53

3 O templo-presença no Antigo Testamento 75

4 O escândalo do templo-presença no Novo Testamento 99

**SEGUNDA PARTE
PRINCÍPIOS ÉTICO-TEOLÓGICOS**

5 O templo fala: do símbolo aos princípios 135

6 Proposição 1: Templo é um lugar de encontro (a moralidade bíblica, portanto, é primariamente relacional) 171

7 Proposição 2: A primeira orientação no templo foi missional (a moralidade bíblica, portanto, é ativa por natureza) 199

8 Proposição 3: O templo escatológico é construído por escolhas que priorizam o povo (a moralidade bíblica, portanto, é corporativa) 231

Conclusão 263

Bibliografia 269

Prefácio

DENTRE OS DESAFIOS CONTEMPORÂNEOS da ética cristã, poucos livros ousaram propor uma visão tão abrangente e profundamente enraizada na Escritura quanto *O habitat da moralidade*. Nesta obra, Rômulo Monteiro, com sua habitual capacidade e sensibilidade teológicas, nos conduz por um caminho de redescoberta do lugar sagrado como chave interpretativa para a moralidade bíblica.

Como ex-aluno do autor, posso testemunhar a profundidade de suas aulas e a habilidade incomum de transformar conceitos complexos em insights práticos e transformadores. Aprendi imensamente sob sua orientação, e é com gratidão e admiração que escrevo estas palavras para endossar o que considero uma de suas contribuições mais significativas ao campo da teologia ética.

O livro está estruturado em duas partes bem definidas. Na primeira, Rômulo demonstra como o conceito de templo percorre a narrativa bíblica, revelando-se o "habitat" essencial para compreender a moralidade. Ele mostra que é no contexto do templo-presença que os mandamentos e exortações ganham vida, sentido e beleza. A riqueza analítica e o rigor exegético desta seção são impressionantes, com um diálogo produtivo entre teologia bíblica, gramática hebraica e ética filosófica.

Na segunda parte, o autor propõe princípios ético-teológicos baseados em sua exploração do templo. Com brilhantismo, ele articula como a moralidade bíblica é relacional, missional e corporativa. Estes capítulos não apenas apresentam uma estrutura unificadora para a ética cristã, mas também desafiam o leitor a abraçar uma visão de vida que equilibre firmeza e flexibilidade, justiça e amor, tradição e inovação.

A grandeza desta obra reside, contudo, em sua metodologia. Rômulo não impõe perguntas ou respostas à Escritura. Ele permite que o texto fale em seus próprios termos, respeitando suas nuances e complexidades. Este respeito pela Palavra resulta em uma abordagem que desafia as polarizações de nossa época, como conservadorismo e progressismo, apresentando uma ética que é, ao mesmo tempo, enraizada na tradição e relevante para o mundo contemporâneo.

O habitat da moralidade é mais do que um livro sobre ética. É um convite para mergulhar na riqueza da Escritura e contemplar o mistério da presença divina. É uma leitura obrigatória para teólogos, pastores e qualquer pessoa que deseje pensar profundamente sobre a relação entre fé, moralidade e vida prática.

Em sua primeira obra, *Caminhando na perfeição: a perseverança dos santos em Hebreus 6*, Rômulo falou com o público acadêmico sobre uma intrincada batalha teológica específica, como quem nos convida ao microscópio da exegese. Nesta sua segunda obra, Rômulo nos convida a sair do microscópio para olhar o mapa-múndi e considerarmos o lugar apropriado da ética bíblica. Desta forma, Rômulo Monteiro, mais uma vez, nos presenteia com uma obra que combina erudição acadêmica e aplicação pastoral. Este livro é um farol que ilumina e orienta, apontando para o templo como o espaço onde as escolhas éticas podem florescer à luz da glória de Deus.

Que esta obra inspire você, como inspirou a mim, a viver com sabedoria, amor e uma firme confiança na graça divina. Recomendo com alegria.

YAGO MARTINS
Advento de 2024,
Grand Rapids, MI

Agradecimentos

DESDE OS PRIMEIROS VESTÍGIOS DAS IDEIAS anotadas em gráficos indecifráveis na minha caderneta sem pautas até a discussão sobre a capa, pessoas e instituições se fizeram presentes de forma determinante na produção dessa obra. A informalidade das conversas em família à mesa, os momentos de perguntas e respostas na Primeira Igreja Batista de Aquiraz, a interação com os alunos e professores do Instituto de Teologia Semear, bem como a formalidade das aulas gravadas para o Seminário Teológico Jonathan Edwards, ajudaram na construção e solidificação das ideias aqui propostas.

Sou grato aos muitos irmãos da Primeira Igreja Batista de Aquiraz, que estiveram em oração e foram instrumento de ânimo. Aos alunos e professores do Instituto de Teologia Semear, que leram os primeiros capítulos. Ao Seminário Teológico Jonathan Edwards na pessoa do coordenador de cursos online Jairo Rivando, que, sabendo do meu interesse em ética, sugeriu meu nome em disciplinas que lidavam com a temática. Ao dr. Fares Camurça Furtado e à irmã Renata Sampaio Pontes pelas respostas esclarecedoras e corretivas. Ao irmão Lucas Fernandes, que foi muito prestativo na recuperação de um arquivo danificado. Ao dr. Fernando Henrique, que sempre se mostrou solícito me ajudando com questões linguísticas e com a gramática hebraica. Ao pr. Yago Martins que se dispôs imediatamente a ler e prefaciar a obra. Ao pr. Tiago Rossi pela leitura cuidadosa, interação produtiva, indicações bibliográficas e endosso. Ao pr. Aldair Queiroz pela leitura, auxílio nas traduções de expressões inglesas e endosso. Ao pr. Marcelo Berti por sua prontidão para leitura e endosso. Ao dr. Roque Albuquerque por nossas conversas que produziram excelentes insights, indicações e empréstimo de livros. Ao meu editor Fabiano Medeiros, que, além de se mostrar paciente e prestativo, fez minha conexão com a editora Thomas Nelson Brasil. À Editora Thomas Nelson Brasil por todo o apoio e profissionalismo.

Por fim, sou grato a minha família. Aos meus filhos Natanael, Heitor e Calebe, que me mantêm em sanidade e são doses diárias de realidade com suas demandas, questionamentos éticos e demonstrações constantes de carinho. A minha mãe, Vera Maria Benício Tavares, que sempre foi uma presença cuidadora. A minha esposa, Franciane Monteiro, que não cansa de me incentivar e motivar com palavras e com seu exemplo de perseverança. Ela está sempre me levando ao melhor *lugar*: a presença do nosso Senhor e Salvador Jesus Cristo. A meu Deus, que me perseguiu e voltou sua face para mim me presenteando com o *Encontro*.

Introdução

LIGO A TV DESEJANDO ASSISTIR AO NOTICIÁRIO. Cinco minutos se passam. "Que chato!", penso. Cedo demais? Precipitado? Impaciente? Pode ser. Mudo o canal e chego a um programa popular de auditório. O tédio só aumenta. Em seguida, vou para um programa de esportes. Desisto. Razão? Exatamente a mesma: uma chatice sem-fim. Decido, então, buscar uma mídia na qual possa escolher o assunto e a exata pessoa que quero ouvir (algo muito comum, porém extremamente perigoso em longo prazo, diga-se de passagem). Escolho ouvir uma pregação. Infelizmente, nada mudou. Reviro os olhos. Tradução: chatice.

Reações dessa natureza podem sinalizar somente um dia ruim e nada mais. Uma espécie de coincidência negativa que encontraria explicação *nos outros, e não em mim*. Mas, pelo pouco que me conheço, acho que não é esse o caso. Do outro lado do espectro explicativo, causas mais escuras apontam para a *minha pessoa*. Essas reações poderiam denunciar uma alma amargurada e um coração insatisfeito e exigente – bem típico do grande mal da ingratidão. Um espírito agitado e cego que precisa de dosagens constantes de novidade? É possível. Cansaço existencial, frustração vocacional, fadiga física, culpa não tratada e personalidade difícil podem ser colocados na lista das "possibilidades imorais" para o meu julgamento negativo. Doença? A princípio, não posso descartar. Por outro lado, creio que algumas doenças são melhores do que suas propostas de cura. Esse lado do espectro – o meu lado – não pode ser ignorado. Desconfiar de si mesmo é um dos efeitos do contato com a Revelação.

No entanto, existe um mundo entre uma ponta e outra do espectro, entre o lado escuro da minha alma e o mundo (os outros), que interpreto e julgo. E é exatamente aí que as coisas geralmente acontecem: na *complexidade do meio*. No meio, os tons não são definidos. A amargura do intérprete não é tão distinta da chatice do que é interpretado. A complexidade do meio me convida a pensar que podemos encontrar vestígios de verdade em meu julgamento amargurado. Em outras palavras, meu julgamento negativo não diz algo somente sobre minha alma, mas sobre o outro também.

Analisando meu julgamento, percebi um elemento comum em tudo o que ouvi naquele dia: eram discursos morais, propostas éticas. Não foram as notícias ou as pautas que geraram minha repulsa, mas os conselhos e as exortações. Concluí, então, que meu mal-estar poderia sinalizar a denúncia da alma de que o assunto não estava sendo tratado com a glória, a sofisticação, a elegância, a beleza e, principalmente, com o amor e a sabedoria que lhe eram devidos. Eram imperativos; porém, sem indicativos. Palavras vindas unicamente do mundo do exortador, historicamente desencarnadas, cegas para o outro, com todas as complexidades dele. Apesar de compartilharem da mesmice da superficialidade, eram apresentadas em um espírito de superioridade. Faltava-lhes o espírito criativo das parábolas do Senhor Jesus, da história de Natã ao rei Davi e dos atos simbólicos de Ezequiel e Isaías. Não compartilhavam o misto de dureza e misericórdia das palavras dos profetas. Eram destituídas da sabedoria que respeita os elementos situacionais – o velho e bom contexto. O mau cheiro do pragmatismo e do espírito binário, preguiçoso e insensível do legalismo era forte e repugnante. Uma chatice sem-fim.

Por que "chato"? Esse vocábulo e seus cognatos representam bem a desgraça de uma moralidade seca e pobre, como a apresentada anteriormente, do antigo e assolador, mas subestimado e quase esquecido, *legalismo*. Lei por lei.

Chatice diz respeito ao mal-estar gerado pela *mesmice*. Tal qual uma superfície chata, ou seja, plana, a chatice cansa pela monotonia de sua linearidade sem-fim. Não há ondulações, lombadas nem curvas. Pior, *não é flexível*. É sempre o mesmo: reto, linear e duro. A chatice estraga tudo aquilo que toca. Tem o poder de *deformar*, ao nivelar, as "irregularidades" e "elasticidades" do belo e do bom. Ela só atrai quem lhe é igualmente chato, e afasta ondulações e deformações que não se encaixam em sua "retidão".

INTRODUÇÃO

Seus representantes se veem como firmes, mas só são chatos — e isso diz muito do seu poder destruidor.

Antes de abordar o lado mais positivo desse assunto, destaco um elemento podre que aumenta a repulsa pela chatice e a rigidez: todos os chatos são contraditórios. Vou tentar ser mais específico, uma vez que todos nós, em algum momento e por inúmeras razões (filosóficas, morais e históricas), somos contraditórios. Talvez assim fique melhor: *as contradições dos chatos revelam que a palavra final de suas escolhas éticas, embora aparentem as virtudes da firmeza e da fidelidade, se explica por seus próprios interesses, em detrimento dos interesses dos outros, na flexibilidade de suas próprias vontades.* Em outras palavras, os chatos são rígidos *até* onde lhes convém. Sabemos que ninguém consegue ser inflexível o tempo todo. A vida exige flexibilidade. Em algum momento, todos se veem obrigados a declarar: "Depende". E é exatamente nesse momento que revelamos se a *flexibilidade* do nosso "depende" está ancorada na *solidez* da verdade e do amor — que tem como *modus operandi* o adaptar-se — ou em nossos próprios interesses.

Todo legalista que costuma cuspir regras (rigidez) indefinidamente, quando diz "Depende", na verdade está dizendo "Depende dos meus interesses". É aqui que percebemos que a chatice do legalismo não é uma mera questão de mal-estar pessoal. *Legalismo é uma eclesiologia.* Enquanto a eclesiologia bíblica é precedida pela riqueza e a amplitude da grande pedra cristológica, a eclesiologia legalista é precedida por uma microética e, por conseguinte, controlada por ela. Tem-se um verdadeiro gueto moralista. É um mundo particular em que os gostos e a consciência própria têm a palavra final. Nada mais contrário ao "espírito internacional" da igreja.

Para ser mais positivo: chato e chatice são boas palavras porque, além de descreverem e ilustrarem bem o *problema*, também retratam a *solução*. Explico: somos convidados pela Escritura a uma vida marcada pela *sabedoria*. Diferentemente do moralismo chato, que dispara suas regras sem vida e sem sensibilidade situacional, a sabedoria analisa o momento e, como um piso *moldável* e *flexível*, em vez de chato e duro, *abraça a realidade e o outro*, além de apresentar a solução com a criatividade da retórica, da parábola, do ato simbólico, do movimento corporal, do tom de voz, do envolvimento, da afeição, do olhar... De que forma a semântica da chatice pode nos ajudar? Por se tratar de um julgamento negativo, ela nos ensina pelo seu contrário. Logo, desejamos o seu oposto: a *flexibilidade* da sabedoria.

Em suma, a solução está na firmeza e na flexibilidade, como as que encontramos na *Torá* (instrução), que, como *fonte de sabedoria*, apresenta declarações *inflexíveis, do tipo* "Não matarás", seguidas de inúmeras *casuísticas situacionais e orientadoras*. Essas últimas, por sua vez, revelam que não podemos simplesmente jogar as leis no rosto das pessoas, ignorando o elemento situacional. O "Não matarás" precisa ser lido contextualmente.

O fato é que todos nós vivemos numa dinâmica entre firmeza e flexibilidade. A mais bela pintura é produto da dureza do pincel e da maleabilidade da tinta, da solidez da tela e da fluidez do sentimento do artista; o som da guitarra está na rigidez da madeira e na elasticidade dos dedos do músico. O mesmo pode ser dito sobre a ordem criada: a certeza do nascer do sol não ameaça a singularidade e a novidade de sua apresentação a cada dia. A vida é assim. Precisamos, pois, seguir sua dança como camaleões: corpo sólido e, ao mesmo tempo, adaptativo. Nada mais belo, sábio, amoroso e condizente com a vida real. Nada mais distante da feiura, da chatice e da rigidez do mundinho do legalismo.

As perguntas, portanto, devem ser: rígido *no quê?* Flexível *pelo quê?* Ou *por quem?* Diante dessas questões, minha mente se dirige a um texto que explica e justifica o espírito deste livro: "Para com os fracos *tornei-me fraco, para ganhar os fracos. Tornei-me tudo para com todos, para de alguma forma salvar alguns*" (1Coríntios 9:22). Aqui encontramos uma disponibilidade revelada em flexibilidade amorosa. E Paulo continua: "Faço tudo isso *por causa do evangelho*". Por outro lado, a flexibilidade paulina revela não ser um fim em si mesma (caso contrário, seríamos um "conglomerado de covardes");[1] ela é controlada pela *firmeza* do propósito e da missão: o evangelho.

Essa mesma dinâmica paradoxal também pode ser vista nas primeiras duas ordens dadas à humanidade: progressão ("Domine[m]"; Gênesis 1:26,28) e manutenção ("para cuidar"; Gênesis 2:15). E foi em Gênesis,

---

[1]Expressão retirada de Carson, D. A. *A cruz e o ministério cristão*. São José dos Campos: Fiel, 2009.

INTRODUÇÃO

especificamente em seus primeiros dois capítulos, que encontrei o amplo tema teológico que estimula a prática da fórmula paulina (*flexibilidade pelos outros e firmeza no evangelho*) *e/ou da dinâmica paradoxal das primeiras ordens (manutenção e progressão): a criação como lugar sagrado – um templo. Nele, encontramos a solidez que possibilita a flexibilidade.*

Aqui se faz necessária uma palavra sobre a metáfora escolhida. Quanto mais complexidade há na pessoa, na instituição, no comportamento, no evento histórico ou em qualquer objeto estudado, mais metáforas são necessárias para acessar melhor seu significado. Isso se dá porque "a função primária da metáfora é o entendimento", e nossa forma de entendimento é amplamente metafórica.[2] Encontrar uma boa metáfora é dar um passo a mais no processo de entendimento. A metáfora da densidade (rígido-flexível) foi escolhida na tentativa de esclarecer a realidade dinâmica, complexa e paradoxal que envolve nossas escolhas morais.

A aplicação da metáfora da densidade no mundo da ética pode elucidar a proposta de que as escolhas éticas se dão em um complexo de solidez e flexibilidade. Tomemos a libertinagem como exemplo. Trata-se de um caso de inversão das densidades, uma vez que flexibiliza o rígido. O legalismo, por outro lado, segue o exato oposto: enrijece as questões flexíveis. A ameaça do primeiro está em negociar o fundamental, enquanto a do segundo está em legislar o secundário, matando a sabedoria e a criatividade da ética cristã.

Pensando em categorias políticas, o conservador está inclinado a enrijecer o flexível; o progressista, por sua vez, a relativizar o estrutural. Em termos filosóficos, os expressivistas-emotivistas,[3] utilitaristas, hedonistas e/ou adeptos de uma ética teleológica dão a palavra final (ou seja, a solidez) ao indivíduo (ou seja, na volatilidade de desejos, sentimentos, propósitos); já os deontologistas, eudemonistas, estoicos, colocam a autoridade última em algo externo (fatos, verdade).

Em todos esses exemplos, a ameaça não se encontra somente na inversão da densidade, mas no fato de essas distorções terem uma aparência de piedade – como acontece em todo apelo de natureza moral. Elas contêm

---

[2] Lakoff, George; Johnson, Mark. *Metaphors we live by*. Chicago: The Chicago University of Chicago Press, 1980, p. 6, 36.

[3] MacIntyre, Alasdair. *Ética nos conflitos da modernidade*. Brasília: Devenir, 2022, p. 42-52.

suas bandeiras de virtude: a libertinagem exalta a graça; o legalismo, a firmeza; o conservadorismo, a solidez; o progressismo, a necessidade de mudanças e avanços; os emotivistas, a liberdade individual; os deontologistas, a verdade matemática. Entretanto, por outro lado, os desdobramentos negativos são incontáveis e tocam várias áreas da vida: a vivência na igreja, o evangelismo, a espiritualidade, a criação de filhos, o papel dos sexos na sociedade e no lar, a identidade do povo de Deus, a liturgia eclesiástica, a comunhão, a comida, a bebida, o calendário, a metodologia evangelística e até mesmo as práticas interpretativas.

Como lidar com essa realidade? Onde encontrar o equilíbrio? Seguem algumas poucas palavras sobre a metodologia e a finalidade deste livro. Elas apresentam sinteticamente a resposta proposta.

O livro é dividido em duas grandes partes. A Primeira Parte se dedica a buscar uma estrutura unificadora, visando à melhor forma de tratar a riqueza e a abundância dos *impulsos morais autoritativos* presentes no material bíblico (p. ex., exortações, imperativos, ordens). Pensei comigo mesmo: deve haver uma estrutura harmônica e firme na qual os imperativos bíblicos encontrem sentido e deem as mãos; ou, como notas musicais, trabalhem juntos em prol da mesma melodia. Busquei uma estrutura e encontrei um *lugar*, uma morada – o conceito teológico de templo. Encontrei o que chamo de *habitat da moralidade*. Como veremos na Introdução da Segunda Parte: (re)encontrei o "mundo simbólico"[4] do templo – um conceito amplo o suficiente para não ser ignorado em nenhuma reflexão ética.

No capítulo 1, apresento o tema do templo como o melhor dos candidatos para lidar com a complexidade dos impulsos morais, em que a dinâmica paradoxal da firmeza e da flexibilidade teria liberdade para ser exercitada. Como já dito, no tema do templo, *existe a solidez necessária para possibilitar a flexibilidade*.

Do capítulo 2 em diante, o livro se dedica a examinar a temática do templo ao longo da Escritura. Como será argumentado, creio que o lugar precede as instruções ou orientações. O objetivo da Primeira Parte, pois, é (re)

---

[4]Terminologia retirada de Hays, Richard B. *The moral vision of the New Testament*. New York: HarperCollins, 1996, p. 209, 293.

INTRODUÇÃO

criar um senso de espaço sagrado e alimentar o imaginário do leitor com o mundo simbólico do templo. Cada palavra da Primeira Parte é justificada pelo entendimento de que as instruções ganham vida e sentido no *lugar certo*. A intenção é (re)descobrir a "sinapse paulina" entre a ética e o templo.

A segunda parte do livro é dedicada a proposições teológicas que têm relação direta com a ética. Todas elas nascem do conteúdo da Primeira Parte; são desdobramentos ou aplicações da temática do templo no mundo das decisões éticas. Sobre essa parte, há uma longa introdução com maiores esclarecimentos de sua natureza.

O objetivo desta obra é ampliar o horizonte – abrir o *zoom* – do leitor para que ele, à luz das temáticas e da estrutura de pensamento que emergem do texto sagrado, tome suas próprias decisões. Meu desejo é levá-lo para o mundo e o lugar que *antecedem* a moralidade.

Essa ampliação de horizonte se dará ao considerar o tema do templo e outros que o acompanham (p. ex., reino e missão). Estou consciente de que a conexão entre esses temas e as questões éticas não é imediata, o que poderá levar o leitor a ter a sensação de estar lendo o livro errado. Por isso, a Segunda Parte é dedicada às implicações éticas do tema do templo, para que, ao lidar com as demandas que tocam questões como o valor da vida humana, a missão de domínio sobre a criação e o valor da presença especial de Deus, o leitor faça sozinho suas próprias conexões morais. Afinal, nenhum livro ou orientação ética deve substituir o exercício da meditação individual.

Não busco responder diretamente a questões éticas específicas (p. ex., aborto, tatuagem, inseminação artificial, controle de natalidade, posição no espectro político...). A obra tem o gênio da teologia bíblica, ou seja, não me aproximei do texto bíblico com os questionamentos éticos dos nossos dias; antes, meu desejo foi trazer para o século 21 os questionamentos, os temas e as estruturas cognitivas dos dias bíblicos que tocam na ética. Em outras palavras, o livro não tem a pretensão de apresentar respostas prontas a partir de textos-prova.

É importante esclarecer dois termos: ética e moralidade. Em geral, ambos são empregados de forma intercambiável. Faz sentido, pois realmente existem coincidências entre eles. Contudo, não há consenso. Há quem estabeleça distinções. Para alguns, por exemplo, "moralidade" diz respeito ao mundo do indivíduo, enquanto "ética" está ligada ao coletivo. Outros asseguram que a moral está atrelada ao senso interno de certo e errado, enquanto ética lida com a reflexão ou o estudo da moral.

Segundo Scott B. Rae:

> Tecnicamente, a moralidade se refere ao efetivo conteúdo do que é certo e do que é errado, enquanto a ética se refere ao processo de determinação do certo e do errado. A ética é uma arte, bem como uma ciência. Como ciência, envolve alguma precisão, mas, como arte, é uma disciplina inexata e algumas vezes intuitiva. A moralidade é o resultado final da deliberação ética, a substância do certo e do errado.[5]

Mesmo reconhecendo tais distinções, há ainda uma relação próxima que justificaria, em certas circunstâncias, o uso intercambiável dos termos. Qualificar algo como "ético", por exemplo, seria julgá-lo moralmente aprovado. Contudo, creio que cada vocábulo traz nuances próprias. Ou seja, o uso intercambiável, mesmo que possível, não é um absoluto. As distinções elencadas por Scott Rae na citação acima representam a visão dessa obra.

Este, portanto, poderia ser categorizado como um livro de teologia ética, ética teológica ou teologia moral. "Ética", porque tenho em vista, primariamente, o processo de chegada ao conteúdo moral (e não o conteúdo em si), e toda a argumentação busca apreciar seu valor e aplicação. "Teológica", porque toda ética cristã é essencialmente teológica. A distinção entre doutrina e moralidade, ou entre teologia e vida, não é feita pelas Escrituras e, portanto, deve ser evitada.[6] Além disso, a obra se propõe a mostrar que o tema teológico do templo é o lugar em que a moralidade encontra seu sentido.

Em outras palavras, anseio ampliar significados, despertar a imaginação, desafiar a criatividade, fomentar o desejo por sabedoria, expandir a visão, reconhecer as complexidades, desenvolver o senso histórico, contemplar

---

[5] Rae, Scott B. *Ética cristã*. São Paulo: Vida Nova, 2013, p. 17-8.
[6] Lints, Richard. *Introdução à teologia evangélica*. São Paulo: Vida Nova, 2022, p. 83-4.

o outro, reconhecer o simples; em suma, acender algumas luzes da sala da realidade e, principalmente, provocar no leitor o desejo de estar diante do trono da graça e da misericórdia, pois é lá que encontramos as respostas *sólidas*, bem como o silêncio que nos apresenta um mundo flexível de possibilidade de ação.

Ainda sobre a metodologia: o livro está repleto de notas de rodapé (principalmente na Primeira Parte). Elas têm um público e um objetivo bem específicos. Usei esse espaço para expor minha consciência bibliográfica e aprofundar alguns tópicos. Ou seja, o texto das notas terá uma orientação mais acadêmica. Acredito ser um bom recurso para autores novos e desconhecidos como eu dialogarem com leitores mais exigentes. Portanto, elas poderão ser ignoradas sem prejuízo de sentido.

Sem mais, vamos ao que é *firme*! Vamos ao que é *flexível*! Vamos ao lugar sagrado!

Primeira parte

O CONCEITO BÍBLICO DE TEMPLO

Capítulo 1

O HABITAT DA MORALIDADE: A ESTRUTURA UNIFICADORA

> O mundo moderno está cheio de velhas virtudes cristãs enlouquecidas. As virtudes enlouqueceram porque foram isoladas umas das outras e estão circulando sozinhas.
> **G. K. Chesterton**[1]

> O que hoje se constitui em novos sistemas ou (como eles costumam chamar agora) "ideologias" não passa de fragmentos do próprio Tao,[2] arbitrariamente deslocados do seu contexto mais amplo e depois levados à loucura em seu isolamento, sendo que a validade continua, ainda assim, a ser devida ao Tao e a ele somente.
> **C. S. Lewis**[3]

ESTAMOS CERCADOS POR QUESTIONAMENTOS MORAIS. Sejam de origem interna, sejam de origem externa, eles sempre estão por perto. Devo? Posso? É errado? É certo? Por que não? Sou obrigado mesmo? É permitido? Sua igreja permite? Existe uma vontade de Deus para cada passo de nossa caminhada? Esses são alguns exemplos. Eles surgem em tenra idade e não diminuem nem findam com o passar tempo; muito pelo contrário, com os anos, o repertório de dúvidas só se torna maior e mais complexo.

Algumas razões para nossa obstinação com as questões morais e sua onipresença em nossa vida são: o imaginário religioso protestante, no qual a espiritualidade é vista basicamente como um tipo de moralidade restritiva; a variedade incontável de tradições dentro do protestantismo, cada qual com suas normas particulares (p. ex., liturgia, vestes, alimentação,

---
[1] Chesterton, G. K. *Ortodoxia*. São Paulo: Mundo Cristão, 2008, p. 52.
[2] Segundo o próprio Lewis (Lewis, C. S. *A abolição do homem*. Rio de Janeiro: Thomas Nelson Brasil, 2017, p. 45-7, grifo na citação): "[I]sso que eu chamei de *Tao*, por questão de conveniência e que outros podem chamar de Lei Natural, Moralidade Tradicional, Primeiros Princípios da Razão Prática ou Primeiras Trivialidades, não é de uma série de sistemas de valor possíveis. Trata-se da única *fonte de todos os juízos de valor*".
[3] Lewis, C. S. *Cristianismo puro e simples*. Rio de Janeiro: Thomas Nelson Brasil, 2017b, p. 46.

calendário); e a sensibilidade moral, restaurada pelo novo nascimento. Além desses elementos culturais e religiosos, há algo mais fundamental: somos seres morais. Como bem observa C. S. Lewis, "a mente humana está muito mais propensa a louvar e depreciar do que a descrever e definir. Deseja fazer de toda distinção uma distinção de valor".[4] O psicólogo social Jonathan Haidt reforça nossa conclusão ao declarar que a *obsessão* pela moralidade é "a condição moral humana *normal*".[5]

A COMPLEXIDADE DA MORAL

É impossível contabilizar o número de vezes que qualquer pastor foi solicitado a responder a questionamentos morais, por menor que seja seu tempo de ministério. Vez ou outra, trazem-nos as perguntas genéricas alistadas nas primeiras linhas deste capítulo, bem como suas inúmeras variáveis. As mesmíssimas palavras ora emergem de um coração pacificado, curioso e/ou desejoso de fazer a vontade de Deus; ora advêm de uma pobre alma legalista que só consegue enxergar a vida e a relação com Deus por meio de uma leitura impessoal das Escrituras — a letra sem o escritor; a norma sem as intenções; ora procedem de um coração escravizado pelo mundo interno dos sentimentos e desejos. Isso acontece porque a moralidade, inevitável, nos leva ao complexo e reflexivo mundo da ética. Infelizmente, nesse encontro, a grandeza, a complexidade e a riqueza dos componentes morais não são consideradas em sua integralidade; muito pelo contrário. Nem toda proposta ética dignifica a moralidade.

Seja qual for a intenção de quem pergunta, diante da diversidade, da riqueza e da complexidade do material moral, seus questionamentos podem revelar um modelo *ético* em que muito é deixado de lado, incluindo os elementos fundantes. A pessoa de Jesus Cristo, à luz de sua missão (encarnação, ensino, morte e ressurreição), e toda construção histórico-teológica do Antigo Testamento, com seus temas riquíssimos (por exemplo, reino, aliança, templo) que explicam e justificam as orientações neotestamentárias, correm o risco de ser ignoradas e/ou suspensas de tal raciocínio

---

[4] Lewis, 2017, p. 25.
[5] Haidt, Jonathan. *A mente moralista*. Rio de Janeiro: Alta Books, 2020, p. xvii.

ético, reduzindo, assim, a ética cristã ao acréscimo ou à troca de normas, à sujeição a elas, ou, simplesmente a ouvir a voz do coração.

O caminho que aqui proponho é o extremo oposto ao reducionismo encontrado nas abordagens legalista, libertina[6] ou historicista,[7] todas elas fragmentadas. No caso do legalismo, a regra tem a palavra final. Sua ênfase está no desempenho, na autoridade dos detalhes (uma lei para tudo ou "lei pela lei"). No caso da libertinagem, o desejo e/ou o sentimento do indivíduo fala mais alto. A ênfase, aqui, está na naturalidade, espontaneidade e/ou subjetividade, o caminho contrário ao da autodisciplina. No historicismo, o momento e o desenvolvimento históricos têm a palavra final. Sua ênfase está na leitura cultural, na situação e nas mudanças.

As três abordagens são propensas a julgar e desprezar os outros e a desdenhar deles, como todo ser humano faz.[8] Apesar de somente uma delas ter o nome "legalista", as três se inclinam ao julgamento; o que muda são as matrizes morais acionadas. Uma usa a lei; a outra, o ego; a terceira, a cultura ou o momento histórico. Assim, quando a palavra "legalismo" e suas derivações forem usadas ao longo deste livro, elas também se aplicam aos que defendem a abordagem da autonomia ou da cultura.

Por fim, e mais importante, o ponto comum entre as três abordagens não se restringe à inclinação em condenar e desprezar os outros, mas considera também a ausência de um horizonte amplo, de um habitat, de algo que as preceda e que vá além da lei da ética legalista, do eu da ética autônoma e do momento histórico da ética historicista – desses fragmentos da realidade. Só em seu habitat, a moralidade bíblica pode viver em glória. Nossa reflexão ética carece, portanto, de uma estrutura unificadora que dignifique a moralidade bíblica. Ou, nas palavras de Richard Hays, carecemos de um "mundo simbólico".

------

[6] Segundo Taylor (Taylor, Charles. *A ética da autenticidade*. São Paulo: É Realizações, 2011, p. 12), uma das mudanças que definem a modernidade é o *individualismo*: "A liberdade moderna foi ganha por nossa fuga dos antigos horizontes morais. As pessoas costumavam se ver como parte de uma ordem maior". Ou seja, a liberdade moderna implica em perda de sentido. O que restou foi uma abordagem de "custo-benefício", na qual o único referente é o indivíduo. Em suma, uma liberdade autorreferente niilista.

[7] Para o historicismo, não existe ordem universal. Segundo Oliver O'Donovan (O'Donovan, O. Resurrection and moral order. Downers Grove: IVP, 2020, p. 67): "Aquilo que a ética clássica considerava ordem trans-histórica é, ela [a visão historicista] afirma, um fenômeno histórico. A ação não pode conformar-se com valores trans-históricos, porque não existem, mas deve responder aos dinamismos imanentes daquela história para a qual se encontra a contribuir".

[8] Haidt, 2020, p. xvii.

O HABITAT DA MORALIDADE

Ao tratar da ética de Jesus no sermão do monte, Scot McKnight entende corretamente que Cristo não se encaixa em nenhum modelo ético, como a ética das virtudes, o deontológico ou o utilitarista. Em suas palavras, "o uso dessas categorias corre o sério risco de colonizar Jesus na história do pensamento filosófico".[9]

Visando evitar a colonização ou o reducionismo da ética de Jesus, McKnight propõe quatro ângulos pelos quais podemos contemplar devidamente a ética do reino de Deus:[10]

1. *Ética de cima*: moralidade fundamentada nos mandamentos mosaicos;
2. *Ética do além*: moralidade fundamentada na escatologia dos profetas. É uma ética do reino e da nova era;
3. *Ética de baixo*: moralidade fundamentada na sabedoria de livros como Provérbios e Eclesiastes;
4. *Outros três elementos*: ética messiânica, pois as palavras de Jesus estão ligadas à sua missão; ética eclesial, pois a ética deve ser vivida na comunidade, na igreja, na manifestação do reino; e ética pneumática, pois é vivida por meio do poder do Espírito.

A luta de Scot McKnight para não colonizar a ética de Jesus é extremamente válida. Aliás, é a luta deste capítulo: respeitar a complexidade enquanto buscamos a unidade. Ao propor a expressão "ângulos", ele tenta manter a complexidade enquanto se esforça para propor uma abordagem unificadora. No entanto, ainda há limitações em sua proposta. Citarei somente dois exemplos: a base bíblica usada para o que McKnight chama de "ética de baixo" é Provérbios. Porém, passagens como "De nada vale a riqueza no dia da ira divina, mas a retidão livra da morte" (Provérbios 11:4)[11] mostram que a vida esperada pelo temente a Deus não é somente mais

---

[9] McKnight, Scot. *Sermon on the Mount*. Grand Rapids: Zondervan, 2013, p. 7.
[10] McKnight, 2013, p. 8-14.
[11] Outros exemplos: "No caminho da justiça está a vida; essa é a vereda que preserva da morte" (Provérbios 12:28); "O caminho da vida conduz para cima quem é sensato, para que ele não desça à sepultura" (15:24); "Não evite disciplinar a criança; se você a castigar com a vara, ela não morrerá. Castigue-a, você mesmo, com a vara, e assim a livrará da sepultura" (23:13,14).

tempo de existência, assim como a morte prometida ao ímpio não é reduzida a menos tempo de vida. Ou seja, esses são claros indícios de uma escatologia permeando o livro de Provérbios. O segundo exemplo, mais importante, mostra que, apesar de os ângulos lidarem com questões fundamentais, minha busca não é pelo *penúltimo*, mas pelo *último*.

Sistematizar, organizar e teorizar são comportamentos naturais. Segundo Dillard,[12] "a questão não é se 'devemos harmonizar ou não', pois harmonização é uma característica inevitável e praticamente universal do dia a dia". Assim, existirão inúmeras formas de abordagem e, por conseguinte, muitas propostas de modelos éticos, com suas ênfases e categorias próprias: o deontologista com seus imperativos, o utilitarismo com seu olhar no resultado das ações, a ética historicista buscando entender os processos culturais e a ética das virtudes priorizando o ser e o fazer.

Minha tese é que *o exercício da moralidade cristã carece de um habitat complexo para subsistir em toda a sua glória, bem como suprir a necessidade de harmonizar a diversidade de impulsos morais que encontramos nas Escrituras.*

As prescrições bíblicas, ou a lei moral natural, em toda a sua riqueza de expressão, constituem somente um componente no mar de complexidade que forma o habitat da ética bíblica. O impulso comportamental provocado pelo contato com as Escrituras nunca é *ex nihilo*. Orientações, exortações, advertências, conselhos, revelações e imperativos são precedidos por um ambiente.

Segundo J. F. Keenan, "a ética das virtudes centra-se na seguinte questão: "Quem queremos nos tornar?".[13] Essa questão é multiplicada por outras: Quem somos? Quem deveríamos ser? Como chegaremos lá? Ou seja, na ética das virtudes, a antropologia precede a moral. Expresso de outra forma: o ser precede o fazer. O contexto para as orientações éticas é o ser humano – seu ser e alvo.

Contudo, estou buscando o último, e não o *penúltimo*. Antes de perguntar: "O que devemos fazer?" ou "O que podemos fazer?", ou ainda

---

[12]Dillard em Conn apud Chou, Abner. *I saw the Lord*. Eugene: Wipf & Stock, 2013, p. 22.
[13]Em Harrington, Daniel J.; Keenan, James F. *Jesus e a ética da virtude*. São Paulo: Loyola, 2006, p. 54.

"Quem somos?" e "Quem queremos nos tornar?", precisamos nos perguntar "Onde estamos?".

A solidez e/ou firmeza, portanto, não está(ão) nos *detalhes*, mas no que dá sentido a eles. Como bem assinala Francis Schaeffer, o ser humano "não representa um ponto de integração suficiente para si mesmo".[14] O que Schaeffer diz do homem pode ser dito de qualquer orientação ou impulso comportamental dado ao homem. Em outras palavras, a pergunta que *deve preceder* todos os nossos questionamentos morais é: "Onde estamos?".

Escrevendo sobre as marcas do estilo filosófico hebraico, Dru Johnson assegura que há uma tendência nos autores bíblicos de se concentrarem na história e no *lugar*. Em suas palavras: "Porque Yahweh criou esse universo e situou a humanidade no mapa da Mesopotâmia, toda filosofia hebraica tem de se referir, de alguma maneira significativa, à história iniciada e entrelaçada *desde a criação*".[15] Em outro momento, ele declara:

> A formação e o comissionamento da humanidade por Yahweh, a descoberta guiada da mulher e a unidade do par biologicamente sexuado raramente é mencionada diretamente após Gênesis 4. No entanto, vemos a presunção disso em quase toda literatura bíblica.

Assim, se, por um lado, a Escritura não se inicia perguntando exatamente "Onde estamos?"; por outro, ela tem muito interesse em responder a essa questão já em suas primeiras linhas. Há um interesse surpreendente dos escritores sagrados em nos situar no tempo e no espaço. São vários os marcos históricos revelados: a criação; o distanciamento gerado pelo pecado; a promessa; o chamado de Abraão; o êxodo; a entrega da lei no Sinai; a unção dos reis; o exílio; a chegada do Messias trazendo o novo êxodo; o novo Sinai e a ressurreição do Senhor Jesus, inaugurando um novo tempo, são alguns exemplos. Cada um deles deixou sua marca na história, constituindo mudanças e trazendo novidades consideráveis que

---

[14] Schaeffer, Francis. *O Deus que se revela*. São Paulo: Cultura Cristã, 2002, p. 39-40.
[15] Johnson, Dru. *Filosofia bíblica*. Rio de Janeiro: Thomas Nelson Brasil, 2022, p. 141.

revelavam a dinâmica da progressividade no grande projeto divino de estabelecer ordem no mundo.

Dessa forma, diante do questionamento "Onde estamos?", todos os autores e os principais personagens bíblicos poderiam responder em uníssono: "Em um templo em ampliação".

Em face da complexidade e da riqueza conceitual envolvidas, e pelo lugar em que o tema do templo emerge pela primeira vez (Gênesis 1–2), podemos assegurar que ele é amplo o suficiente para abarcar muitos outros temas: identidade, missão... O *"Onde* estou?" (lugar) me leva a *"Quem* eu sou?"* (identidade) e a *"Qual* é a minha missão?" (orientações).

A escolha do vocábulo "habitat" justifica-se pelo fato de ele carregar em si um imaginário de interdependência para a vida. Trata-se de um conceito amplo. Ou seja, fora dele, as exigências, orientações, mandamentos e "leis", bem como suas respectivas explicações e justificativas mais básicas, facilmente desaparecem, ou melhor, morrem sem ar. Por outro lado, nele, os mandamentos não somente sobrevivem, mas também e tornam deleitáveis (1João 5:3). Toda a orientação moral, assim como nós mesmos, precisa de um habitat, um ambiente ou uma estrutura maior que lhe forneça condições de vida. Por fim, a semântica do vocábulo traz consigo o imaginário de lugar, e veremos a importância dessa nuance ao longo da obra.

Quanto aos questionamentos que abriram este capítulo, ao adentrar no referido habitat, o resultado é a incontável aniquilação de uns, pois não farão o menor sentido no ambiente; a transformação e/ou reorientação de outros e o florescer de muitos. Lançando mão da metáfora da densidade: a solidez da moralidade cristã não está em elementos soltos, mas na reunião deles, no reconhecimento do ambiente em que emergiram – no habitat.

Em suma, carecemos de uma estrutura maior que unifique, por um lado, todos os pormenores morais, tanto internos como externos (encontrados em exortações, imperativos, proibições, alertas e todos os gêneros literários que apresentam uma inclinação moral mais explícita). Precisamos de uma estrutura unificadora que funcione como um tipo de guia na lida com a diversidade colossal de orientações morais do material bíblico, e também com nossos impulsos internos.

O que fazer com a Torá? Como lidar com nossos desejos? Como relacionar a Torá com o sermão do monte? Qual é a relação entre a primeira ordem de domínio e as exortações paulinas que visam à edificação do corpo de Cristo? Qual é a relação entre nossa consciência interna e os mandamentos externos? Carecemos de uma estrutura-habitat que nos ajude a unificar esses particulares.

Antes de apresentar o caminho que segui para encontrar essa estrutura unificadora, é importante entender que essa abordagem não está relacionada de maneira binária e/ou eliminatória. As palavras sobre o realismo crítico, a seguir, tanto ajudarão a entender a relação harmônica dessa abordagem com outras propostas como explicitarão o espírito de nossa busca.

A METODOLOGIA APLICADA

Por onde começar?

Enquanto inúmeras questões éticas tomam minha mente, e os incontáveis mandamentos, exortações e admoestações do texto sagrado me vêm à memória, pergunto se não existe uma forma de organizá-los. Existe uma moldura que nos permita ver melhor essa diversidade? Como me aproximar do texto? O que acontece ou poderá acontecer quando eu me achegar a ele? Existe uma forma certa de abordá-lo? Quem pode dizer como devo lidar com ele? Se o que quero é "deixar o texto falar", como fazer isso dentro de um tópico específico, como ética e moral? Ler a Bíblia assim seria uma imposição temática? Como ouvir o texto bíblico sem impor minha agenda? Isso é possível? Essa é, afinal, uma busca legítima? Não estaria impondo um modelo prévio, fazendo a Bíblia responder ao que não lhe interessa? Por último, havendo entendido que a busca é legítima, por onde começar?

Creio que uma palavra sobre como lidar não somente com o texto, mas também com a realidade, tem um valor inestimável. Por "realidade", refiro-me a absolutamente tudo que está diante de nós. A abordagem interpretativa que entendo ser a mais honesta é a chamada de realismo crítico. Ela entende que, por um lado, a realidade independe do observador-intérprete; por outro lado, por ser crítica, ou seja, sujeita à crítica, pressupõe não

O HABITAT DA MORALIDADE: A ESTRUTURA UNIFICADORA

existir neutralidade na observação, pois podemos – e tendemos a – macular o que vemos.

N. T. Wright assim se refere a essa abordagem:

> É um modo de descrever o processo de "conhecimento" em que, de acordo com essa abordagem, reconhecemos *a realidade da coisa conhecida, diferenciando-a do conhecedor* (daí realismo), enquanto também reconhecemos plenamente que o único acesso que temos a essa realidade consiste, ao longo de um caminho espiral, do *devido diálogo entre o conhecedor e a coisa conhecida* (daí "crítico").[16]

As implicações de seguir essa abordagem epistemológica são inúmeras. Segundo Grant R. Osborne, "as afirmações, científicas ou teológicas, devem ser representações válidas das coisas como elas são". Elas podem ser verificadas, "pois existem vários níveis em que é possível afirmar uma realidade. [...] os realistas críticos nunca supõem que tenham alcançado a declaração definitiva da verdade teológica: *o processo de validação e aprimoramento não cessa*".[17]

Além da necessidade constante de avaliação e reavaliação, o realismo crítico tem também suas implicações metodológicas. Quanto a essa questão, as palavras de Alister McGrath sobre o realismo crítico de Roy Bhaskar são valiosas: "Seu [de Roy Bhaskar] argumento básico é que a ontologia do objeto determina como podemos conhecê-lo. A natureza de algo *determina como podemos lidar com ele* – e como podemos conhecê-lo". Citando o próprio Bhaskar: "É a natureza do objeto que determina a forma de sua possível ciência".[18] A metodologia deve, pois, ser estabelecida *a posteriori*, e não *a priori*. Aplicando isso à nossa aproximação ao texto sagrado, é o texto que nos orienta sobre como nos aproximar e quais são os temas de seu interesse.

---

[16] Wright, N. T. *O Novo Testamento e o povo de Deus*. Rio de Janeiro: Thomas Nelson Brasil, 2022, p. 66-7.

[17] Osborne, Grant. *Espiral hermenêutica*. São Paulo: Vida Nova, 2009, p. 514-5. Grant Osborne (2009, p. 515-6) apresenta uma série de critérios: *Sucesso explicativo*: explica melhor os particulares? *Abrangência*: reponde por todas as declarações das Escrituras sobre o tema? *Suficiência*: descreve a doutrina de maneira melhor do que as escolas concorrentes? *Consistência*: explica melhor os particulares doutrinários? *Durabilidade*: tem a viabilidade confirmada pela comunidade? *Fertilização cruzada*: a viabilidade da afirmação é aceita por diferentes escolas?

[18] Bhaskar, Roy apud McGrath, Alister. *A ciência de Deus*. Viçosa: Ultimato, 2016, p. 158-60.

Tanto pelo processo de reavaliação constante como pela metodologia *a posteriori*, o realismo crítico nos alerta quanto ao perigo da imposição temática por parte do observador-intérprete. O texto não existe para responder aos nossos questionamentos. Em outras palavras, podemos fazer perguntas erradas e/ou procurar por algo que o texto nunca se propôs a responder ou desenvolver. Fugindo da imposição temática, o melhor ponto de partida para lidar com os temas de nosso interesse e as Escrituras seria, por um lado, suspender, mas não abandonar, nossos questionamentos; por outro, reconhecer ou encontrar os temas que emergem da própria Escritura. Ou seja, deixar a Escritura apresentar os seus próprios temas.

Chegamos, pois, à seguinte metodologia: em primeiro lugar, devemos esperar até que a primeira orientação moral emerja da Escritura. Em outras palavras, deixamos o texto, caso queira, "entrar no assunto". Em segundo lugar, identificamos a estrutura em que essa primeira orientação moral está ancorada. Nenhuma declaração é arbitrária. Há um contexto que "abriga" todas as declarações. Contexto é o mundo que cerca o objeto estudado. Queremos conhecer esse mundo.

Quanto à busca ou à espera pela primeira orientação moral, vale ressaltar que ela não pode ser confundida com a caça a um gênero literário específico. Na visão popular (intuitiva e, por isso, perigosa), mandamentos, leis, regras, preceitos e exortações são vistos como os textos éticos por excelência. Se existem gêneros éticos, o grande sinal gramatical seria o bom e velho imperativo, os enunciados diretivos ou volitivos, segundo os linguistas.

É incontestável que existem gêneros literários e sinais gramaticais[19] com um apelo ético mais direto e explícito (p. ex., imperativo, jussivo hebraico); contudo, tê-los como alvo primeiro seria circunscrito demais. Estaríamos sujeitos a cometer o erro de passar ao largo de poesia, narrativa, cânticos, declarações de desejo, lamentações ou profecias que contêm apelo ético, ainda que indiretos.

---

[19] Tanto em grego como em hebraico, a presença do modo imperativo não implica ordem. O modo pode ser usado para recomendações, convites ou pedidos (veja Ross, Allen P. *Gramática do hebraico bíblico para iniciante*. São Paulo: Vida, 2001, p. 155; Wallace, Daniel B. *Greek grammar beyond the basics*. Grand Rapids: Zondervan, 1996, p. 485-93; Porter, Stanley; Reed, Jeffrey T.; O'Donnell, Mathew B. *Fundamentals of New Testament Greek*. Grand Rapids: Eerdmans, 2010, p. 300).

Assim, o que realmente queremos encontrar é o primeiro *impulso comportamental autoritativo* no texto sagrado, sem, contudo, especificar ou delimitar o gênero ou sinal gramatical usado pelo autor. "Impulso", pois reconheço e respeito que nossa interação com o texto é moral, independentemente do gênero literário e da gramática; "comportamental", porque essa interação envolve atitudes internas e escolhas práticas externas; e "autoritativo", pois a interação envolve o *dever* – tópico fundamental na ética.

OS CANDIDATOS

Qual seria nosso candidato a primeiro impulso moral? Em uma leitura rápida, seguindo somente nossas traduções bíblicas para o português, teríamos:

1. A ordem de domínio (Gênesis 1:26,28);
2. A ordem de frutificar/multiplicar/encher (1:28), que parece apontar para o mesmo referente;
3. A ordem de sujeição (diferenciada pelo objeto: aqui, "terra", lá, "animais");
4. A instrução de guardar e cultivar o jardim (2:15);
5. A orientação para comer de qualquer árvore, ao lado da restrição quanto à árvore do conhecimento do bem e do mal e as consequências da desobediência (2:17).

Por que não simplesmente tomar a ordem de domínio, já que, na narrativa, sem dúvida, ela vem *primeiro*? Porque a ordem de domínio, em sua segunda menção na narrativa (Gênesis 1:28), aparece *depois* de uma série de ordens. Lembrando que estamos, por ora, tomando somente nossas traduções, a solução para esse impasse seria reconhecer a proximidade entre as ordens e, em um segundo momento, entender a relação entre elas.

Por qual motivo a instrução para guardar e cultivar aparece como uma possível candidata? A razão encontra-se na relação entre os dois primeiros capítulos do Gênesis. A visão dominante e mais popular considera o capítulo 2 uma recapitulação do primeiro. De acordo com esse entendimento, o sexto dia é visto em detalhes no capítulo 2, e a primeira ordem dada ao homem, seja ela qual for, se encontra em paralelo, seja qual for a natureza desse paralelismo, com a ordem de guardar (proteção) e cultivar o jardim.

Por último, ficam a orientação quanto à alimentação e aos elementos atrelados: a restrição e as consequências da desobediência. Sinceramente, eu não a via como candidata autêntica até que, lendo G. K. Beale,[20] vi que, para ele, a primeira *torah* (instrução) está aqui (Gênesis 2:16,17). Não fica clara a razão de Beale denominar de "primeiras" essas orientações. Certamente, isso passa pela sua tradição teológica, por seu entendimento do vocábulo *torah* e pela relação entre os dois primeiros capítulos. Suspeito que seu julgamento encontra explicação também no fato de aí estar o primeiro texto bíblico contendo uma proibição e um senso de consequência, um pronunciamento mais *completo* em termos éticos, com elementos positivos e negativos. A solução para esse impasse, mais uma vez, passa obrigatoriamente pelo entendimento da relação entre os dois primeiros capítulos de Gênesis e pela identificação do primeiro impulso moral no Capítulo 1. Vamos à relação dos primeiros capítulos; em seguida, lidaremos com o primeiro impulso.

Relação entre os capítulos 1 e 2 de Gênesis

A relação entre os dois primeiros capítulos de Gênesis é determinante para nosso entendimento de Gênesis 1:26-28, pois, caso reconheçamos ser o capítulo 2 uma leitura recapitulativa, teremos mais luz lançada sobre o governo humano mencionado no primeiro capítulo. Seguem algumas considerações textuais sobre a relação entre os dois primeiros capítulos.

Em primeiro lugar, Gênesis 2:4 é fundamental para entendermos a natureza dessa relação. Ele começa com uma expressão de importância capital para as questões estruturais no livro de Gênesis: *ele tolᵉdoth*. Essa expressão aparece 11 vezes em Gênesis (2:4; 5:1; 6:9; 10:1; 11:10; 11:27; 25:12; 25:19; 36:1; 36:9; 37:2) e é o marcador textual mais claro no que diz respeito à estrutura do livro.

---

[20] Beale, G. K. *O templo e a missão da igreja*. São Paulo: Vida Nova, 2021, p. 69.

O HABITAT DA MORALIDADE: A ESTRUTURA UNIFICADORA

Em Gênesis 2:4, a expressão *ele tol^edoth* é traduzida na NVI como "esta é a história das origens"; a NAA e a ARA traduziram como "Esta é a gênese"; na NVT temos "Esse é o relato da criação"; a ACF traz "Estas são as origens". Nos outros momentos, a tradução comum da NVI é: "registro da descendência" (5:1); "essa é a história da família de Noé" (6:9); "esse é o registro da descendência de Sem" (10:1). A questão é: essa fórmula serve para *introduzir* ou *concluir* uma seção? Qual é a relação de uma seção com a outra? Trata-se de uma sequência ou de uma repetição?

Para John H. Walton,[21] *ele tol^edoth* é usado em "introduções literárias a seções". Ele argumenta:

> Em todas as outras ocorrências no livro, o *x* [em "Livro das gerações de *x*"] é o nome de uma pessoa. A fórmula introduz uma narrativa da pessoa referida ou uma genealogia de seus descendentes. Em outras palavras, diz-nos algo sobre algo que vem depois. [...] a natureza de introdução [de *ele tol^edoth*] nos leva a pensar em Gênesis 2 como uma sequência.[22]

Em segundo lugar, a visão popular da recapitulação tem seus problemas:

a. A ordem dos eventos em Gênesis 2 não é a mesma do capítulo 1 – um problema claro de coerência interna do texto. Uma resposta possível é que o mesmo evento está sendo relatado por gêneros literários distintos. Essa seria a solução? Não creio. Mas fica a possibilidade apresentada.

b. Temos Adão e Eva como primeiros seres, e toda a humanidade é oriunda deles. Esse quadro exige relações sexuais entre parentes, algo posteriormente proibido na Torá. Trata-se, no mínimo, de uma estranha realidade: Deus proíbe um comportamento que ele idealizou *no princípio*. No Novo Testamento, especificamente em Jesus e Paulo, o que acontece nesses primeiros capítulos bíblicos tem importância *paradigmática* – ou seja, representam algo que vai além

---

[21]Walton, John. *The lost world of Genesis one.* Downers Grove: IVP, 2009, p. 44.
[22]Walton, John. *The lost world of Adam and Eve.* Downers Grove: IVP, 2015, p. 65.

deles mesmos. Estamos diante de personagens de natureza representativa e arquetípica.[23]

c. Se o que temos no capítulo 2 é uma ampliação do sexto dia, outra dificuldade é o fato de o homem ter dado nome aos animais em menos de 24 horas.[24] Pode-se apelar para a capacidade do homem sem pecado. Contudo, apelos como esse revelam uma grande confusão entre os efeitos do pecado e nossas limitações criacionais. É mais do que comum encontrar pessoas que concebem a imagem do homem antes do pecado como equivalente à de um super-herói.

Em terceiro lugar, as vantagens da visão sequencial são:

a. Explica a existência de pessoas no relato da fuga de Caim;
b. Não exige relações incestuosas *no princípio*;
c. Não traz uma visão da humanidade dotada de superpoderes antes do pecado;
d. Explica o papel do primeiro casal como sacerdotes que guardam o jardim como a um lugar sagrado. Se existem outras pessoas, existe uma ameaça à sacralidade do jardim;
e. Por último, é uma leitura mais adequada ao sentido da expressão *ele tol^edoth*.

Reconhecendo ou não Gênesis 2 como uma recapitulação, ainda assim, a relação entre as ordens (governo em Gênesis 1 e preservação em Gênesis 2) deve ser considerada. Uma descreve a outra? São sinônimos? São dois aspectos da mesma realidade? A proposta de uma leitura sequencial tende a

---

[23]É importante entender que a visão de Adão e Eva como membros de um grupo maior de pessoas ou de uma humanidade pré-adâmica não é novidade nem exclusividade de uma "ala liberal" do evangelicalismo. Para Derek Kidner (Kidner, Derek. *Gênesis*. São Paulo: Vida Nova, 1979, p. 26), "várias linhas convergentes apontam para um Adão muito mais próximo dos nossos tempos do que os primitivos fabricantes de ferramentas e artistas, para não falar nos seus *remotos antepassados*". Ele ainda afirma que a unidade da humanidade em Adão não é uma expressão de hereditariedade, mas "simplesmente de solidariedade" (p. 28). John Stott (Stott, John. *Romanos*. São Paulo: ABU, 2000, p. 194.) interage com o comentário de Derek Kidner e reconhece a existência de "hominídeos pré-adâmicos".

[24]As 24 horas não representam a minha opinião, mas a visão comum entre os que defendem Gênesis 2 como uma recapitulação. Isso, com a interpretação dos dias como períodos de 24 horas, traz consigo o desafio de estarmos diante de um ser humano com superpoderes.

ver as ordens como distintas[25] ou, no mínimo, retira da "guarda e cultivo do jardim", do capítulo 2, o status de primeiro impulso moral.

O primeiro impulso moral

Depois do relato dos cinco primeiros dias da Criação, deparamos com uma declaração de desejo e/ou volição divina direcionada à humanidade. Até então, todas as ações e expressões volitivas de Deus eram voltadas aos elementos ("Haja luz; haja entre as águas um firmamento"). Então, no versículo 26, encontramos a seguinte declaração:

> Então disse Deus: "*Façamos* o homem à nossa imagem, conforme a nossa semelhança. *Domine* ele sobre os peixes do mar, sobre as aves do céu, sobre os grandes animais de toda a terra e sobre todos os pequenos animais que se movem rente ao chão".

Nossa atenção agora se volta para os verbos hebraicos traduzidos como "façamos" e "domine". O primeiro se encontra na forma coortativa; e o segundo, na forma jussiva – palavras do mundo da gramática hebraica. Junto com o imperativo, essas três formas verbais representam um enunciado diretivo (cujo propósito é levar alguém a fazer algo)[26] e/ou volitivo (uma expressão de vontade).[27] Em outras palavras, quando lança mão dessas formas verbais, o autor bíblico desperta o leitor à ação. Gramaticalmente, o enunciado diretivo pode ser encontrado na primeira pessoa (forma coortativa), na segunda pessoa (forma imperativa) e na segunda e na terceira pessoas (forma jussiva).

Enunciado volitivo	Conjugação	Terminologia da gramática hebraica
Expressão de vontade	Primeira pessoa	Coortativo ("Façamos", Gênesis 1:26)
	Segunda pessoa	Imperativo, jussivo
Chamado à ação	Terceira pessoa	Jussivo ("Domine", Gênesis 1:26)

---

[25] Essa distinção envolve os objetos das ordens. No primeiro caso, temos a humanidade; no segundo, um casal *dentro* da humanidade em outro momento histórico. No entanto, a relação com o casal representante não carece necessariamente de uma leitura recapitulativa, como veremos a seguir.

[26] Segundo Thorn van der Merwe, Christo H. J.; Naudé, Jacobus A.; Kroeze, Jan H. *A biblical Hebrew reference grammar*. London: Bloomsbury, 2017, p. 167.

[27] Usarei "volitivo" e "diretivo" de maneira intercambiável.

Todas essas formas "acrescentam uma nuança volitiva".[28] Ou seja, sugerem desejo, *vontade* ou mesmo uma ordem.[29] Para Allen Ross, a distinção entre desejo, vontade ou pedido para mandamento ou ordem "depende do relacionamento entre quem fala e o sujeito do verbo".[30] Para Van der Merwe, Naudé, Kroeze, "o jussivo [no caso, "domine"] é tipicamente uma ordem indireta na terceira pessoa. [...] Somente o contexto pode dar uma indicação de que tipo de orientação está envolvido".[31]

Jan Joosten esclarece que, como as formas volitivas estabelecem uma relação eu-tu, "os volitivos de terceira pessoa ["domine"] são, portanto, intrinsecamente atípicos. São usados quando um falante deseja influenciar uma pessoa ou coisa ausente da situação de fala".[32] No nosso texto, a figura desejosa é Deus e a figura ausente é a humanidade. Para Joosten, "na prática, esse tipo de ato de fala é limitado a situações muito específicas. Em geral, os mortais não têm o poder de influenciar as coisas apenas com palavras". Em nosso texto, porém, quem deseja é o próprio Deus.

Toda essa reflexão sobre gramática hebraica não é gratuita. Creio que um dos detalhes desse texto, importante na busca do nosso primeiro "impulso moral", passa pela questão gramatical. Para ser mais específico: quando encontramos uma sequência de enunciados diretivos, como, por exemplo, um coortativo seguido de outra forma diretiva,[33] no caso de Gênesis 1:26, o jussivo, segundo Van der Merwe, Naudé e Kroeze, "normalmente está expresso o propósito de uma ação prevista [ou planejada]".[34] O domínio do homem sobre os animais é previsto, desejado e até mesmo planejado quando Deus propõe a criação do ser humano conforme a sua imagem.

No gráfico a seguir, observamos uma sequência de enunciados diretivos. Usaremos Êxodo 3:3 em paralelo a Gênesis 1:26 como ilustração. No primeiro caso, temos a sequência coortativo + coortativo; no segundo, coortativo + jussivo. O importante é entender que temos uma *sequência*.

---

[28] Joosten, Jan. *The verbal system of biblical Hebrew*. Jerusalém: Simor, 2012, p. 313.

[29] Ross, 2001, p. 155-6; Gusso, Antônio Renato. *Gramática instrumental do hebraico*. São Paulo: Vida Nova, 2008, p. 187; Kautzsch, E.; Cowley, S. A. (orgs.). *Gesenius' Hebrew grammar*. Oxford: Clarendon Press, 1910, p. 321.

[30] Ross, 2001, p. 155.

[31] Van der Merwe; Naudé; Kroeze, 2017, p. 169.

[32] Joosten, 2012, p. 336.

[33] Ou seja, coortativo+imperativo / coortativo+jussivo / coortativo+coortativo.

[34] Van der Merwe; Naudé; Kroeze, 2017, p. 199.

Sequência de enunciados diretivos	
	Previsto, desejado e planejado
Coortativo	**Coortativo**
E Moisés disse: Agora me **virarei** para lá,	e **verei** esta grande visão, porque a sarça não se queima."

	Previsto, desejado e planejado
Coortativo	**Jussivo**
E disse Deus: **Façamos** o homem à nossa imagem, conforme a nossa semelhança;	e **domine** sobre os peixes do mar, e sobre as aves dos céus, e sobre o gado, e sobre toda a terra, e sobre todo o réptil que se move sobre a terra.

Desse modo, o primeiro impulso comportamental autoritativo das Escrituras é um apelo indireto (um jussivo, não um imperativo nem um coortativo) que expressa vontade, desejo e planejamento divinos. É genérico, mas é suficiente, por ser desejo divino, para levar os leitores a decidirem e julgarem comportamentos, escolhas e toda a vida à luz dele. É o que Deus desejou/planejou para o ser humano. Portanto, não pode ser ignorado; muito pelo contrário, exige que algo seja feito. É o desejo do Criador para sua criação. Não há como ler tamanha declaração e não ser impulsionado a uma resposta genuína, bem como a julgar tudo por ela.

Cinco imperativos em sequência

É óbvio que essas conclusões podem ser questionadas. Pode-se apelar para o fato de que "dominar" não é a primeira ordem clara e direta. Porém, creio que a expressão do desejo de Deus é suficiente como primeiro impulso moral. Entender a conexão entre os cinco primeiros imperativos que encontramos no versículo 28, e a relação disso com o "domínio" no versículo 26, ajudará a ratificar essa conclusão.

Antes de apresentar os cinco verbos volitivos, tenhamos em mente que eles seguem uma palavra de bênção, indicando, assim, a completa dependência de Deus para que sejam executados. Waltke entende que "a bênção capacita a humanidade a efetuar seu duplo destino: procriar [...] dominar".[35] *Nosso papel como portadores da imagem de Deus, como corregentes da criação, é realizado pela força da bênção divina.*

Em Gênesis 1:28, encontramos a seguinte sequência: "E Deus os abençoou, e Deus lhes disse: (1) Frutificai e (2) multiplicai-vos, e (3) enchei a terra, e (4) sujeitai-a; e (5) dominai sobre os peixes do mar e sobre as aves dos céus, e sobre todo o animal que se move sobre a terra" (ACF). Aqui estão algumas considerações sobre essa estrutura sequencial e sua relação com o versículo 26:

1. O "domínio" aparece no começo do v. 26 e é o último imperativo do v. 28, as duas pontas do texto, estabelecendo uma proximidade estrutural e semântica com a sequência de imperativos do versículo 28, não nos permitindo, pois, tratá-los separadamente:

   Domine (v. 26)
       Frutificai
       multiplicai-vos
       enchei a terra
       sujeitai-a
   Dominai (v. 28)

2. Uma sequência pode indicar uma ordem lógica ou cronológica, ou um relacionamento de resultado,[36] o que faz sentido nos primeiros três imperativos:

   Fertilidade → Multiplicação → Enchimento da terra

   Apesar de a lista de animais nos versículos 26 e 28 delimitar o domínio, não podemos separar os imperativos "domine" e "dominai" sem afetar os demais, pois a sequência indica uma "mesma força volitiva".[37] Em suma, *trata-se de uma unidade, e a apreciação devida*

---

[35] Waltke, Bruce. *Gênesis*. São Paulo: Cultura Cristã, 2010, p. 78.
[36] Ross, 2001, p. 158.
[37] Thorn van der Merwe; Naudé; Kroeze, 2017, p.197.

O HABITAT DA MORALIDADE: A ESTRUTURA UNIFICADORA

exige tomar os verbos como um todo. Não estamos autorizados a separar "domínio" de "multiplicação", nem "encher" de "sujeitar". Trata-se de uma relação de dependência interpretativa mútua.

3. Longman III reconhece a similaridade entre os dois verbos de governo ("sujeitar" e "dominar").[38] Segundo ele, ambos refletem a terminologia usada nas cortes do Egito e da Babilônia para caracterizar as responsabilidades dos reis. A princípio, "sujeitar" parece ser menos delimitado, por ter "terra" como objeto, e ter maior possibilidade de inferências do que "dominar", que está circunscrito aos animais. Essa delimitação ("terra" para um, "animais" para outro) leva John H. Walton a entender que o domínio sobre os animais, bem como a multiplicação, fazem parte do processo de sujeição.[39] Contudo, não vejo "terra" como mais abrangente do que "animais", que estão tanto no "mar" como no "céu". Parece que ambos os objetos estão aqui para reforçar a amplitude do domínio régio da humanidade sobre a criação, e devem ser tomados em conjunto.[40] Ao longo da obra, usarei os termos "governo", "regência" e "domínio" de maneira intercambiável, como referência a esse conceito amplo.

4. Os verbos de governo — "dominar" e "sujeitar" — são mais complexos, menos delimitados e têm maior possibilidade de inferências do que os verbos de progresso — "multiplicar", "frutificar" e encher —, que têm maior especificidade semântica. Em outras palavras, "encher a terra" faz *parte* do domínio, mas não o domínio em si, que se refere a algo bem mais amplo.

Por fim e mais importante: seja qual for o verbo escolhido para representar o primeiro impulso comportamental autoritativo das Escrituras, podemos assegurar que:

---

[38] Longman III, Tremper. *Emanuel em nosso lugar*. São Paulo: Cultura Cristã, 2016, p. 37.
[39] Walton, John H. *Genesis*. Grand Rapids: Zondervan, 2001, p. 132.
[40] As palavras "coroado" e "governo" no Salmo 8 parecem levar em consideração as duas expressões (sujeição e domínio), pois essa autoridade é sobre "as obras das tuas mãos" (v. 6) e os animais (v. 7,8).

1. Tem apelo pessoal, pois:
   a. é fruto do desejo de Deus;
   b. emerge no templo-presença;
   c. como imagem divina, está ancorado na filiação e na corregência humanas (a imagem divina), ao mesmo tempo que as ratifica;
2. Revela-se missional, proativo, vocacional e escatológico, pois a própria semântica dos verbos exige entender que a humanidade estava diante de um trabalho desafiador e inacabado, ou em processo. A humanidade, pois, não é mera *mantenedora* do jardim;
3. Mostra-se não autônomo, pois carecemos da bênção capacitadora de Deus.

Por que Gênesis?

Por que buscar o *primeiro* impulso moral? Por que não o segundo? Por que não ir direto a um gênero literário de moralidade explícita e emblemática como os Dez Mandamentos? Ou ainda o sermão do monte? Por que Gênesis aparece como primeiro candidato em nossa metodologia? Entendo que toda teologia deve começar, obrigatoriamente, no mínimo, com uma forte consciência (não necessariamente explicitada, claro) dos três primeiros capítulos de Gênesis. Primeiro, sua *posição* na revelação, ou no cânon; em segundo lugar, seu *conteúdo*. Além dessas duas razões, a mentalidade do Antigo Oriente Próximo "corre por fora", ratificando a importância dos relatos de origem para a formação e o entendimento de uma cosmovisão.

A posição na revelação importa, pois declarações introdutórias, como as que encontramos no primeiro livro das Escrituras, revelam *estruturas conceituais amplas*. Os começos nos dão senso histórico e propósito.[41]

---

[41]Em seus estudos no Evangelho de Marcos, Rick Watts (seguindo Aristóteles e outros estudiosos como Beale [Beale, G. K. *Teologia bíblica no Novo Testamento*. São Paulo: Vida Nova, 2018, p. 589.] e Strauss [2014, p. 63.]) defende que "era uma convenção literária nas obras da Antiguidade utilizar frases introdutórias para resumir a estrutura conceitual do texto". Aristóteles, na *Retórica*, dizia que isso era uma indicação do que seria tratado. Alguns sugerem que essas frases introdutórias se explicavam também pela própria natureza física do livro. Como os primeiros leitores não tinham como consultar o livro todo, as primeiras palavras funcionavam como título e lista de conteúdo. Em suma, as primeiras palavras de um livro devem ser alvo de atenção redobrada. Elas sinalizam sua "estrutura conceitual". Assim o anúncio – ou o evangelho de Jesus em Marcos – deve ser visto à luz da restauração prometida pelo profeta Isaías, citado no *prólogo*.

O HABITAT DA MORALIDADE: A ESTRUTURA UNIFICADORA

Ou seja, esses capítulos estão lidando com elementos fundantes que não podem ser ignorados sem grande prejuízo. "O texto de Gênesis 1–2 é a fonte arquetípica do simbolismo bíblico."[42] Tudo está lá? Questionável. É muito provável que não. Mas o que não se pode negar é que tudo *começa* lá, e isso já é o suficiente para dedicar atenção redobrada a esse conteúdo.[43]

Pode-se questionar se Gênesis foi realmente a primeira forma escrita da revelação.[44] Não é minha intenção abordar uma discussão dessa natureza. Porém, mesmo que o leitor considere plausível tal questionamento, é importante entender que a prioridade de Gênesis em nossa metodologia não encontra explicação somente na cronologia da produção textual-teológica, mas também na natureza do seu conteúdo. Quase tudo em Gênesis 1–2 se apresenta de maneira encapsulada, com potenciais infindáveis de implicação e/ou desdobramento teológico. Todos os temas teológicos mais importantes estão presentes nessa pequena, mas densa, porção (p. ex., reino, aliança,[45] templo, pecado, natureza humana). Diante desse tipo de conteúdo, a ida instintiva ao primeiro livro é a escolha certa.

Tomemos como exemplo o uso de "o homem" (*ha'ādām*) nos primeiros três capítulos de Gênesis. A presença do artigo indica que não se trata de um nome pessoal. Podemos ter uma referência à espécie humana, em contraposição aos animais, ou ao macho da espécie, em contraposição *à fêmea*. Aqui, fico com as palavras de Walton:

---

[42]Hamilton, James. *O trabalho e o nosso serviço no Senhor*. São Paulo: Shedd, 2021, p. 36.

[43]O dispensacionalismo *progressivo* e o aliancismo *progressivo* também lançam mão da expressão "revelação progressiva". A questão é: o que progride? A compreensão dos autores e leitores ou o conteúdo revelacional? Em outras palavras, existe *novidade real de conteúdo* ou *novidade de entendimento*? Ou ambos? Minha convicção é que os autores e personagens do AT tinham uma visão escatológica assustadoramente mais *clara* do que muitos querem admitir (cf. Hebreus 11:10,16; 12:22; 13:14), ao mesmo tempo que *ignoravam* completamente tópicos elucidados aos "filhos dos apóstolos" (Efésios 3:5). O reconhecimento dessa "confusão epistemológica" de *ignorância* e *conhecimento* faz com que qualquer "chaveamento" seja uma violência hermenêutica. Os sistemas teológicos, pois, podem reduzir a natureza do desenvolvimento e progresso revelacional na história. Esse progresso, por sua vez, não se revela de *uma maneira somente*. Sua riqueza e complexidade mostram-se tanto em *acréscimos* como em *esclarecimentos* e *ratificações*.

[44]Sobre a relação entre Gênesis 1 e Salmos 104, Jon Levenson (1994, p. 58) entende que: "Dado o alto grau de semelhança desses dois textos, embora sejam diferentes em tom e propósito, surge a questão de saber qual deles tem prioridade. Embora não tenhamos certeza sobre tais assuntos, a resposta provável é que o Salmo 104 seja anterior a Gênesis 1:21".

[45]Muitos sistemas teológicos negam a existência de uma aliança no relato da criação (p. ex., Dispensacionalismo [em suas variações] e Teologia da Nova Aliança). Para uma defesa da aliança, veja Gentry, Peter; Wellum, Stephen. *Kingdom through covenant*. Wheaton: Crossway, 2018, p. 211-58.

Se o que está sendo dito de *ha'ādām* (a forma com o artigo definido) é verdade para todos os seres humanos e não apenas o indivíduo, então podemos concluir que ele serve como arquétipo. Se [...] *ha'ādām* está agindo como um indivíduo em benefício dos outros, podemos concluir que ele serve como representante federal.[46]

Seja como arquétipo, seja como representante, *ha'ādām* não é uma referência primariamente individual. Dessa forma, o que *é* dito dele afeta ou revela algo de qualquer ser humano. "O homem" colocado no jardim me representa, assim como a carência do "homem" por uma aliada[47] aponta para a necessidade de uma parceria de natureza semelhante para realizarmos nossa vocação. As exigências feitas a *ha'ādām* do Gênesis são corporativas. Não podemos afirmar o mesmo com tamanha certeza a respeito de outros personagens das narrativas bíblicas.

T. Desmond Alexander é preciso quanto à natureza das declarações de Gênesis 1 a 3: "Os capítulos contêm exemplos de ambiguidades prolépticas; ideias são apresentadas de modo rápido,[48] na expectativa de serem desenvolvidas mais plenamente na narrativa subsequente".[49]

Enns e Byas estão certíssimos ao alertarem para o fato de que as perguntas erradas em porções marcadas pela presença de temas que atravessam todo o livro de Gênesis, e sua porção maior, o Pentateuco, podem levar a uma grande confusão.[50] Em suma, erros interpretativos em um livro *dessa natureza* têm desdobramentos mais destrutivos do que em livros de outra natureza.

A despeito de a advertência de Enns e Byas ter conteúdo negativo, uma vez que lida com os perigos de uma interpretação equivocada em Gênesis, incorporo essas palavras aqui com um propósito *positivo. Uma interpretação correta em materiais densos, complexos e ricos em temáticas teológicas ganha o status de guia estrutural.*

---

[46]Walton, 2015, p. 62.

[47]NVI 2023.

[48]A natureza frugal do AT e, por conseguinte, das implicações universais do seu conteúdo é muito bem colocada por Erich Auerbach (2013, p. 12). Comparando o relato bíblico com Homero, ele diz: "Pois ele [o texto bíblico] não quer nos fazer esquecer a nossa própria realidade durante algumas horas, como Homero, mas suplantá-la; devemos inserir nossa própria vida no seu mundo, sentirmo-nos membros da sua estrutura histórico-universal".

[49]Alexander, T. Desmond. *A cidade de Deus e o objetivo da criação.* São Paulo: Shedd, 2020, p. 18-9.

[50]Enns, Peter; Byas, Jared. *Genesis for normal people.* Publicação independente, 2019, p. 15.

Para Michael Morales:

A leitura da narrativa de Gênesis 2 e 3 como mera descrição das origens, não relacionada com o resto da história bíblica, é, infelizmente, a abordagem comum. Contudo, da perspectiva da composição geral do Pentateuco, o papel teológico e paradigmático do Éden é profundamente significativo.[51]

Por fim, a *mentalidade do Antigo Oriente Próximo*[52] reforça as razões apresentadas acima. Aqui as palavras de Dru Johnson são suficientes: "A convicção *criacionista* de que a história primeva atua como um referente primário atravessa o mundo do pensamento do antigo Crescente fértil".[53]

LOCAL, ATORES E INSTRUÇÃO: A IMPORTÂNCIA DA ORDEM DOS FATORES

Encontrado o primeiro impulso moral autoritativo, a saber, a ordem de dominar, é preciso saber qual estrutura o sustenta. Em Gênesis 1 e 2, encontramos a seguinte sequência:

1. a criação (lugar), como um templo consagrado;
2. o status do ser humano (ator) como imagem de Deus: filho e vice-regente;
3. a missão (mandamento) de domínio-multiplicação-manutenção do jardim; e
4. as orientações (proibição) de comer de tudo, exceto da árvore do conhecimento do bem e do mal.

Juntos, esses itens formam uma estrutura em que o lugar aparece como elemento mais amplo. Ele explica e justifica o exercício da moralidade.

A sequência interpretativa obrigatória seria, então, a seguinte: a *ordem* (instrução) de domínio é direcionada aos *filhos* e *corregentes* (atores) dentro

---

[51]Morales, Michael. *Quem subirá ou monte santo do Senhor?* São Paulo: Cultura Cristã, 2022, p. 53.
[52]Antigo Oriente Próximo (AOP) diz respeito historicamente ao período de domínio persa, antes de Alexandre, o Grande. Inclui todas as culturas que vigoravam antes de 500-400 a.C., como babilônios, cananeus, hititas e egípcios.
[53]Johnson, 2022, p. 162.

do *templo* (local) – juntos, eles formam nosso referido habitat. Trata-se de uma sequência *interpretativa* porque só entendemos a ordem de domínio à luz da identidade de quem a recebeu, e os recebedores são identificados a partir do lugar em que foram colocados.

Antes que se questione a ausência de Deus na estrutura, é bom esclarecer que todos os elementos giram em torno dele. Os dois primeiros componentes, templo e seres humanos, são relacionais por natureza. Lembre-se de que templo é um lugar de *encontro*. Assim, enquanto "templo" pressupõe relacionamento, "seres humanos" especificam a natureza dessa relação: paternal e regencial. Ambos trazem um conceito essencial para qualquer proposta ética: *autoridade*. Quando tomamos o último elemento, a missão expressa nas orientações de ampliação do templo, fechamos um círculo no qual Deus é o centro. O lugar-templo-presença não somente antecipa, explica e justifica os elementos posteriores (atores, missão e orientações), mas também é o alvo deles. Assim, a ética bíblica *provém* do templo e *visa* ao templo.

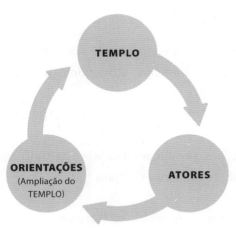

É dessa estrutura primária (e sua sequência local→atores→instrução) presente nos primeiros dois capítulos de Gênesis que extraímos o esboço deste livro. Nosso foco estará no primeiro elemento, *o lugar*. Esses três componentes, e sua relação de interdependência, contêm características que nos autorizam a tomá-los como nossos orientadores ou representantes, não somente nos primeiros capítulos de Gênesis, mas *em toda a Escritura*. Tais características são: o ajuste fino, a amplitude e a complexidade dos componentes e o tratamento posterior. Veremos cada uma dessas características a seguir.

1. O ajuste fino

Há uma simetria e uma "dependência hermenêutica" entre os três componentes da estrutura primária. Pensemos, por exemplo, na clara relação entre bênção, multiplicação, domínio e imagem, temas que se relacionam e lançam luz uns sobre os outros.

Sobre o ajuste entre domínio e cultivo e guarda do jardim, John Walton entende que o vocabulário sacerdotal utilizado nessa passagem ("cuidar e cultivar") apresenta o mesmo tipo de referente encontrado no Egito e no AOP, indo além dos deveres sacerdotais convencionais. A ameaça constante à ordem exige combate incessante contra o caos, e os sacerdotes desempenham papel relevante nessa luta. Em suas palavras:

> Manter a ordem tornava a pessoa um coparticipante de Deus na tarefa contínua de manter o equilíbrio que Deus havia estabelecido no cosmos. O pensamento egípcio atribuía essa tarefa aos sacerdotes, à medida que mantinham o espaço sagrado nos templos, mas também ao rei, cuja tarefa era "completar o que estava inacabado e preservar o existente, não como um *status quo*, mas em um processo contínuo, dinâmico e até mesmo revolucionário de remodelação e melhoria". Isso combina com a sujeição [domínio] e o reinado do capítulo 1 com *'bd* [cuidar] *šmr* [cultivar] [...] desse capítulo [2 de Gênesis].[54]

Como reis e sacerdotes, somos chamados a *manter* e *ampliar* o espaço sagrado, duas faces da mesma moeda.

Em suma, a missão de dominar (mandamento) esclarece e reforça o papel do corregente (ator), de modo que apenas alguém com o status de corregente, e desfrutando uma relação pactual e filial com a força da bênção, pode obedecer à ordem de dominar a criação. A ordem vivenciada na

---

[54]Walton, 2001, p. 174.

criação-templo justifica a missão de ampliação. Sem o ator, não há expansão do lugar, assim como, sem a orientação, o ator não vivencia sua identidade. A proibição só faz sentido quando entendida como uma orientação para realizar a missão, que, por sua vez, só faz sentido quando se entendem a *identidade* e o *lugar*. Ser corregente só faz sentido em um reino que carece de instrução para ser guardado e ampliado.

2. A amplitude e a complexidade dos componentes

Além de se encontrarem no lugar em que tudo está presente de maneira condensada, elementos da estrutura primária são expressos por vocábulos que têm um campo semântico abarcando inúmeros outros. A ordem de dominar e manter e o status de imagem de Deus, envolvendo filiação, corregência e relação pactual, estão diretamente relacionados a conceitos que dominam todo o relato bíblico, como pacto, eleição, presença divina, povo, progresso, plano, reino.

3. O tratamento posterior

Os componentes de nossa estrutura primária, em suas complexidades, não são abandonados na revelação posterior. Eles seguem em desenvolvimento, esclarecimento, estreitamento e complexidade. O compromisso com a criação permanece; a missão é especificada. A humanidade é o agente que cumpre a ordem no Capítulo 1;[55] no Capítulo 12, encontramos Abraão dando contornos mais estreitos à missão. No livro de Êxodo, o agente de obediência está numa versão corporativa, a nação de Israel. À medida que a revelação vai crescendo, os componentes são esclarecidos, ampliados, afunilados, desenvolvidos e atualizados, ampliando, assim, a complexidade da estrutura primária.

Por um momento, deixemos Gênesis e nos voltemos ao Novo Testamento. Tomemos suas exortações ou as condenações de certas práticas. Elas não

---

[55]Para Enns e Byas (2019, p. 34): "Aqui está uma explicação mais simples: havia outras pessoas vivendo fora do Jardim do Éden o tempo todo, mesmo que a história não explique isso. O que leva a isso: talvez a história de Adão e Eva não seja sobre os primeiros seres humanos. Talvez seja sobre outra coisa. E essa outra coisa é esta: A história de Adão é uma história de Israel em miniatura, uma prévia das próximas atrações".

O HABITAT DA MORALIDADE: A ESTRUTURA UNIFICADORA

advêm de nenhum manual;[56] antes, estão ancoradas em verdades teológicas que remetem a dois elementos encontrados de forma condensada nos primeiros capítulos de Gênesis. Ora os autores apelam para a *identidade* — nossa (p. ex., filhos, templo, estar *em* Cristo, justificados, santificados, membros da nova aliança, povo de Deus, irmãos, adoradores) e a pressuposta identidade de Deus (pai, rei, soberano, salvador, redentor, sacrifício, servo) —, ora apelam para nosso momento histórico, nosso *lugar* (p. ex., nova criação, fim dos tempos, as primícias da ressurreição, uma vida entre eras). Em suma, orientações, identidade e lugar caminham juntos: nossa estrutura unificadora. As virtudes não estão enlouquecidas ou fragmentadas, como denunciavam as citações que abriram este capítulo. Elas estão em um lugar e foram dadas para ratificar a identidade de seus receptores.

No tema "templo", assim como o grandioso tema "em Cristo", esses dois elementos (identidade e lugar) caminham juntos. Como igreja, somos e vivemos no templo (1Coríntios 3:16; 2Coríntios 6:16; Efésios 2:21,22). Essa identidade-lugar é usada no Novo Testamento como fundamento para *apelos éticos*. Em 1Coríntios 6:18, por exemplo, Paulo apela aos irmãos para que fujam da imoralidade sexual. Dentro de sua argumentação, o apóstolo faz uma pergunta retórica de peso teológico, que lembra seus leitores de que o corpo deles é "santuário do Espírito Santo" (v. 19). A verdade de sermos templo — a presença do Espírito Santo em nós — leva Paulo à verdade, com implicações éticas infindáveis, de que não pertencemos a nós mesmos.

Em Hebreus, antes de alertar seus leitores com "Cuidado!" — uma faceta ética —, o autor os leva para o templo, ao declarar:

Mas vocês *chegaram ao monte Sião, a Jerusalém celestial, à cidade do Deus vivo*. Chegaram aos milhares de milhares de anjos em alegre reunião, à igreja dos primogênitos, cujos nomes estão escritos nos céus. Vocês *chegaram a Deus*, juiz de todos os homens,

---

[56]Richard Hays (Hays, Richard B. *The moral vision of the New Testament*. New York: HarperCollins, 1996, p. 17) declara sobre o apóstolo Paulo: "Em nenhum lugar Paulo nos apresenta uma exposição sistemática da 'ética cristã'. Nem oferece às suas comunidades um 'manual de disciplina', um sumário compreensível de deveres e organização da comunidade. Tais sumários não eram incomuns no mundo antigo: o gênero é representado de várias maneiras pelas Regras da Comunidade (1Qs) encontrado entre os manuscritos do Mar Morto, a apresentação do ensino de Jesus no Evangelho de Mateus, o *Didaquê*, a codificação na Halaká judaica na Mishná".

aos espíritos dos justos aperfeiçoados, a Jesus, mediador de uma nova aliança, e ao sangue aspergido, que fala melhor do que o sangue de Abel (Hebreus 12:22-24).

Se, em Gênesis 1, a ordem primária de dominar está ancorada na realidade de *quem somos* (identidade: imagem de Deus, filhos, corregentes) e *onde estamos* (templo), o mesmo encontramos em Paulo e em Hebreus. Em suma, a interdependência, a coerência, a complexidade e a constância desses elementos (lugar, identidade e instrução) não podem ser ignoradas em nossos julgamentos éticos, sem haver prejuízo.

O conceito teológico de templo, especificamente sua *amplitude* e *prioridade* em relação aos demais (identidade e instrução), oferece a solidez e a firmeza de que precisamos para todas as nossas decisões éticas. Seja em Gênesis, seja nas cartas paulinas, seja ainda em Hebreus, nossa consciência ética passa obrigatoriamente por entender esses três componentes.

CONCLUSÃO

Em uma palestra ministrada no dia 15 de fevereiro de 2017, no Calvin Institute of Christian Worship, N. T. Wright declarou: "Quanto mais velho fico, mais vejo a grande história das Escrituras como *um todo* [...] os Evangelhos como *um todo* [...] o Pentateuco como *um todo*".[57] Nossa ética, então, precisa se adequar à grande história *como um todo*. Como veremos nos próximos quatro capítulos, não podemos contemplar o todo sem um entendimento da teologia do lugar, a teologia do templo e da presença.

Antes disso, faz-se necessário relembrar um breve e importante alerta: em alguns momentos, você poderá se questionar: "Onde está a ética?". Dispor de uma dedicação dobrada para entender *nosso lugar* é mais do que necessário. Ética tem caráter espacial também. O mote "O *lugar* precede a *instrução*" é o refrão que deve acompanhá-lo em toda a sua leitura. Repita para si mesmo, e se manterá consciente de que você está, sim, lendo um livro de ética. Vamos ao lugar! Vamos ao templo! Vamos ao sólido, ao que é firme e permite a presença da flexibilidade!

---

[57]Em Calvin Institute of Christian Worship. Public worship as sign and means of new creation. YouTube, 2017. Disponível em https://www.youtube.com/watch?v=lqr2UEulDAw. Acesso em: 17 maio 2024.

Capítulo 2

NOSSO LUGAR: O TEMPLO-PRESENÇA DE APOCALIPSE A GÊNESIS

> A chave para o homem não é sobre sua própria autoria: só posso responder à questão "O que devo fazer?" se puder responder à questão anterior "De que história ou histórias me encontro como parte?".
> **Alasdair MacIntyre**[1]

"**O LUGAR PRECEDE A INSTRUÇÃO**" é nosso refrão e "Onde estamos?" é a pergunta que nos orienta. Adiantando a resposta: estamos no templo-presença em ampliação; estamos em um povo em construção, estamos em uma casa e uma família, e estamos em um momento histórico singular: a nova criação, a nova humanidade, o Israel restaurado e o reino inaugurado.

Cada faceta dessa realidade espaçotemporal tem suas implicações éticas, que serão apreciadas na Parte 2, quando já nos tivermos debruçado sobre a temática do templo, o conceito mais abrangente. O templo é o palácio do *rei*, existe para promover o encontro entre o rei e seu *povo-família-nova humanidade* e, em seu estágio consumado, é a nova criação que já pode ser desfrutada, pois em Cristo temos a inauguração de um novo tempo.

Vamos à primeira resposta orientadora: estamos em um templo-presença em ampliação.

APOCALIPSE ANTES DE GÊNESIS

Uma das questões cruciais nesse ponto foi "Por onde começar?". A resposta mais natural seria Gênesis, como expus no capítulo anterior. Foi exatamente em Gênesis que comecei minhas análises, e foi Gênesis que me deu o tema do templo. Dessa forma, fui impulsionado a entender o progresso revelacional a partir de Gênesis.

---
[1] MacIntyre, Alasdair. *Depois da virtude*. São Paulo: Vide, 2021, p. 315.

A pergunta "Por onde começar?", contudo, não é sobre a metodologia da pesquisa, ou seja, sobre como chegar à interpretação de determinado tema bíblico, mas sobre como apresentar os resultados dos estudos.

Escolhi apresentar, em primeiro lugar, o resultado. Ou seja, começar pelo fim. Em vez de apresentar o conceito de templo emergindo na progressão revelacional de Gênesis a Apocalipse, bem como os temas relacionados ao templo e uma relação entre eles, vou expor a temática essencial do templo, o tema maior, tendo como fundamento textual toda a Escritura, porém com foco no último livro do cânon, o Apocalipse.

As palavras de Carson sobre Apocalipse 21 e 22 me inspiraram nessa decisão.[2] Para ele, "esses capítulos servem como uma espécie de *revisão de toda a Bíblia*. [...] Você quer ouvir a palavra final da Bíblia acerca da santidade de Deus, ou sobre o templo, o Cordeiro, ou o trono? Está tudo aqui. Essas trajetórias culminam aqui".[3]

Essas declarações não são fruto somente de uma exegese do texto de Apocalipse, mas pressupõem certa compreensão do desenvolvimento do cânon bíblico, na qual a Escritura é tida como obra finalizada após um processo em que os livros que eram acrescidos colaboravam para a interpretação dos que os precediam. Nesse processo, a ponta final, por lógica, é o lugar de *maior clareza*. O que faz sentido em teoria mostra-se verdadeiro na prática com o tema do templo.

O templo aparece nos extremos da Escritura: o começo de Gênesis e o final de Apocalipse. "A Bíblia começa com a presença de Deus relacionada ao seu povo no jardim (Gênesis) e termina com a presença de Deus relacionada ao seu povo no jardim (Apocalipse)."[4] A proximidade entre Apocalipse e Gênesis é reconhecida por muitos outros eruditos. N. T. Wright, por exemplo, entende que "os ecos de Gênesis 1 e 2 [em Apocalipse 21 e 22] são óbvios".[5] Para Michael Gorman:

---

[2] William J. Dumbrell (Dumbrell, William J. *The end of beginning*. Grand Rapids: Baker, 1985, p. 13) seguiu o mesmo "caminho inverso". Pressupondo a unidade do texto bíblico, ele encontra cinco temas em Apocalipse 21–22 (nova Jerusalém, novo templo, nova aliança, novo Israel, nova criação) e segue o caminho de volta para apreciá-los. A diferença é que, enquanto William Dumbrell começa metodologicamente com Apocalipse em busca dos temas, eu começo minhas pesquisas com Gênesis e vou a Apocalipse em busca de *esclarecimento* e *ratificação* de um "material canônico final".

[3] Em Carson, D. A.; Nelson, Kathleen B. (orgs.). *Este é o nosso Deus*. São Paulo: Cultura Cristã, 2016, p. 145-6.

[4] Duval, J. Scott; Hays, J. Daniel. *God's relational presence*. Grand Rapids: Baker, 2019, p. 1.

[5] Wright, N. T. *História e escatologia*. Rio de Janeiro: Thomas Nelson Brasil, 2021, p. 385.

Gênesis a Apocalipse são as *duas extremidades da Bíblia*, encerrando o cânon como o alfa e o ômega. A narrativa grandiosa que teve início com a criação agora termina com a nova criação, conforme prometido pelos profetas ao longo do caminho. O *jardim original*, que havia se tornado fonte de maldição e morte por causa da desobediência humana, agora é um *jardim urbano*; lugar em que milênios de civilização humana alcançam sua *plenitude*, e as nações finalmente vivem em paz, onde bênção e vida substituem a maldição e a morte originais. "Aleluia!" é a única reação adequada.[6]

Em suma, Apocalipse 21 e 22 é o clímax da Bíblia e da história de Deus e da humanidade.[7] Podemos assegurar, pois, que Deus começou a trabalhar em Gênesis visando chegar exatamente a este *objetivo*: toda a terra como templo, e isso *será* e *está sendo* realizado pelo segundo Adão.

Pensando na imagem do templo, e diante das incontáveis passagens que tratam dele em toda a Escritura, são inúmeros os temas relacionados e decorrentes: adoração, pureza, comunhão, alegria, acesso restrito, santidade, intercessão, reinado, aliança, sacrifício, pessoalidade de Deus, vitalidade, florescimento da humanidade, sabedoria, descanso, instrução, proteção, cuidado e ordem, para nomear apenas alguns. O desafio do estudante das Escrituras, e especialmente em nossa busca por uma estrutura básica unificadora, está não somente em reconhecer os temas que emergem, mas em entender como se relacionam. É uma relação sinonímica? Hierárquica? Há subconjuntos? Aqui entra Apocalipse: o templo final nos ajuda a entender o templo primeiro, o Éden.[8] Essa é a lógica. É ele, o templo da consumação, que fornece o tema maior: *a presença de Deus*.

Quando reconhecemos exegeticamente a relação do templo com os temas alistados no parágrafo anterior, parece fazer sentido tomar a presença de Deus como a proposição que explica e justifica os demais. É o tema maior. Muitos são efeitos e/ou dons decorrentes da presença divina, tais quais proteção, ordem, alegria, comunhão, sabedoria;[9] outros revelam o

---

[6]Gorman, Michael. *Lendo Apocalipse com responsabilidade*. Rio de Janeiro: Thomas Nelson Brasil, 2022, p. 200.

[7]Gorman, 2022, p. 203.

[8]O mesmo pode ser dito dos outros templos (Sinai, tabernáculo, templo de Salomão).

[9]As passagens de 1Reis 8:31-53 e Zacarias 1:7-17; 2:1-5; 4:1-14; 5:1-4; 6:1-8 falam dos *benefícios da presença* de Deus no meio de seu povo.

valor da presença (p. ex., sacrifícios); há os que se concentram no caminho até a presença, como pureza, graduação de santidade, e assim por diante. Poderíamos concluir que a essência do templo é a presença por implicação dos textos bíblicos que precedem o Apocalipse. Porém, nada como um texto no final do cânon para explicitar isso e nos levar a uma releitura mais esclarecedora, uma espécie de leitura em retrospectiva (comportamento inevitável diante da natureza progressiva da revelação).

Diante dos inúmeros candidatos, de onde, pois, vem a ideia de que a "presença de Deus" é o tema maior do templo em Apocalipse? Nas próximas páginas, apresento os indícios dessa conclusão.

1. A localização do tabernáculo na estrutura literária de Apocalipse

No resumo apresentado em Apocalipse 21:1-8, João sintetiza, em imagens verbais, terra-cidade-povo-templo-jardim em uma sequência e/ou cadeia de explicações[10] em que o tabernáculo aparece por último.[11] Uma explicação final, climática.

O tabernáculo, por sua vez, é determinado pelas declarações "*habitará* com eles" (NAA) e "Deus estará *com eles*", que se intercalam[12] com "Eles serão seu povo" e "[ele] será o seu Deus" (v. 3).[13] Ou seja, a *essência* da reali-

-----

[10]Novo céu e nova terra (v. 1) e a cidade adornada como noiva-povo (v. 2) aparecem como tabernáculo-templo (v. 3). Trata-se de uma cadeia explicativa. Pode parecer estranho, mas são imagens verbais, assim como o leão é o cordeiro em Ap 5. Elas permitem "a mistura de metáforas" (Carson, 2016, p. 165), na qual há significados distintos para o mesmo referente (Carson, D. A. *A exegese e suas falácias*. São Paulo: Vida Nova, 1992, p. 60).

[11]G. K. Beale (Beale, G. K. *O templo e a missão da igreja*. São Paulo: Vida Nova, 2021, p. 386) reconhece um padrão "ver-ouvir" em Apocalipse. O que é visto é interpretado pelo que se ouve ou vice-versa. Em Apocalipse 5:5,6, lemos: "Então um dos anciãos me *disse*: 'Não chore! Eis que o Leão da tribo de Judá, a Raiz de Davi, venceu para abrir o livro e os seus sete selos'. Então *vi* um Cordeiro, que parecia ter estado morto, de pé, no centro do trono, cercado pelos quatro seres viventes e pelos anciãos. Ele tinha sete chifres e sete olhos, que são os sete espíritos de Deus enviados a toda a terra". A *visão* revelou a vitória *declarada* (ouvir).

[12]Estrutura ABAB:

    A Deus *habitará com eles*.

    B Eles serão povos de Deus,

    A e Deus mesmo *estará com eles*

    B e será o Deus deles.

[13]Linguagem que remete ao AT: "E farão para mim um santuário, para que eu possa habitar no meio deles" (Êxodo 25:8); "Estabelecerei a minha *habitação* entre vocês e não os rejeitarei. *Andarei entre vocês* e serei o seu Deus, e *vocês serão o meu povo*. Eu sou o Senhor, o Deus de vocês, que os tirou da terra do Egito para que não mais fossem escravos deles; quebrei as traves do jugo que os prendia e os fiz andar de cabeça erguida" (Levítico 26:11-13); "Farei uma aliança de paz com eles; será uma aliança eterna. Eu os firmarei e os multiplicarei, e *porei o meu santuário no meio deles para sempre. Minha morada estará com eles*; eu serei o seu Deus, e eles serão o meu povo. Então, quando o meu santuário estiver entre eles para sempre, as nações saberão que eu, o Senhor, santifico Israel" (Ezequiel 37:26-28) *Estar com* o povo e *ser Deus* do povo é parte da "promessa tríplice" (Kaiser Jr., Walter. *O plano da promessa de Deus*. São Paulo: Vida Nova, 2011, p. 88).

dade nova que se apresenta é a *presença de Deus*. Em seguida à declaração de habitação, que é a bênção essencial,[14] temos a apresentação de várias bênçãos (ausência de lágrimas, de luto, de dor e de morte) que decorrem dessa presença especial.[15]

Não podemos ignorar esta estrutura:

novo céu, nova terra → cidade → noiva → tabernáculo-presença → bênçãos

Em primeiro lugar, pelo tipo de texto em que a estrutura está inserida, ou seja, um *resumo* e, em segundo lugar, por ter o mesmo padrão repetido nos versículos 22ss, nos quais encontramos várias bênçãos, incluindo morais (v. 27), após a declaração da *presença* do Senhor (v. 21). Isso reafirma a estrutura: a bênção da presença → bênçãos.

	Apocalipse 21:3-4	Apocalipse 21:22-27
Presença especial (Bênção essencial)	Ouvi uma forte voz que vinha do trono e dizia: "Agora o tabernáculo de Deus está com os homens, com os quais ele viverá. Eles serão os seus povos; o próprio Deus estará com eles e será o seu Deus" (v. 3).	Não vi templo algum na cidade, pois o Senhor Deus todo-poderoso e o Cordeiro são o seu templo. A cidade não precisa de sol nem de lua para brilharem sobre ela, pois a glória de Deus a ilumina, e o Cordeiro é a sua candeia (v. 22-23).
Bênçãos decorrentes	Ele enxugará dos seus olhos toda lágrima. Não haverá mais morte, nem tristeza, nem choro, nem dor, pois a antiga ordem já passou (v. 4).	As nações andarão em sua luz, e os reis da terra lhe trarão a sua glória. Suas portas jamais se fecharão de dia, pois ali não haverá noite. A glória e a honra das nações lhe serão trazidas. Nela jamais entrará algo impuro, nem ninguém que pratique o que é vergonhoso ou enganoso, mas unicamente aqueles cujos nomes estão escritos no livro da vida do Cordeiro (v. 24-27).

2. As medidas da cidade que desce do céu

Em Apocalipse 21:16, lemos que "A cidade era quadrangular [τετράγωνος[16]], de comprimento e largura iguais. Ele mediu a cidade com a vara; tinha dois mil e duzentos quilômetros de comprimento; a largura e a altura eram

---

[14] Ladd, George. *Apocalipse*. São Paulo: Vida Nova, 1980, p. 206.

[15] Bauckham, Richard. *A teologia do livro de Apocalipse*. Rio de Janeiro: Thomas Nelson Brasil, 2022, p. 161.

[16] A Septuaginta utiliza a mesma expressão em Ezequiel 41:21; 42:15-20; 45:2 — uma referência ao templo-cidade final.

iguais ao comprimento". As medidas têm várias referências simbólicas: magnitude;[17] abundância de espaço[18] e plenitude dos habitantes [uma assembleia multinacional].[19] Obviamente, essas referências não se eliminam,[20] elas podem se interpor. Mas a questão permanece: qual tema se destaca?

Para G. K. Beale, "a razão por que João descreve a nova Jerusalém como quadrangular é que ele combina a visão de Ezequiel com uma alusão à forma cúbica do santo dos santos no templo de Salomão".[21] Para Osborne, "o *símbolo principal* deve ser o lugar santíssimo".[22] Alexander nos lembra que "a nova Jerusalém e o santo dos santos são os únicos cubos perfeitos mencionados na Bíblia. E ambos são feitos de ouro".[23] Michael J. Gorman segue a mesma conclusão.[24]

Finalizo com as palavras de Gordon Fee:

> Aqui, especialmente, é preciso abandonar o tipo de literalismo que tantos tendem a trazer para esse texto, e ouvi-lo como o próprio João pretende. Afinal, *isso é simplesmente o "santo dos santos", em si, um cubo perfeito, multiplicado além da capacidade da imaginação de alguém.* O próprio ponto de João, portanto, parece especialmente claro, uma vez que o "santo dos santos" era, para Israel, o lugar singular da própria *presença de Deus no planeta Terra*, um lugar tão sagrado que só se podia entrar uma vez por ano, e isso apenas pelo sumo sacerdote, que tinha um ritual especial e tomava as devidas precauções para não ser morto. Retratada aqui está, enfim, a *morada de Deus com os seres humanos*, pois a própria "nova Jerusalém" se torna o lugar santo, agora disponível para todo o povo de Deus e para sempre.[25]

----

[17]Witherington, Ben. *Revelation*. Cambridge: Cambridge University Press, 2003, p. 270; Ladd, 1980, p. 210.

[18]Walvoord, John F. The *Revelation of Jesus Christ*. Chicago: Moody, 1966, p. 324.

[19]Gorman, 2022, p. 202.

[20]George E. Ladd (1980, p. 210), por exemplo, não rejeita *possibilidade* de que o formato de cubo seja uma indicação do santo dos santos, mas considera simetria, perfeição e vastidão como as referências mais óbvias e, portanto, prioritárias.

[21]Beale, 2021, p. 365.

[22]Osborne, Grant. *Apocalipse*. São Paulo: Vida Nova, 2014, p. 842.

[23]Alexander, T. Desmond. *A cidade de Deus e o objetivo da criação*. São Paulo: Shedd, 2020, p. 170. Além do ouro, podemos mencionar as pedras preciosas. Segundo Richard Bauckham (2022, p. 153): "A lista de todas as pedras preciosas que se encontra no texto massorético é idêntica às primeiras nove da relação das doze pedras no peitoral do sumo sacerdote (Êxodo 28:17-20), uma listagem que também recebe a versão de João, como as preciosidades que adornam os doze fundamentos da Nova Jerusalém (Apocalipse 21:19,20)".

[24]Gorman, 2022, p. 202.

[25]Fee, Gordon. *Revelation*. Eugene: Wipf and Stock, 2011, p. 264-5.

3. O arranjo literário

Depois da visão da Nova Jerusalém nos primeiros oito versículos do capítulo 21, os versículos seguintes desenvolvem as declarações resumidas em dois momentos (v. 9-14; v. 15ss).

Dentro dessa ampliação de sentido, João declara: "Não vi *templo* algum na cidade, pois o *Senhor Deus todo-poderoso e o Cordeiro são o seu templo*" (Apocalipse 21:22). Essa é "sua característica mais singular".[26] É interessante observar como essa declaração é apresentada com destaque literário. Mesmo que a declaração "Não vi templo" implique que João esperava ver um templo,[27] a *ausência* do santuário está literariamente a serviço da revelação da *presença* divina. Depois de revelar toda a beleza da cidade, João anuncia um vazio terrível: não há templo. Essa ausência, diferente das demais listadas em Apocalipse 21 e 22 (de lágrimas, de morte, do mar), funciona como um pedestal para suportar a grande informação de que "Deus e o Cordeiro são o templo". Essa é a averiguação, sem comparação na história, que aparece em destaque: Deus é o templo.

G. K. Beale está certo ao afirmar que "o significado *essencial* da cidade renovada é a presença de Deus com seu povo".[28] Assim, "toda a criação tornou-se o santo dos santos".[29] Em outra obra, ele declara: "Apocalipse 21:22 expressa a noção de que a intenção divina para o primeiro Adão, que ele não cumpriu, foi finalmente realizada para a eternidade em Cristo e na presença consumada de Deus na terra".[30] Michael Gorman ratifica as palavras Beale: "Essa é, na verdade, a mais importante característica da nova Jerusalém: a presença divina em toda plenitude e glória".[31]

A presença definitiva de Deus elimina a necessidade de um templo,[32] uma vez que os templos existiam *para* e *pela* presença de Deus. "[É] a presença divina que faz de Jerusalém a nova Jerusalém."[33] O santo dos santos, portanto, "deriva sua condição e natureza da presença de Deus".[34] Não há

---

[26] Bauckham, 2022, p. 155.
[27] Aune, D. E. *Revelation 6-16*. Nashville: Thomas Nelson, 1998, p. 1166.
[28] Beale, 2021, p. 368.
[29] Beale, 2021, p. 390.
[30] Beale, G. K. *The book of Revelation*. Grand Rapids: Eerdmans; Paternoster, 1999, p. 1092.
[31] Gorman, 2022, p. 205.
[32] Osborne, 2014, p. 849.
[33] Dumbrell, 1985, p. 14.
[34] Morales, Michael. *Quem subirá ou monte santo do Senhor?* São Paulo: Cultura Cristã, 2022, p. 289.

mais separação entre Deus e o ser humano.[35] Não existe mais uma estrutura mediadora; é "presença imediata".[36] Na nova terra-cidade-povo-templo, "todos os moradores da cidade têm status sacerdotal (veja Apocalipse 22:4)".[37] Segundo Bauckham "nada expressa esse imediatismo de maneira mais clara do que as seguintes palavras: 'Eles verão a sua face' (22:4)".[38]

A presença especial de Deus foi expandida e encheu a terra. O Deus que encheu o tabernáculo e o templo, como esperado (cf. Números 14:21; Salmos 72:18,19; Isaías 11:9; Habacuque 2:14), agora preenche toda a terra com sua presença. "Isso é o que há de 'novo' na nova criação".[39] Terra e Éden são agora um só. Carson sintetiza perfeitamente essa realidade: "A culminância de tudo é ver Deus: '[Eles] contemplarão a sua face'".[40] Trata-se do *summum bonum*, o sumo bem.[41]

A relação entre templo-presença e ética fica explícita em três momentos dos últimos dois capítulos das Escrituras (21:7,8,24-27; 22:14,15). Como nos templos anteriores, tudo que é impuro[42] fica *fora*. As qualificações dos que podem entrar nos fazem lembrar dos Salmos 15 e 24, nos quais os temas "templo" e "ética" andam juntos. O questionamento levantado nos salmos é respondido em tons éticos, como aqui em Apocalipse. O valor do lugar está na presença, a qual se revela no comportamento de seus participantes. A experiência com a presença de Deus (não sua onipresença) nunca é imóvel. Ela mata, separa ou santifica. O lugar precede a instrução. O templo precede o impulso ético. Se precede, então explica e justifica.

O TEMPLO-PRESENÇA ANTES DE APOCALIPSE

São muitos os gêneros de textos (profético, poético, narrativo) e períodos históricos dentro da progressão revelacional nos quais a temática do templo

---

[35]Witherington, 2003, p. 271.
[36]Bauckham, 2022, p. 156, 159.
[37]Alexander, 2020, p. 170.
[38]Bauckham, 2022, p. 162.
[39]Bauckham, 2022, p. 159.
[40]Carson, D. A.; Nelson, Kathleen B. (orgs.). *Este é o nosso Deus*. São Paulo: Cultura Cristã, 2016, p. 172.
[41]McKelvey em Alexander, T. Desmond; Rosner, Brian S. *Novo dicionário de teologia bíblica*. São Paulo: Vida, 2009, p. 1216. O inferno é exatamente o contrário. É marcado pela ausência de Deus ("Afaste-se de mim" [Mateus 7:23; 25:41]; "longe da face de Deus" [1Tessalonicenses 1:9]) e, por conseguinte, da vida.
[42]Não se está igualando impureza com pecado, mas está se relacionando impureza com imperfeição. Ou seja, pode existir uma relação entre impureza e pecado, mas não é uma relação sinonímica.

e da presença aparece.[43] Saindo de Apocalipse e fazendo o caminho de volta para Gênesis, passamos por incontáveis textos. Não é minha proposta analisar todos aqui, por isso priorizei Apocalipse e Gênesis. Mas, mesmo limitadas, as análises desses livros nos ajudarão a *ratificar* o que Apocalipse explicita – que Deus criou o mundo para presenteá-lo com sua presença especial – e, principalmente, a *entender* a relação entre presença, a essência do templo, com outros temas. Isso incluirá a moralidade, nosso foco maior.

Depois do salto para Apocalipse em busca do tema principal dentre os vários que circundam o templo, podemos voltar à ordem revelacional no relato bíblico, tendo a presença especial de Deus (doravante, somente "presença") como o tema mais amplo.[44] Vamos a Gênesis!

Segundo Walter Kaiser:

A presença divina de Javé era tão central e tão significativa na era mosaica que quatro outras formas se empregavam para falar dela: *pānîm*, "face", "aparência" ou "presença" do Senhor; *kābôd*, "glória"; *mal'ak YHWH*, "anjo do Senhor"; *šēm*, "nome".[45]

Duval e Hays asseguram que *pānîm* (face) é o principal e mais frequente dos vocábulos. São mais de duas mil ocorrências que não podem ser ignoradas. Para eles, "como 'face' era mais expressiva que 'mão' e mais inclusiva que 'olho', frequentemente era usada como uma sinédoque para representar a pessoa inteira". Mais importante, "devido à capacidade de *pānîm* para expressar emoções e reações, também carrega fortes conotações de relacionamento".[46]

Em uma abordagem mais filosófica, Roger Scruton enriquece a relação da face com a *pessoalidade* e os *relacionamentos*:

---

[43]Para um tratamento mais completo em português, veja Beale (2019, 2021); Alexander (2020) e Morales (2022). Em inglês, Terrien, Samuel. *The elusive presence: toward a new Biblical theology*. San Francisco: Harper & Row, 1978; Lister, J. Ryan. *The presence of God*. Wheaton: Crossway, 2015; Clements, R. E. *God and temple*. Eugene: Wipf & Stock, 2016 e Duval; Hays (2019).

[44]Para Duval e Hays (2019, p. 1-2): "Este 'megatema' [presença de Deus] impulsiona a história bíblica, unindo e fornecendo coesão interconectada em todo o cânon para todos os outros temas principais, como aliança, reino, criação, santidade, redenção, lei e graça, pecado e perdão, vida e morte, adoração, e vida obediente". Segundo Morales (2022, p. 52): "todo drama da Escritura pode ser resumido num único e singular ponto: *A abertura de um caminho por YHWH para a humanidade habitar na sua presença novamente*".

[45]Kaiser, 2011, p. 89.

[46]Duval; Hays, 2019, p. 13.

O HABITAT DA MORALIDADE

Quando me deparo com outra pessoa face a face, não estou me defrontando com uma parte física dela, como quando, por exemplo, estou olhando seu ombro ou seu joelho. Estou me defrontando com *ela*, o centro individual da consciência, o ser livre que se revela no rosto como outra pessoa como eu.[47]

Gênesis 3:8 traz a reação do casal representante depois do pecado: "Ouvindo o homem e sua mulher os passos do SENHOR Deus, que andava pelo jardim quando soprava a brisa do dia, *esconderam-se da presença do SENHOR Deus*". "Presença" é a opção predominante nas traduções para o português (NVI, ACF, ARA, ARC, NAA, AEC). A expressão hebraica, contudo, faz referência à "face" de Deus. É dela, da presença pessoal, imediata, direta e especial, que o casal foge. A despeito de "Queda" ser a palavra usada para conotar o que está acontecendo, "distanciamento" é o grande efeito do pecado. Nas palavras de Walton: "O resultado mais lamentável do pecado para um israelita não era tornar as pessoas más, mas tornar Deus distante".[48] Em outra obra, ele declara: "A maior perda não foi o paraíso, mas a presença de Deus",[49] ou seja, não estar "diante de Deus".[50]

O tema da presença, contudo, não está restrito ao termo "face", mas inclui o relato da criação como templo, nosso foco agora.

GÊNESIS: CRIAÇÃO COMO TEMPLO

Vários elementos, considerados em conjunto, nos levam a concluir que Gênesis trata a criação como a consagração de um templo.[51] São eles:

1. a natureza dos dias da Criação;
2. o ser humano como imagem de Deus;
3. o descanso ao final de um processo,
4. o jardim e a terminologia do templo aplicada a ele.[52]

Veremos cada um deles nos detalhes a seguir.

---

[47]Scruton, 2015, p. 114.
[48]Walton, John H. *Genesis*. Grand Rapids: Zondervan, 2001, p. 231.
[49]Walton, John H. *Ancient Near Eastern Thought and the Old Testament*. Grand Rapids: Baker Academic, 2018, p. 139.
[50]Expressão vinculada ao mundo do tabernáculo-templo.
[51]*Contra* Daniel Bock (em Gurtner, Daniel; Gladd, Benjamin L. *From creation to new creation*. Peabody: Hendrickson, 2013, p. 21). Consideraremos sua visão no próximo capítulo.
[52]Essa proposta é ratificada no judaísmo. Mesmo em suas variações, a relação entre cosmo e templo é certa. Segundo N. T. Wright (2021, p. 257): "Os escritores do Segundo Templo, como Filo, Josefo, os jubileus e a literatura de Enoque (de formas muito diferentes), veem o tabernáculo e/ou o templo e/ou sua mobília ou as vestes sacerdotais como a representação do cosmos".

1. A natureza dos dias da Criação

Quem nunca testemunhou (ou até mesmo protagonizou) um apelo à leitura "natural" para ratificar a tese de que os dias descritos no primeiro capítulo das Escrituras eram de 24 horas literais? Recorrer ao sentido "natural" de um texto, sem uma argumentação contextual-linguística-histórica que garanta que a suposta "naturalidade" é a mesma do autor e dos leitores originais, pode ser simplesmente uma expressão de pressa, arrogância, infantilidade, inocência, ignorância ou, no melhor dos cenários, confiança na competência e na atualidade dos tradutores da versão usada. A questão maior é: "Natural para *quem*?".

Pensando especificamente nos dias de Gênesis 1: quando os primeiros leitores leram, associaram esses dias às 24 horas? Essa associação foi *imediata*? Para responder a esses questionamentos, "devemos tentar localizar Gênesis no tempo e no espaço".[53] Ou, expressando de forma simples, tão somente reconhecer que "Gênesis é uma história antiga".[54]

Antes de seguir a orientação de Iain Provan, vamos a uma breve ilustração. Você está assistindo a um jogo de Copa do Mundo e testemunha a seleção brasileira sofrer vários gols tão logo a partida começa. Então, alguém solta a seguinte frase: "Mais um 7 a 1 para a nossa conta". O que isso quer dizer? Que o Brasil vai *literalmente* sofrer sete gols? Os que conhecem a história da seleção sabem que não. O que está sendo dito é apenas que o Brasil vai sofrer mais uma vergonha em Copa do Mundo; a história está se repetindo. Nada mais que isso. Caso o Brasil venha a perder por uma diferença de cinco gols, ninguém poderá acusar esse locutor imaginário de imprecisão. A questão não era a quantidade de gols, mas a vergonha. Mesmo usando números, não se estava acionando o mundo preciso da matemática.

---

[53] Provan, Iain. *Discovering Genesis: content, interpretation, reception*. Grand Rapids: SPCK, 2015, p. 49.

[54] Enns, Peter; Byas, Jared. *Genesis for normal people*. Publicação independente, 2019, p. 1. Sobre a visão do AOP de um templo, Walton (em Greer, Jonathan S.; Hilder, John W.; Walton, John. *Behind the scenes of the Old Testament*. Grand Rapids: Baker Academic, 2018, p. 352) diz: "O templo tinha identidade cósmica e era considerado o centro do cosmos. Representava o elo entre os reinos e era considerado o céu na terra". Em outra obra Walton (2018, p. 143, 146) assegura: "É evidente, então, que Israel e seus vizinhos compartilhavam uma ideologia que entendia o cosmos no que se refere ao templo e via o templo como um modelo do cosmos ou como o templo cósmico. [...] Portanto, o templo não é apenas o centro cósmico, mas também o centro econômico e *moral* do cosmos". Michael Morales (2022, p. 38) segue o mesmo entendimento ao declarar que "O cosmo era entendido como um grande templo e o templo como um pequeno cosmo".

O HABITAT DA MORALIDADE

Voltando ao relato da criação, a questão é: os sete dias são indicativos *primariamente* de tempo cronológico? Não necessariamente; e é muito provável que não.

John Walton defende a seguinte proposição: "Os sete dias de Gênesis 1 relacionam-se à inauguração do templo cósmico".[55] Seguem algumas de suas considerações que não podem ser ignoradas:

1. É curioso o número 7 aparecer onipresentemente no registro de templos no mundo antigo e na Bíblia.
2. Dada a relação entre cosmo e templo, a criação de um é também a criação do outro.
3. É necessário fazer uma distinção entre a *construção* e a *criação* de um templo. É a cerimônia de inauguração que transforma uma pilha de madeira, pedra e ouro em templo. No registro da consagração do templo de Salomão, a inauguração durou sete dias de dedicação, aos quais foram acrescentados sete dias de festa/banquete (1Reis 8:65).

Em suma, os sete dias não são sobre a origem *material* do cosmo, mas sobre o período devotado à inauguração das funções do templo cósmico.

Existem outros indícios de menor poder argumentativo, mas que não podem ser ignorados. G. K. Beale lembra que "tanto a narrativa da criação como a da construção do tabernáculo são estruturadas em torno de uma série de sete atos".[56] Segundo Tremper Longman III: "A ordem de Deus para construir o tabernáculo em Êxodo 25–31 pode ser dividida em sete discursos [...] a dedicação ocorre no dia do Ano-Novo, a comemoração do primeiro dia da criação".[57]

Em síntese, o sentido principal dos dias não é como tempo cronológico, mas quanto ao que acontece nesse período: o conceito teológico da consagração do lugar sagrado.

2. A imagem de Deus

As visões sobre a imagem de Deus variam. A razão é que não se trata de algo de acesso tão fácil. A base textual próxima (Gênesis 1), por exemplo, é muito

---

[55] Walton, John H. *The lost world of Genesis one*. Downers Grove: IVP, 2009, p. 86-91.
[56] Beale, 2021, p. 60.
[57] Longman III, Tremper. *Emanuel em nosso lugar*. São Paulo: Cultura Cristã, 2016, p. 35.

limitada. Isso não diz respeito somente à questão específica de imagem e semelhança; o texto de Gênesis como um todo é frugal. Robert Alter lembra que Erich Auerbach viu nesse laconismo um sinal de arte, não de primitivismo.[58] Para outros, trata-se de um tipo de "ambiguidade proléptica".[59] No primeiro caso, o texto estaria carregado de *alusões*; no segundo, o sentido seria desenvolvido em narrativas *subsequentes*. Ambos estão certos. Busquemos, pois, as alusões e os textos posteriores.

Gordon J. Wenham apresenta cinco possibilidades:[60]

1. Imagem *distinta* de semelhança: "imagem" como qualidades naturais (p. ex., razão, autoconsciência, sentimentos); "semelhança" refere-se às graças sobrenaturais.
2. Faculdades mentais e espirituais que o ser humano compartilha com seu Criador (p. ex., razão, personalidade, livre vontade, autoconsciência, inteligência).
3. Semelhança física.
4. Capacidade de se relacionar com Deus.[61]
5. Representante de Deus na terra; vice-regente.[62]

Duval e Hays apresentam uma sexta possibilidade: alguns estudiosos têm visto mais proximidade com as estátuas de cultos-templos do que com as estátuas de reis. A humanidade seria, então, uma "estátua divina". Essa implicação é *relacional*, enquanto a nuance de realeza é *funcional*.[63]

Algumas considerações que podem ajudar em nossa análise:

*   Faz mais sentido entender a expressão "conforme a nossa semelhança" como uma glosa explicativa de "nossa imagem". Assim, ambas as expressões apontariam para o mesmo referente,[64] ou se

---

[58] Alter, 2007, p. 35.
[59] Alexander, 2020, p. 18.
[60] Wenham, Gordon J. *Genesis 1-15*. Grand Rapids: Zondervan, 1987, p. 29-32.
[61] P. ex., Barth.
[62] Longman III, 2016, p. 36.
[63] Duval; Hays, 2019, p. 18.
[64] Provan, 2015, p. 65; Wenham, 1987, v. 1, p. 29.

reforçariam mutuamente.[65] Isso invalida a divisão entre qualidades naturais e sobrenaturais.

- Gordon J. Wenham[66] alerta para o risco de entender "imagem" como uma faculdade mental ou espiritual, pois o intérprete certamente lerá aí suas faculdades preferidas.

- Se essa for uma referência à imagem física, há dois problemas: o fato de Deus ser espiritual vai contra a proposta, e esse também não era o pensamento do AOP; e, segundo o contexto histórico-cultural, os egípcios e mesopotâmicos pensavam "imagem" em relação a *reinado*. Isso é o que distingue seres humanos de animais, visto que, no mundo antigo, já eram reconhecidas semelhanças entre humanos e animais.

- No AOP, uma imagem carregava a essência do que ela representava.[67] A visão egípcia da imagem divina, por exemplo, era aplicada somente a reis. Não era física, mas estava relacionada ao poder e às prerrogativas régias. Bruce Waltke cita o correspondente de um rei assírio do século 7 a.C. que afirmou que um homem livre é como a sombra de um deus; o escravo é como a sombra de um homem; o rei, porém, é como a própria "imagem de Deus".[68] Se esse for o sentido, Moisés democratizou o conceito. Para alguns, "imagem" implica a capacidade de espelhar os atributos divinos. Segundo N. T. Wright, "a imagem da divindade é a última peça colocada dentro do santuário interno".[69] Para ele, essa referência é tão clara que, mesmo sem os paralelos das construções de templos, "a simples ideia de uma estrutura de céu/terra com 'imagem' já nos diria que Gênesis 1 estava descrevendo um tipo de templo".

Segundo Longman III, "Na literatura egípcia não há praticamente nenhuma referência ou alusão à criação da humanidade".[70] Em *Enumah*

---

[65] Kidner, Derek. *Gênesis*. São Paulo: Vida Nova, 1979, p. 48.
[66] Wenham, 1987, v. 1, p. 30.
[67] Veja Walton, 2001.
[68] Waltke, Bruce. *Gênesis*. São Paulo: Cultura Cristã, 2010, p. 77.
[69] Wright, 2021, p. 267.
[70] Longman III, Tremper. Como ler Gênesis. São Paulo: Vida Nova, 2009, p. 84.

Elish,[71] os seres humanos são criados da união do barro com o sangue de um deus. Assim, os filhos são a imagem de seus pais, mas não seres humanos criados à imagem de Deus.

Para Wellum e Gentry, a expressão "imagem de Deus" comunica duas ideias no AOP: soberania e filiação. "O rei é a imagem de Deus porque tem um relacionamento com a deidade como filho de Deus, e um relacionamento com o mundo como governante de Deus."[72] A favor dessa ideia, temos o "comentário" de Gênesis 1:26 no Salmo 8, no qual o salmista usa termos do universo da realeza (coroado, glória e honra) para se referir ao ser humano. O ser humano foi coroado com glória e honra, e o mundo foi sujeito a ele, e não a anjos. Nas palavras de Jon D. Levenson:

> A ligação entre a criação da humanidade "à imagem de Deus" em Gênesis 1 e seu status como realeza pode ser claramente vista nas antigas inscrições do Oriente Próximo,[73] nas quais o rei é descrito como "imagem" da divindade.[74]

Os conceitos de *domínio* e *sujeição* estão ligados ao conceito de *reino*. Essa terminologia "era usada nas cortes do Egito e da Babilônia para descrever os deveres do rei".[75]

- Passagens posteriores que mostram que o ser humano é a imagem de Deus revelam que a chegada da realidade do pecado não lhe furtou esse status.
- Alguns indícios no próprio livro de Gênesis devem ser considerados: a imagem de Deus é homem e mulher; isso reforça o caráter comunitário da humanidade.[76] Outro indício textual é o trecho de Gênesis 5:1-3, que pode nos orientar na interpretação dessa passagem. "Imagem",

---

[71]"*Enuma Elish* é uma composição babilônica que descreve como o deus Marduque assumiu o reinado entre os deuses dos babilônios e a consequente construção de seu templo Esagila" (Longman III em Copan, Paul et al. (orgs.). *Dicionário de cristianismo e ciência*. Rio de Janeiro: Thomas Nelson Brasil, 2018, p. 692).

[72]2018, p. 227.

[73]Jon Levenson (Levenson, Jon D. *Creation and the persistence of evil*. Princeton: Princeton University Press, 2013) alista inúmeras obras do Egito e Mesopotâmia que ratificam essa declaração.

[74]Levenson, 1994, p. 113.

[75]Longman III, 2016, p. 37.

[76]Veja Brueggemann, Walter. *Teologia do Antigo Testamento*. São Paulo: Paulus; Santo André: Academia Cristã, 2014, p. 595.

aqui, não é uma referência física, mas se assemelha à ideia de um filho que reflete seu pai. Mais adiante, Gênesis 9:6 mostra a importância do ser humano por ser a imagem de Deus.

- É preciso considerar se "imagem de Deus" se refere a status ou função. Segundo Heiser, definir "imagem" como uma *habilidade* é uma abordagem falha.[77] Ele defende a ideia de status: representantes de Deus na terra. Assim, se é *status*, é um status *filial* (vertical) e *real* (horizontal). N. T. Wright, por outro lado, entende que "'ser criado à imagem' é *funcional ou vocacional*".[78] Ele esclarece: "Não que a ontologia não importe, mas a ênfase e o peso do termo 'imagem' estão aqui nas tarefas que os humanos precisam executar, vocação ressaltada no Salmo 8 e confirmada, nesse sentido, no Novo Testamento".

Em suma, a relação entre realeza, filiação, vocação e função é tão próxima que, suspeito, uma possível distinção entre *valor*, *ênfase* e/ou *prioridade* exigiria uma argumentação muito "sofisticada" cujos resultados, mesmo que estabelecessem uma hierarquia, ainda reforçariam a unidade e a codependência deles. Em 1Samuel 8, por exemplo, pedir por um rei era rejeitar a presença-reinado do Senhor no *templo*. Reinado e templo estavam juntos, eram aspectos de uma mesma realidade.

Talvez o melhor caminho seja a relação dos conceitos, como encontramos em Duval e Hays:

> Embora ainda não haja um consenso completo para entender exatamente a que a "imagem de Deus" se refere em Gênesis 1, as opiniões mais amplamente aceitas entre os estudiosos giram em torno dos conceitos de presença, governo, poder e relacionamento.[79]

3. O descanso

O conceito de descanso era comum na literatura do AOP. Baal construiu um palácio para encontrar repouso. Em *Enumah Elish*, a ausência de descanso

---

[77] Heiser, Michael. *The unseen realm: recovering the supernatural worldview of the Bible*. Bellingham: Lexham, 2015. Ed. digital, p. 41-2.

[78] Wright, 2021, p. 267.

[79] Duval; Hays, 2019, p. 18.

NOSSO LUGAR: O TEMPLO-PRESENÇA DE APOCALIPSE A GÊNESIS

leva ao conflito. Depois de derrotar Tiamat, Marduque declara que encontrará repouso.[80] No festival de Akitu, na Babilônia, havia uma procissão da casa de Akitu até o templo, para que o deus assumisse sua posição. Em *Atrahasis*, o dilúvio babilônico, o ser humano é criado para carregar a "labuta dos deuses",[81] estabelecendo "liberdade", no contexto, como "descanso". Em um relato sumério, um templo é construído para Ningirsu visando ao seu repouso; e a cerimônia de dedicação durava *sete dias*. No relato egípcio de Mênfis, o deus Ptah descansa depois de criar.

John Walton resume bem essa realidade:

> Esses templos foram construídos para ser um local de "descanso" para a divindade. Embora o conceito de relaxamento (ou mesmo indolência) não esteja ausente, descanso diz respeito à obtenção de estabilidade, segurança e ordem. A divindade pode entrar em seu templo porque a ameaça do caos foi dissipada. A divindade, então, assume seu lugar no cosmos ordenado e controlado, com o lazer de desfrutar de sua propriedade.[82]

Em outras obras, ele afirma: "Divindades descansam em um templo, e somente em um templo. Os templos foram construídos para isso. [...] é isso que um templo é – um lugar de descanso".[83] "No AOP, assim como na Bíblia, os templos são para 'repouso' divino, e o repouso se encontra em santuários ou espaços sagrados."[84]

A despeito da relação estreita entre templo e descanso, é importante destacar que o motivo, os personagens e os resultados dos conflitos que precedem o descanso variam consideravelmente. O descanso dos deuses da Mesopotâmia, por exemplo, acontece porque as pessoas foram criadas para dar continuidade ao trabalho deles, como no caso de Marduque.[85] O que

---

[80]Hallo; Younger em Walton, 2018, p. 194-5: Apsu se preparou para falar, / Dizendo a ela, Tiamat, em voz alta, / "O comportamento deles [dos deuses] é desagradável para mim! / De dia não *descanso*, de noite não durmo! / Desejo acabar com o comportamento deles, acabar com isso! / Deixe o silêncio reinar para que possamos dormir".

[81]Levenson, 1994, p. 102.

[82]Walton, 2018, p. 126.

[83]Walton, 2009, p. 71.

[84]Walton, 2001, p. 151.

[85]Segundo Levenson (1994, p. 101): "No *Enuma Elish*, por exemplo, Marduk propõe a criação da humanidade para que sobre ela 'sejam impostos os serviços dos deuses para que possam descansar'". Para o autor, as cosmogonias trazem, além da relação com o templo, o tema da "liberação da labuta".

O HABITAT DA MORALIDADE

devemos assegurar, e é fundamental para nossa argumentação, é que a relação entre *templo* e *descanso* fazia parte do ambiente dos povos do AOP. Mantendo suas particularidades, o material bíblico segue o ambiente do AOP, no qual os dois conceitos estão atrelados.[86] Em Salmos 132:7,8,13,14, por exemplo, temos:

> Vamos para a *habitação* do Senhor! Vamos adorá-lo diante do estrado de seus pés! Levanta-te, Senhor, e vem para *o teu lugar de descanso*, tu e a arca onde está o teu poder. [...] O Senhor escolheu Sião, com o desejo de fazê-la sua *habitação*: "Este será o meu lugar de *descanso* para sempre; aqui firmarei o meu trono, pois esse é o meu desejo".

Isaías 66:1 segue na mesma esteira do Salmo 132, reconhecendo uma relação estreita entre descanso e templo: "Assim diz o Senhor: 'O céu é o meu trono, e a terra, o estrado dos meus pés. Que espécie de casa vocês me edificarão? É este o meu lugar de *descanso*?'".[87] A pergunta do Senhor pressupõe a relação próxima entre habitação e descanso.

Algumas considerações:

- o templo é o lugar de habitação;
- o lugar de descanso e habitação é o trono. Pode-se constatar que o descanso não está ligado a uma noção de passividade, mas, sim à de *controle*;

---

[86]A relação do material bíblico com a temática da guerra contra o caos (*Chaoskampf*) tem sido alvo de muita discussão desde a publicação de *Schöpfung und Chaos in Urzdt und Endze*, de Hermann Gunkel, em 1895. Há quem rejeite qualquer associação do material bíblico com a *cosmogonia* mesopotâmica (p. ex., D. Tsumura em *Creation and Destruction*). Os que aceitam uma relação ou um diálogo com o material do AOP variam no que diz respeito à *natureza* dessa relação. Um caminho relativamente comum é entendê-la como uma "resposta polêmica". Nesse tipo de leitura, as *distinções são realçadas*. Assim, é reforçado que Deus *não* precisa descansar por causa dos incômodos cósmicos nem porque ele vem de uma luta exaustiva; antes, ele busca descanso em um lugar de *habitação* e *repouso*. Levenson (1994, p. 12), por outro lado, entende: "A vitória de YHWH sobre as forças que interromperam essa ordem é intrinsecamente um ato de criação. O fato de que a ordem está sendo restaurada em vez de *instituída* não era uma diferença de grande importância na cultura hebraica antiga". Textos de grande importância para essa questão são: Salmos 74:12-17; 89:10-15 e Isaías 51:9-11. John Walton (2008, p. 54), por outro lado, assegura que: "O Salmo 74 [o texto mais icônico] não forneceria nenhuma base para concluir que a Teomaquia/*Chaoskampf* era um tema cosmogônico dominante no pensamento israelita, nem para pressupor esse tema como um fundamento subjacente em Gênesis 1". Nesse mesmo artigo, Walton faz uma importante distinção entre Teomaquia e *Chaoskampf*. O primeiro seria uma categoria mais ampla abarcando o segundo. *Chaoskampf*, por sua vez, é dividido em outras três categorias, nas quais a primeira "é composta por aqueles textos nos quais a ordem macrocósmica está sendo inicialmente estabelecida (cosmogonia)" (2008, p. 50). O ponto fundamental (do qual partilho) é que Teomaquia/*Chaoskampf* não podem ser confundidos com *cosmogonia*. Muito pelo contrário, quase nunca estão relacionados. Assim, a raridade dessa relação (guerra e origem) não nos permite afirmar que temos nela um sinal do *ambiente* cognitivo do AOP. Templo e descanso certamente; Teomaquia/*Chaoskampf* e origem (cosmogonia), não necessariamente.

[87]Veja 1Crônicas 28:2; 2Crônicas 6:41.

- pedir a Deus para ir ao seu lugar de descanso, como no Salmo 132, não é o mesmo que rogar por *passividade.*

Para G. K. Beale:

O descanso de Deus, tanto na conclusão da criação, em Gênesis 1 e 2, como mais tarde, no templo de Israel, não indica inatividade, mas, sim, que ele manifestou seu domínio sobre as forças do caos (p. ex., os inimigos de Israel). E agora assume a posição de um descanso régio, revelando ainda mais seu poder soberano. [...] O *assentar-se* de Deus no templo é uma expressão de seu soberano descanso ou reinado.[88]

N. T. Wright segue o mesmo pensamento: "Quando, após seis 'dias' de criação, o Criador completou sua obra e 'descansou', não devemos entender que ele apenas se sentou e não fez mais nada, e sim que ele veio e estabeleceu residência no mundo que criara".[89] Uma vez que o sábado divino é a *causa* do sábado humano, o descanso do israelita era uma forma de reconhecer que Deus está no trono.

Assim, no relato de Gênesis, *o descanso de Deus é o objetivo da criação.* "Representa a tomada de seu lugar no comando."[90] Templo, descanso e reino, portanto, são temas estreitos.

4. O jardim

A crença de que o Jardim do Éden é um arquétipo do tabernáculo-templo é massiva entre os especialistas.[91] A razão está em seus fortes paralelos, que aproximam o templo-tabernáculo do Jardim:

- *Os querubins.* Seja na arca da aliança, seja na entrada dos santos dos santos, a figura dos querubins está intimamente ligada tanto ao tabernáculo como ao templo;

---

[88]Beale, 2021, p. 62-3.
[89]Wright, N. T. *Salmos.* Rio de Janeiro: Thomas Nelson Brasil, 2020c, p. 75.
[90]Walton, 2001.
[91]Wenham (1987, p. 61-2); Waltke (2010, p. 100), Longman III (2016, p. 12-4); Beale (2021, p. 66-81); Walton (2001, p. 181-4); Provan (2015, p. 57-8, 70-1); Morales (2022, p. 49-55), Alexander (2010, p. 123-6); Brueggemann (2014); Duval; Hays (2019).

O HABITAT DA MORALIDADE

- *A entrada*. Gênesis 3:24 revela que querubins foram posicionados no lado leste do jardim para guardar o caminho de volta para a árvore da vida. Tanto o tabernáculo como o templo eram igualmente orientados para o leste.
- *O candelabro*. Podemos ter aqui uma referência estilizada à árvore da vida.[92]
- *O andar de Deus*. Gordon Wenham lembra que "o termo 'andar' [...] é posteriormente usado para a presença de Deus no santuário (Levítico 26:12; Deuteronômio 23:15; 2Samuel 7:6,7)".[93] "A presença de Deus era a chave para o jardim."[94]
- *Terminologia sacerdotal*. "Os verbos usados para se referir ao trabalho de Adão em 2:15 [...] são usados juntos em outro lugar no Pentateuco somente para descrever os deveres dos levitas relacionados ao tabernáculo."[95]

Além dos paralelos alistados anteriormente, nos quais o intérprete, por conhecer o conteúdo bíblico, reconhece as conexões, há textos[96] em que o *autor bíblico*, de maneira explícita, reconhece a relação entre *templo* e *jardim* (Salmos 52:8; 92:13-15; Lamentações 2:6; Isaías 60:13,21). Ezequiel 28 se destaca em precisão. Para G. K. Beale, por exemplo, essa é "[...] a passagem

---

[92]Segundo Moberly (em Vanhoozer, Kevin J. (org.). *Theological interpretation of the Old Testament*. Grand Rapids: Baker, 2008, p. 48.), "É provável que o candelabro de sete braços (Êxodo 25:31-40) deva ser entendido como uma representação estilizada da sarça ardente – uma simbolização perpétua do encontro fundamental no Sinai/Horebe". Longman (2016a, p. 51) entende que "estaremos num terreno muito mais seguro textualmente se reconhecermos a menorá como uma *árvore*", mas também entende que devemos associá-la com a sarça por estar "em chamas". Ou seja, as imagens não se anulam. V. Hurowitz (em Walton, 2018, p. 262) relaciona o candelabro aos corpos celestiais que são inusitadamente chamados de "luzes", "que, ao longo do restante do Pentateuco, fazem referência às luzes do candelabro que iluminam o tabernáculo". Já John Walton (2018, p. 139), entende que "os objetos que se encontravam na antecâmara do santuário do templo são imagens destinadas a evocar o jardim. A menorá [candelabro] é um símbolo da árvore da vida, e a mesa para o pão da presença fornecia comida para os sacerdotes". A associação entre a árvore no meio do jardim com o candelabro é seguida também por James Hamilton (Hamilton, James. *God's glory in salvation through judgment*. Wheaton: Crossway, 2010, p. 108).
[93]Wenham, 1987, p. 76.
[94]Walton, 2001, p. 182.
[95]Morales, 2022, p. 50. Ele ainda apela para a utilização do verbo "vestir" e do substantivo "túnica", usados em Gênesis 3:21 e Levítico 8:13 e, fundamentado em Ezequiel 28:11-19, entende que a expulsão de Adão é descrita "de maneira a sugerir um 'sacerdote excomungado'" (p. 51, 53).
[96]Além dos paralelos e textos mais diretos, a tradição judaica reforça essa conexão. Em Jubileu 8:19, encontramos a seguinte declaração: "E ele [Noé] sabia que o Jardim do Éden é o santo dos santos, e a morada do Senhor, e o Monte Sinai, o centro do deserto, e o Monte Sião – o centro do umbigo da terra: esses três foram criados como lugares sagrados encarando um ao outro" (Charles, R. H. P*seudepigrapha of the Old Testament*. Oxford: Clarendon, 1913, p. 26).

mais explícita de toda a literatura canônica em que o jardim do Éden é chamado de templo".[97] No versículo 13 há uma conexão entre o "jardim" e o "monte santo". Já no versículo 18, o rei de Tiro, uma figura adâmica,[98] é apresentado como alguém que profanou "os santuários".[99] Temos, assim, jardim/monte santo/santuário.

Sobre a equivalência do jardim com a estrutura do templo, é importante entender, em primeiro lugar, a distinção entre o Éden e o jardim. O jardim toma o nome "Éden" em alguns textos por ter sido colocado *no* Éden. Contudo, não pode ser confundido com o próprio Éden, uma vez que as águas do Éden irrigavam o jardim (Gênesis 2:10).

Os versículos de Gênesis 2:10-14 fornecem detalhes desse jardim, os quais, por sua vez, levam muitos a entender que se trata de um *lugar* real,[100] porém impossível de ser localizado.[101] As questões são: a descrição é geográfica *visando* à localização? A geografia é topográfica ou cósmica? Creio que o objetivo do texto não é apresentar dados a fim de possibilitar a localização, mas, sim, mostrar que o jardim está bem localizado. São detalhes para a apreciação do lugar, não para sua localização. Em vista disso, apontam que essa é uma área fértil.

Sobre a relação jardim-Éden-templo, Michael Morales entende o jardim como o santo dos santos.[102] Daniel Bock segue essa ideia. Para ele, "o Éden

---

[97] Beale, 2021, p. 76.

[98] Os paralelos entre Ezequiel 28 e Gênesis 2–3 têm levado estudiosos (p. ex., Zimmerli) a relacionarem o rei de Tiro com Adão e, mais popularmente, a Satanás (p. ex., Kaiser [Kaiser Jr., Walter. *Teologia do Antigo Testamento*. São Paulo: Vida Nova, 1984, p. 256]: "sub-rogados pelo Maligno"; Orígenes, Tertuliano). Nessa última, há uma distinção entre o *príncipe* de Tiro (v. 2) e o *rei* de Tiro (v. 12). Em seu comentário de Is 14, Calvino (Calvin, John. *Commentary on the book of the prophet Isaiah*. Grand Rapids: Baker, 1979, p. 442) ridicularizou essa visão, declarando que ela "surge da ignorância". Segundo Walton; Matthews; Chavalas (Walton, John H.; Matthews, Victor H.; Chavalas, Mark W. *Comentário histórico-cultural da Bíblia: Antigo Testamento*. São Paulo: Vida Nova, 2018b, p. 925), diante da compreensão limitada da figura de Satanás, "os israelitas não poderiam ter entendido essa passagem dessa maneira". Walton; Walton (*Demons and spirits in biblical theology*. Eugene: Cascade, 2019b, p. 356-7) entende que não há conexão nem mesmo com Gênesis – algo de que discordo. Daniel Block (Block, Daniel. *Ezequiel*. São Paulo: Cultura Cristã, 2012, p. 122) reconhece a relação entre Adão e o rei: "Ecos do Adão original são evidentes na caracterização do príncipe de Tiro, no primeiro quadro, e na descrição do querubim, no segundo". O fato é que o rei de Tiro está sendo comparado a alguém que a audiência reconheceria. Creio que Adão é o referente mais provável.

[99] Sobre o plural "santuários", G. K. Beale (2021, p. 76) explica: "A referência a um único templo usando um plural provavelmente surgiu por causa dos múltiplos espaços sagrados ou 'santuário' dentro do complexo do templo".

[100] Kidner, 1979, p. 58; Heiser, 2015, p. 49.

[101] Longman, 2016b, p. 48.

[102] Morales, 2022, p. 53.

parece ser mais largo que o jardim, e se alguma parte deve ser associada ao santo dos santos, seria o jardim".[103] Observe a palavra "associada". Fico com o julgamento de J. Walton[104] e G. K. Beale,[105] de que o Éden equivale ao santo dos santos, e o jardim, ao santo lugar, como uma antecâmara.

CONCLUSÃO

"O *lugar* precede a instrução" é nosso refrão, e "Onde estamos?" é a pergunta que nos orienta. A estrutura unificadora proposta no primeiro capítulo pressupõe a unidade e a coesão do texto bíblico.[106] Tomando essa unidade como pressuposto, podemos assegurar que, de Gênesis a Apocalipse, há um claro movimento em direção à intimidade perfeita e estável com Deus, vivida na consumação da Nova Jerusalém do Apocalipse joanino.

A importância do tema do templo-presença é, pois, incontestável. Temas com tamanhas amplitude e importância não somente se relacionam com muitos outros, mas também os justificam e os explicam. Ao lado de Michael Morales, podemos, portanto, assegurar: "O templo é o fim da humanidade, bem como o meio – o caminho – para esse fim".[107]

É entre as paredes do templo, do lugar sagrado, que orientações e impulsos morais ressoam com maior força e ganham brilho, bem como seus executores encontram sua identidade: imagem de Deus *no templo*. Mais adiante, aplicaremos e/ou relacionaremos o templo à moralidade, indo do lugar às instruções. Por ora, porém, precisamos entender melhor o lugar. Continuemos, pois, contemplando o templo-presença.

---

[103] Em Gurtner; Gladd, 2013, p. 16.
[104] Walton, 2001, p. 167-8; 2018, p. 139.
[105] Beale, 2021, p. 75.
[106] Para entender a relação entre os cinco livros do Pentateuco, veja Michael Morales (2022). Para entender a dependência entre os livros do Antigo Testamento, veja Dempster (Dempster, Stephen G. *Dominion and dynasty*. Downers Grove: IVP, 2003). A unidade do texto sagrado só pode ser apreciada quando reconhecemos a dinâmica da continuidade e descontinuidade. Nas palavras de William J. Dumbrell (1985, p. 13): "Como uma disciplina, a teologia bíblica aceita uma ampla variedade de conceitos. No coração de cada um desses conceitos encontramos o pressuposto primordial de que a rica diversidade da Escritura serve à sua profunda unidade. Além disso, essa 'diversidade dentro da unidade' é mais claramente vista por meio das considerações do desenvolvimento dos temas teológicos".
[107] Morales, 2022, p. 247.

Capítulo 3

O TEMPLO-PRESENÇA NO ANTIGO TESTAMENTO

Peço ao Eterno uma coisa, apenas
uma coisa: Que eu possa viver com
ele em sua casa durante toda a minha
vida. Ali, contemplarei sua beleza e
estudarei aos seus pés.
Salmos 27:4 (A Mensagem)

RELEMBREMOS NOSSO REFRÃO: "O lugar precede a instrução". Isso quer dizer que todos os impulsos morais são precedidos pelo lugar, e não podem ser reconhecidos e devidamente honrados sem a apreciação de seu "habitat adequado". Estamos em um templo em ampliação e precisamos, mais do que nunca, solidificar e valorizar esse conceito. Em primeiro lugar, a construção, a ratificação e/ou a recordação dessa "consciência espacial" são concebidas, como vimos no capítulo anterior, pela leitura do material bíblico. Em suma, a Bíblia tem interesse em nos revelar onde nos encontramos.

Em segundo lugar e, mais importante, a consciência espacial é o elemento-chave para a sobrevivência das instruções ou dos impulsos morais. Caso sejam retiradas de seu habitat, o fim delas é garantido. Não há vida para a moralidade bíblica fora do lugar sagrado. Não há oxigênio para os impulsos morais das Escrituras fora do templo. Portanto, é preciso estimular e consolidar a consciência quanto a esse espaço.

O tema do templo-presença perpassa toda a Escritura.[1] Seja qual for o gênero ou a história *no* livro e/ou *do* livro, a temática se fará presente; em muitos

---

[1] Para uma análise detalhada do tema, veja Duval, J. Scott; Hays, J. Daniel. *God's relational presence*. Grand Rapids: Baker, 2019. Lioy, Dan. *The axis of glory*. New York: Peter Lang, 2010, apresenta uma abordagem panorâmica, mas levando em conta os principais momentos no progresso revelacional, abrangendo, assim, toda a Escritura. Segundo o autor "as referências e alusões ligadas ao tema do templo cruzam toda a paisagem literária das Escrituras" (2010, p. 136). Quer central, quer não, estudiosos reconhecem que a temática do templo-presença se apresenta em proeminência em toda a Escritura.

momentos, com proeminência, como é o caso de Êxodo, Salmos, Ezequiel e Hebreus. Como os grandes temas bíblicos, como aliança, reino, promessa, terra, a presença de Deus não carece de uma explicitação para ser reconhecida. Há um mundo de vocábulos e expressões relacionados, como habitação, glória, face, nome, santuário, casa, monte, Espírito de YHWH; cenas marcantes, como a presença de YHWH no tabernáculo, no templo, no Sinai, no encontro com Ezequiel; e estruturas literárias que apontam vividamente para esse tema.

As palavras de John Walton servem de impulso para nossa leitura:

> Um entendimento do espaço sagrado é um dos aspectos mais subestimados e negligenciados da teologia bíblica. Embora, em décadas recentes, tenha recebido crescente atenção, historicamente foi eclipsado por preocupações sistemáticas, como cristologia e soteriologia, embora seja central para esses dois temas. Ainda que não represente uma das categorias tradicionais de teologia sistemática, eu afirmaria que é o elemento mais significativo na teologia bíblica, e essencial para a metanarrativa da Escritura.[2]

A PRESENÇA NO PENTATEUCO

Depois da criação, são muitas as referências à presença de Deus no Pentateuco. Os supostos altares de Caim e Abel (Gênesis 4:3-5),[3] de Noé (que é a primeira menção explícita a um altar; Gênesis 8:20) e dos patriarcas (Gênesis 12:7,8; 13:4,18; 22:9; 35:1-7); a manifestação de YHWH no Sinai[4] (Êxodo 19) e a pre-

---

[2]Walton, John H. *Teologia do Antigo Testamento para cristãos*. São Paulo: Loyola, 2021, p. 119.

[3]Quanto às *primeiras* ofertas registradas em Gênesis e, portanto, *emblemáticas* ou *protótipicas*, há quem acredite que se tratam de uma defesa do sacrifício *animal* em contraposição ao *vegetal*. Outros, bem próximos da distinção vegetal-animal, enfatizam o elemento do *sangue* (Candlish, 1979, p. 94). Para Tremper Longman III (Longman III, Tremper. *Emanuel em nosso lugar*. São Paulo: Cultura Cristã, 2016, p. 72), a diferença entre os dois sacrifícios se encontra nos *adjetivos*. Um era "do fruto da terra"; o outro "das *primícias* do seu rebanho e da gordura deste" (Gênesis 4:3,4). Ratificando a ideia de Longman, Bruce Waltke (1985, p. 368) afirma que o adjetivo "primícia", usado na oferta de Abel, não tem equivalente na oferta de Caim. O fato é que o olhar de Deus está tanto nas *ofertas* quanto como nos *ofertantes* (Gênesis 4:4,5), pois um fala do outro. Abel deu o melhor, Caim não. Além dessa visão integral (oferta e intenção), a narrativa ainda revela que o adorador tem uma perspectiva escatológica da adoração. Foi assim que o autor da carta aos Hebreus viu: "pela fé Abel". Há mais consciência do que se pode imaginar.

[4]"Os carros de Deus são incontáveis, milhares de milhares; neles o Senhor *veio do Sinai para o seu Lugar Santo*" (Salmos 68:17, NVI); "o Sinai *tornou-se* em santuário" (NAA). Trata-se de um texto de difícil tradução (veja Bratcher; Reyburn, 1991, p. 585). A questão é saber qual a relação entre Sinai e o santuário. Caso seja estabelecida, alguns diriam que a ideia de "montanha cósmica" não teria sido tomada dos povos do AOP, mas da experiência no Sinai.

O TEMPLO-PRESENÇA NO ANTIGO TESTAMENTO

sença contínua no meio do seu povo pelo tabernáculo, a tenda real (Êxodo 25:1–31:8; 35:1–40:8),[5] essas são algumas referências claras.

O templo, o sistema sacrificial e os altares que os anteciparam foram feitos *para* e *pela* presença de Deus. Segundo Longman III, "o simbolismo de toda a estrutura girava em torno desta ideia central: o Espírito Santo estava *presente* no meio do acampamento".[6]

A referência geográfica do tabernáculo, que ocupava posição central, bem como os materiais usados, revelam o valor do lugar. Isso, certamente, afetaria a forma de pensar do israelita. Os materiais seguem um padrão de valor: quanto mais próximo do santo dos santos, mais valiosos. A sequência é: bronze, prata, ouro e ouro fino. A acessibilidade também segue o mesmo padrão:

1. Acampamento externo: acessível a qualquer pessoa, incluindo gentios;
2. Acampamento interno: acessível apenas aos israelitas ritualmente puros;
3. Pátio interno: acessível predominantemente a sacerdotes, mas podendo ser acessado por israelitas comuns;
4. Interior do tabernáculo: acesso somente aos sacerdotes;
5. Santo dos santos: entrada somente pelo sumo sacerdote, uma vez por ano.

Em suma, toda a vida do povo girava em torno desse *lugar*. Tomando emprestada a terminologia que Meredith Kline aplica ao Éden, o tabernáculo-presença era o "eixo cósmico vertical do reino".[7]

Além do material utilizado, o *significado* dos objetos do tabernáculo também reforça a importância da presença. Como vimos no capítulo anterior, o candelabro simbolizava a árvore da vida. Êxodo 20:24 registra que o altar era "lugar de encontro": "Façam-me um altar de terra e nele sacrifiquem-me os seus holocaustos [...]. Virei a vocês e os abençoarei". Os pães, no santo lugar, bem

---

[5] A lei do altar, encontrada em Êxodo 20:24-26, não é vista por Longman III (2016, p. 21) como *novidade* nos dias de Moisés, mas um reflexo dos "primeiros tempos".

[6] Longman III, 2016, p. 32.

[7] Kline, Meredith G. *Kingdom prologue*. Overland Park: Two Age, 2000, p. 49.

como a mesa, eram denominados "da presença" ou "da face" (Êxodo 25:30; Números 4:7). YHWH declara que estes deveriam estar "diante dele".[8]

Em Êxodo 33:15,16 Moisés declara ao Senhor: "Se não fores *conosco*, não nos envies. Como se saberá que eu e o teu povo podemos contar com o teu favor, se *não nos acompanhares*? Que mais poderá distinguir a mim e a teu povo de todos os demais povos da face da terra?". Clements está correto ao afirmar que "Israel só se torna Israel quando YHWH *habita* em meio a ele".[9] A presença divina era a marca da identidade do povo.

É no Pentateuco que encontramos a bênção sacerdotal: "O Senhor te abençoe e te guarde; o Senhor faça resplandecer o seu rosto sobre ti e te conceda graça; o Senhor volte para ti o seu rosto e te dê paz" (Números 6:24-26). Observe que Deus é o sujeito de todos os verbos. Há três duplas de verbos, com o segundo expandindo o sentido do primeiro. Se os verbos se relacionam em um crescente (abençoar → guardar → resplandecer → conceder graça etc.), a "paz" é o ápice, e a presença (voltar o rosto) é o que a explica. Em suma, temos a *bênção da presença*.

Para M. I. Gruber, as expressões "volte o rosto" (NVI) ou "levante o rosto" (ACF, ARA, ARC, NAA, AS21) referem-se a "um semblante de prazer e afeto, funcionalmente equivalente a 'sorriso'".[10] Talvez isso explique a escolha da NVT de traduzir a expressão por "se agrade". A importância dessas palavras pode ser vista nas várias alusões a elas que encontramos nos salmos (p. ex., 4:6; 31:16; 44:3; 67:1,2; 80:19; 119:135).

Jeffrey Niehaus destaca dois elementos da bênção: esperança e amplitude:

> A face de um deus irradiava luz e vida aos suficientemente afortunados para olhar para ela. Essa experiência entre os pagãos era apenas reivindicada – e só raramente – pelos reis. A bênção de Arão expressa a *esperança* de que Iavé fará com que sua face luminosa e doadora de vida brilhe sobre *todo o povo de Deus*.[11]

----

[8] A expressão "diante de Deus" ocorre 236 vezes em toda a Escritura. Segundo Duval e Hays, "a maioria dos usos se refere à presença espacial de Deus, muitas vezes no tabernáculo ou no templo. Na verdade, essa é uma das expressões mais comuns que indicam a presença real e especial de Deus no tabernáculo ou no templo" (2019, p. 14).

[9] Clements, R. E. *God and temple*. Eugene: Wipf & Stock, 2016, p. 115.

[10] Em Cole, R. D. *Numbers*. Nashville: Broadman & Holman, 2000, p. 131.

[11] Niehaus, Jeffrey J. *Deus no Sinai*. São Paulo: Shedd, 2021, p. 214.

Como vimos no capítulo anterior, a relação do Éden com o cosmo e os santuários posteriores é bem estabelecida entre os estudiosos do Antigo Testamento. Apesar de esse reconhecimento ser um grande passo para compreender essa relação, é somente o primeiro. Ainda é necessário dar continuidade à peregrinação para entender a natureza das possíveis relações entre os três elementos.

Pensemos, em primeiro lugar, na relação entre o Éden e os santuários posteriores. Desmond Alexander demonstra muito bem a questão: "Duas interpretações podem explicar isso. Ou o Éden é um protossantuário e os outros santuários o têm como *modelo*, ou todo santuário posterior é um jardim do Éden *restaurado*".[12]

Um dos grandes representantes da primeira opção é G. K. Beale. Para ele, "o Éden foi o primeiro templo *arquetípico* no qual se basearam todos os templos de Israel".[13] Defendendo a segunda opção, está Daniel I. Block: "Na Bíblia hebraica, templo é uma *provisão da graça divina*, um meio magnífico divinamente inspirado e celestialmente disponibilizado para ligar os seres humanos *caídos* ao Deus santo".[14]

Nessa segunda abordagem, "os santuários *replicam* algo da experiência em que as pessoas se aproximam do lugar em que Deus habita na terra".[15] Assim, o Éden, o jardim ou a criação não podem ser categorizados como "templo". Os templos, portanto, relembravam a realidade paradisíaca do Éden. Nas palavras de Daniel Block, "o fato de os santuários terem sido edênicos não torna o Éden um lugar sagrado".[16] Block diz ainda: "O mundo pré-Queda não precisava de templo",[17] e "o templo era o símbolo de um mundo caído".[18]

As conclusões de Daniel Block podem ser explicadas tanto na lida com os *particulares* do texto de Gênesis como na intertextualidade, a relação interpretativa entre os textos.

---

[12] Alexander, T. Desmond. *A cidade de Deus e o objetivo da criação*. São Paulo: Shedd, 2020, p. 20-1.

[13] Beale, G. K. *O templo e a missão da igreja*. São Paulo: Vida Nova, 2021, p. 80-1.

[14] Block, Daniel. *Além do rio Quebar*. São Paulo: Cultura Cristã, 2018, p. 239.

[15] Alexander, 2020, p. 20-1.

[16] Em Gurtner, Daniel; Gladd, Benjamin L. From *creation to new creation*. Peabody: Hendrickson, 2013, p. 21.

[17] Em Gurtner; Gladd, 2013, p. 25.

[18] Em Gurtner; Gladd, 2013, p. 24.

Quanto à primeira possibilidade, Block lida *separadamente* com os indícios do Éden que entendemos como referências a um templo: dias, descanso, entrada, querubins. Mesmo reconhecendo possíveis conexões entre esses elementos e o conceito de templo, Block realça as *distinções*. Entretanto, tem-se peso argumentativo quando esses elementos são tomados como parte de um quadro maior. O isolamento minucioso dos elementos feito por Block lembra as palavras C. S. Lewis: "Talvez, na natureza das coisas, a compreensão analítica deva sempre ser um basilisco que mata o que vê e que só consegue ver matando".[19] Penso que Block matou o texto de Gênesis ao analisar *suas partes*.

Creio, porém, que a explicação para o comportamento exigente de Block está na segunda explicação: a intertextualidade. Aí está a pedra angular de sua argumentação. Para ele, há uma sequência hierárquica na relação entre os textos. Gênesis naturalmente tem a prioridade. Os demais precisam ser lidos à luz de Gênesis 1–3. O contrário, porém, não seria um comportamento interpretativo genuíno. Qualquer movimento interpretativo como o feito no capítulo anterior – ler Gênesis por Apocalipse – seria, para ele, um grande equívoco.

No entanto, a conclusão de Block, para ser válida, precisaria:

* negar o quadro geral criado pela narrativa de Gênesis, uma vez que não podemos considerar os detalhes separadamente;
* ignorar os paralelos com a literatura do AOP;
* entender que a revelação posterior só pode se relacionar com a anterior em uma direção e/ou de uma única maneira.

Como já argumentamos, o progresso revelacional não se dá somente de uma maneira. Suas riqueza e complexidade revelam-se tanto em acréscimos como em esclarecimentos e ratificações. Diante de tudo isso, portanto, fico com a posição de G. K. Beale.

Nessa questão, é importante destacar o que entendo ser inegociável. Em primeiro lugar, a presença real e especial de Deus nos santuários. Nas palavras de Duval e Hays: "a presença de Deus, habitando no tabernáculo e depois no

---

[19]Lewis, C. S. *A abolição do homem*. Rio de Janeiro: Thomas Nelson Brasil, 2017, p. 76.

O TEMPLO-PRESENÇA NO ANTIGO TESTAMENTO

templo, era uma realidade, e não uma metáfora".[20] Em segundo lugar, a natureza temporária e tipológico-profética[21] dos santuários. Segundo Michael Morales, o tabernáculo e os templos posteriores "eram meios tipológicos e temporários – embora reais – do relacionamento com Deus".[22] Para ele, "a esperança mais profunda de Israel, habitar na casa de YHWH sobre seu santo monte, não era meramente uma questão litúrgica, mas uma busca histórica".[23]

A maioria dos estudiosos reconhece alguma relação entre o templo com o cosmo.[24] Para Desmond Alexander, "o tabernáculo israelita e, mais tarde, o templo de Jerusalém foram considerados o microcosmo ou modelo da Terra. Assim, eles forneceram uma ilustração, antecipando a presença gloriosa de Deus a preencher o mundo inteiro".[25]

Segundo G. K. Beale, "o Tabernáculo e os templos do AT foram simbolicamente projetados para apontar para a realidade escatológica cósmica de que a presença de Deus, antigamente limitada ao Santo dos Santos, deveria se estender por toda a terra".[26]

---

[20]Duval; Hays, 2019, p. 8.

[21]Existem muitas questões envolvendo a tipologia bíblica. Destaco três: o método de identificação; a relação entre tipo e antítipo; e a natureza retrospectiva ou prospectiva. Quanto à primeira, são duas as categorias: *inata* (explicitamente identificado) e *implicada* (identificação não explícita). Em escolas mais literalistas como o Dispensacionalismo e suas variações, via de regra, somente o NT pode reconhecer um tipo. Outros entendem que eles não estão limitados ao que o NT explicitamente chama de tipo (p. ex., Edmund P. Clowney e G. K. Beale). Quanto à segunda questão, a maioria dos estudiosos entende que o antítipo é o nível mais profundo ou climático dos eventos. Para diminuir o elemento profético, climático e anulatório dos antítipos para os tipos, alguns estudiosos optam por expressões como "sombra" e "analogia". Israel, por exemplo, nunca será reconhecido como um tipo no dispensacionalismo, uma vez que o antítipo o "anularia" (Saucy em Brant, Chad (orgs.), *Perspectives on Israel and the church: 4 views* [Nashville: Broadman & Holman], 2015, p. 161). Quanto à terceira questão, a maioria dos estudiosos entende os tipos como resultado de uma "leitura retrospectiva". Como coloca G. K. Beale (Beale, G. K. *Manual do uso do Antigo Testamento no Novo Testamento*. São Paulo: Vida Nova, 2013, p. 85), os tipos são de natureza profética, porém "em retrospectiva". Ou seja, somente depois da ressurreição do Senhor os autores viram pessoas, instituições e eventos como profecias indiretas. Contudo, o próprio Beale (2013, p. 37) reconhece que algumas passagens trazem, em si mesmas, evidências da natureza prefigurativas. A narrativa de Gênesis, por exemplo, a relação próxima entre Adão, Noé e Abraão (cada um deles inaugurando um novo tempo) remete à criação. Assim, os israelitas poderiam até reconhecer o *valor simbólico* de certos eventos históricos, pessoas e instituições, mas não poderiam reconhecer todos os tipos pretendidos. Para o Aliancismo Progressivo de Gentry e Wellum (Gentry, Peter; Wellum, Stephen. *Kingdom through covenant*. Wheaton: Crossway, 2018, p. 131): "Tipologia é melhor vista como um subconjunto da profecia preditiva, não no sentido de predição verbal, mas mais 'indiretamente' no sentido de predição construída sobre padrões/modelos que Deus intenciona, que se tornam desvelados ou mais claramente vistos quando, mais tarde, os autores do AT reforçam esses padrões cujo objetivo é antecipar seu cumprimento em Cristo. [...] Como profecia *indireta*, tipologia corresponde bem ao sentido paulino de 'mistério' p. ex., Efésios 1:9,10; 3:1-10".

[22]Morales, Michael. *Quem subirá ou monte santo do Senhor?* São Paulo: Cultura Cristã, 2022, p. 248.

[23]Morales, 2022, p. 18.

[24]Roland de Vaux (de Vaux, Roland. *Instituições de Israel no Antigo Testamento*. São Paulo: Teológica, 2002, p. 367) segue um caminho diferente, quase solitário. Para ele, "nenhum texto sugere que se tenha lhe dado [ao templo] jamais uma significância cósmica".

[25]Alexander, 2020, p. 21.

[26]Beale, 2021, p. 23-4.

N. T. Wright, seguindo Jon D. Levenson, entende que "o santuário é descrito como um 'mundo' em miniatura, um *microcosmos*, enquanto a criação [...] era vista como um grande templo, o palácio de Deus".[27] Há, pois, um paralelo entre templo e cosmo. Eles são "mutuamente interpretativos".[28]

Uma questão que emerge dessa temática é: o templo é o *centro* do cosmo ou seu *modelo*? Creio que o Éden pode nos ajudar. Em Gênesis 1, temos a consagração do espaço sagrado (o mundo); no capítulo 2, o Éden aparece como o centro desse espaço. A gradação de valor dos materiais do templo-tabernáculo reforça a ideia de que o templo é tanto um *centro* como um *modelo*.

Em suma, o tabernáculo-templo era o real centro do mundo, o lugar em que céu e terra se encontravam, o *modelo* da criação, bem como uma profecia, uma tipologia. É de extrema importância realçar que, como modelo, o tabernáculo-templo revela que a criação não é uma unidade − *A* criação −, mas uma realidade compartimentada, composta por uma parte sólida, porque deve ser mantida, e outra flexível, porque precisa ser dominada, modificada.

A PRESENÇA NOS LIVROS HISTÓRICOS

Segundo Duvall e Hays, no livro de Josué, "um tema crítico no capítulo inicial de Josué é a garantia da presença fortalecedora de Deus".[29] Em Juízes, a presença diferenciada de Deus é ressaltada pela capacitação do Espírito de YHWH nos protagonistas. Em Rute, temos um movimento de morte, lamento e louvor que se relaciona com a geografia. A saída de Belém não evitou a morte, enquanto a volta é marcada por bênção. Trata-se de um *lugar especial*.

Em 1 e 2Samuel, o cenário dos primeiros capítulos é o tabernáculo em Siló; lá, encontramos a piedade de Ana, bem como um quadro caótico de pecados cometidos "diante do Senhor". Os relatos envolvendo a arca da aliança revelam que a presença dela é abençoadora, mas não pode ser manipulada. Os reis, a despeito de sua posição de destaque, aparecem na narrativa como carentes do Espírito-presença.

Em 1 e 2Reis, encontramos o relato do estabelecimento do templo. A glória de YHWH encheu o templo (1Reis 8:10,11). A partir desse ponto, a

---

[27]Wright, N. T. *História e escatologia*. Rio de Janeiro: Thomas Nelson Brasil, 2021, p. 255-6.
[28]Wright, 2021, p. 259.
[29]Duvall; Hays, 2019, p. 59, 60.

presença de Deus foi associada ao templo, e este, com a casa real de Davi, de modo que "ameaças ao templo eram ameaças ao rei, e vice-versa".[30]

É importante ressaltar que as palavras de Salomão revelam seu entendimento de que o templo não *monopolizava Deus* (1Reis 8:27). Mesmo uma leitura rápida aponta para o fato de que Deus está *nos céus*.[31] O questionamento feito por YHWH em Isaías 66:1 segue o mesmo entendimento: "Que espécie de casa vocês me edificarão? É este o meu lugar de descanso?". Tais questionamentos, porém, não minimizam a presença real de YHWH no templo. Segundo Walton:

> Deus não está sugerindo que um templo humano seja, de algum modo, sacrílego e incompatível com sua transcendência. Mas ele se refere à inadequação de um templo feito pelo homem como sendo o *verdadeiro* templo (cf. 1Reis 8:27). É apenas uma representação em microescala do templo cósmico.[32]

Os livros que nos informam sobre a chegada da glória de Deus são os mesmos que revelam o esfacelamento e a destruição do templo (1Reis 14:26; 2Reis 16:17; 18:16; 24:13; 25:9,13-17). Após os israelitas do norte sofrerem com a remoção da "presença de Deus" (2Reis 17:18,20,23), os do sul também sofrem o mesmo mal (2Reis 23:26,27; 24:3). Em 2Reis 24:20, temos um texto em formato de resumo, no qual aparece a presença de Deus: "Por causa da ira do Senhor, tudo isso aconteceu a Jerusalém e a Judá; por fim ele os lançou para longe da sua presença".

----

[30]Wright, N. T. *Paulo e a fidelidade de Deus*. São Paulo: Paulus, 2021b, p. 1, 191.

[31]1Reis 8:32,34,36,39,43,45,49. A razão para essa *ênfase* é objeto de discussão. À luz do comportamento idólatra de Salomão, alguns entendem que a ênfase indica falta de *intimidade* com Deus (p. ex., Sara Japhet em T*he Ideology of the Book of Chronicles*). Duval e Hays (2019, p. 76) questionam: "não está totalmente claro qual a melhor forma de resolver a tensão entre a descrição do narrador da 'nuvem' e a da 'glória' de Deus vindas para encher o templo de maneira dramática como no tabernáculo (1Reis 8:10,11), e as declarações repetidas de Salomão em 8:22-53 que minimizam a presença real, poderosa e gloriosa de Deus no templo e, em vez disso, localizam a presença de Deus nos céus". A questão é resolvida quando se faz uma leitura positiva de Salomão (caminho natural da leitura do texto), e quando se entende o tempo e o propósito da obra ligados a uma realidade sem *templo*, na qual o povo precisava lembrar que o Senhor não estava limitado a um lugar – tema forte em Ezequiel e representado na citação de Isaías 66:1.

[32]Walton, John H. *Ancient Near Eastern Thought and the Old Testament*. Grand Rapids: Baker Academic, 2018, p. 143. "Em Isaías 66:1,2, a homologia do templo e do mundo deixa de funcionar como um mito primário para o templo terreno. O arquétipo cósmico, agora solto de seu antítipo terreno, foi definido contra o antítipo com efeito potente: o templo dentro do mundo é absurdo porque o próprio mundo, em si, é um templo" (Levenson, 1994, p. 89).

O HABITAT DA MORALIDADE

O livro de 2Crônicas finda com uma palavra de esperança, declarada por Ciro: "O Senhor, o Deus dos céus, deu-me todos os reinos da terra e designou-me para *construir-lhe um templo em Jerusalém*, na terra de Judá. Quem dentre vocês pertencer ao seu povo vá para Jerusalém, e que o Senhor, o seu Deus, *esteja com ele*" (36:23).

A PRESENÇA EM SALMOS

A temática do templo-presença revela-se abundante também em todo o Saltério. Santuário,[33] Sião,[34] a grande assembleia,[35] casa de Deus,[36] monte santo,[37] festas e sacrifícios,[38] altar[39] e templo[40] são algumas alusões e/ou referências a essa temática.[41]

Nos últimos anos — principalmente com o avanço nos estudos literários das Escrituras —, a tendência tem sido procurar entender a mensagem de todo o Saltério, tomando o livro *como um todo*, como um projeto único.[42] J. Walton reconhece dois níveis de composição: autor e editor. Por isso, conclui que "devemos abordar dois níveis de propósitos".[43] Nesse tipo de abordagem, a *ordem* dos salmos é extremamente valorizada.

Dragoslava Santrac, seguindo o esquema de Walter Brueggemann, no qual a jornada de fé dos salmistas em todo o Saltério é vista em três momentos — orientação, desorientação, nova orientação —, entende que

---

[33]Salmos 15:1; 20:2; 63:2; 68:24,25; 73:17; 96:6; 150:1.
[34]Salmos 2:6; 14:7; 20:2; 48:11,12; 50:2; 128:5; 129:5; 132:13; 133:3.
[35]Salmos 22:25; 26:12; 40:10; 89:7; 102:22; 107:32; 149:1.
[36]Salmos 23:6; 27:4; 36:8,9; 93:5; 122:1; 135:2.
[37]Salmos 2:6; 3:4; 15:1; 24:3; 43:3,4.
[38]Salmos 42:2,4; 50:14,23; 54:6; 55:14; 56:12; 76:11; 95:1,2; 96:8; 98:4-6; 100:1-4.
[39]Salmos 26:6; 51:19; 118:27; 43:4; 84:3.
[40]Salmos 5:7; 11:4; 18:6; 48:9; 65:4; 68:29; 138:2.
[41]Salmos 4:6; 13:3; 26:6; 51:7; 56:12; 61:4; 66:15; 80:3,7; 84:3; 116:13; 141:2.
[42]Bruce Waltke (Waltke, Bruce; Houston, James. *Os salmos como adoração cristã*. São Paulo: Shedd, 2015, p. 31) reconhece "a existência de um consenso crescente entre diversos eruditos influentes de que há uma 'intencionalidade teológica' sequencial na formação atual do saltério". J. Clinton McCann Jr (em Vanhoozer, Kevin J. (org.). *Theological interpretation of the Old Testament*. Grand Rapids: Baker, 2008, p. 164) é um exemplo: "Histórica e canonicamente falando, o aparecimento do salmo 89 no final do Livro III provavelmente reflete a ruptura representada pelo exílio babilônico. De qualquer forma, quase certamente não é coincidência que o Livro IV (Sl 90—106) comece com o único salmo atribuído a Moisés, que presidiu o povo de Deus antes que eles tivessem uma terra, um templo ou um monarca. Não por coincidência, o Livro IV continua apresentando a perspectiva teológica explicitamente articulada pela primeira vez por Moisés e o povo na conclusão do Cântico do Mar: 'O Senhor reinará pelos séculos dos séculos' (Êxodo 15:18). Essa é precisamente a mensagem dos salmos 93, 95—99, os salmos de entronização. [...] O restante do Saltério também parece ter sido moldado para abordar a crise teológica do exílio e suas consequências".
[43]Em Hill, Andrew E.; Walton, John H. *Panorama do Antigo Testamento*. São Paulo: Vida, 2007, p. 380.

O TEMPLO-PRESENÇA NO ANTIGO TESTAMENTO

a jornada de fé começa com um período de orientação caracterizado pela fé pura ainda não desafiada nos salmos 1 e 2 [e nos Livros I e II]. A jornada, então, leva os salmistas por meio de um período de desorientação, em que a fé é desafiada pelo mal e pelo sofrimento [especificamente no Livro III], e finalmente os traz para uma nova orientação, quando a fé transformada e amadurecida emerge após as provações [os Livros IV e V]. Em cada estágio, o santuário parece ser o lugar em que a vitória é alcançada. [...] Os salmos parecem demonstrar que "a reorientação tem tanto continuidades como descontinuidades com o que veio antes".[44] Assim, Israel ainda espera que o Senhor edifique Jerusalém (Salmos 147:2,12-14), mas a fé transformada agora olha além da Jerusalém terrena,[45] para o esplendor do Senhor acima da terra e dos céus (Salmos 148:13).[46]

Observe que, quando tomamos o Saltério *como um todo*, o tema da presença não somente é identificado diretamente pelas palavras representantes (p. ex., templo, habitação, santo monte, Sião), não apenas de maneira indireta,[47] mas também pela identificação de um "movimento narrativo" em que o tema do santuário aparece *em proeminência*.

O desenvolvimento do tema do santuário nos salmos centrais discutidos parece sugerir que o tema do santuário desempenhou um papel significativo na formação do Saltério, e sugere um possível movimento narrativo, indo da permanência no santuário como um ideal no Salmo 1 para a permanência escatológica e o louvor a Deus em seu santuário nos Salmos 149 e 150.[48]

----

[44] As palavras entre aspas procedem de *The message of the Psalms*, de Walter Brueggemann.

[45] É importante entender que Jerusalém – o lugar físico – não é, como muitos outros lugares (p. ex., Egito, Sodoma, Babilônia), somente uma referência *geográfica*, mas uma *metonímia*. Essa "mudança de status", se passar despercebida, levará o leitor a perder de vista o que está em primeiro plano quando o autor bíblico lança mão do vocábulo "Jerusalém". O leitor olhará para o lugar geográfico enquanto o autor o direciona para *conceitos teológicos* mais complexos, e a cidade histórica que se encontra como pano de fundo (portanto, valiosa para a construção do sentido) infelizmente tomará a frente, invertendo assim as prioridades de sentido. Esse erro interpretativo tem desdobramentos infindáveis. O mesmo fenômeno pode acontecer com números, pessoas e instituições.

[46] Santrac, Dragoslava. "The psalmists' journey and the sanctuary: a study in the sanctuary and the shape of the book of Psalms", *Journal of the Adventist Theological Society*, v. 25, n. 1, 2014, p. 41.

[47] Encontramos a temática do templo em alguns salmos, mesmo que os vocábulos mais explícitos não apareçam. No Salmo 1 (reconhecido pela esmagadora maioria dos estudiosos como salmo introdutório), por exemplo, há o justo "plantado no templo". Jeremias 17:8-13 tem uma linguagem muito próxima do Salmo 1, que se relaciona mão do templo. A presença de Deus garante o florescimento do justo. Êxodo 15:17 diz: "Tu o farás entrar e o *plantarás* no monte da tua herança, no lugar, ó Senhor, que fizeste para a tua *habitação*, no *santuário*, ó Senhor, que as tuas mãos estabeleceram" (cf. Ezequiel 47:12; Salmos 52:8; 92:12-14).

[48] Santrac, 2014, p. 41.

No mesmo artigo, Dragoslava Santrac afirma:

O que une o mundo seguro dos Livros I e II e o louvor renovado nos Livros IV e V, depois que a fé foi severamente desafiada no Livro III, é a cena do santuário celestial e do rei divino que governa nele (Salmos 91–101). O Saltério termina com a esperança escatológica da Jerusalém reconstruída (147:2) e com o povo louvando triunfantemente a Deus em seu santuário (150:1), [temas] tão característicos dos profetas (Isaías 52:7-10; 54:11-14). As descrições do povo de Sião regozijando-se com seu rei em Salmos 149:2 e o chamado para o louvor universal nos Salmos 146–150 se assemelham fortemente a descrições semelhantes de regozijo e louvores nos profetas (Isaías 24:14; 30:29; 51:11; 52:7-9; 65:18).[49]

Em suma, pressupondo a estrutura e a unidade referidas na citação, templo-presença não é somente um tema identificável, mas se apresenta em destaque no Saltério, tanto como realidade experienciada como desejada (devido à sua ausência no Livro III), e como esperança escatológica (nos Livros IV e V). O templo de Apocalipse, portanto, está longe de ser uma novidade na revelação. Os salmistas já amavam a presença de Deus (26:8).

O Saltério está repleto de exemplos dos *efeitos* da presença. Contemplar a bondade de Deus (27:4), experimentar sua bênção (134:3), ter oportunidade de *louvá*-lo (43:4), obter discernimento (73:17) e força (84:4,5), ouvi-lo (60:6; 108:7), ficar radiante (34:5), ter plenitude de alegria (16:11), esses são alguns exemplos.

Os que vivem nos átrios do Senhor *transbordam de bênçãos* e são *felizes* (65:4); mesmo diante de situações dolorosas, o justo *floresce* como o jardim da *casa de Deus* (52:8).[50] De lá, Deus resplandece (50:2) e lá o salmista encontra plena alegria (43:4; 122:1), pois "majestade e esplendor estão *diante dele*, poder e dignidade, *no seu santuário*" (96:6). Buscar a face e buscar o poder de Deus são atos equivalentes (105:4). Diante disso, e não por acaso,

---
[49]Santrac, 2014, p. 40.
[50]A relação entre as plantas e o encontro com Deus podem remeter ao Éden. Falando sobre os altares dos patriarcas, Tremper Longman III (2016, p. 24) afirma: "A árvore próxima ao local onde Deus se encontra com seus servos humanos nos lembra do jardim do Éden. Não é o jardim, mas evoca o jardim. É um pouquinho do Éden num mundo caído". Os pães da *presença* também reforçam a ideia de que a presença de Deus é marcada por abundância.

o último salmo fecha o Saltério com a exortação "Louvem a Deus *no seu santuário*" (150:1a).

Robert Alter, tratando dos temas no saltério, mesmo que de maneira negativa, ratifica a força do valor da presença de Deus para os salmistas: "O ocultamento da face ou da presença de Deus é um dos maiores terrores que os poetas salmistas podem contemplar".[51]

Encerro essa pequena porção sobre o Saltério mencionando o Salmo 27, o lado positivo das palavras de Alter. Trata-se do salmo em que se concentra o maior número de expressões sobre o conceito de presença (cf. "Casa do Senhor" (v. 4); "templo" (v. 4); "habitação" (v. 5); "tabernáculo" (v. 5,6); "face" (v. 8,9). Nele, Davi apresenta o que seria seu *único* pedido: "Viver na casa do Senhor todos os dias da minha vida" (v. 4).

O desejo único de permanência sem-fim – ou seja, não transitória (cf. 23.6) na casa de Deus – está ancorado no entendimento do privilégio de se *viver nela* (84:4), explica a alegria do peregrino mesmo diante de sua longa caminhada (122:1) e, vale destacar, é um forte indicativo da perspectiva escatológica do templo.

Compreender o desejo do salmista como "único"[52] lhe confere o status de *fundamento* e, por conseguinte, de instaurador da ordem de todos os outros desejos. Além disso, sua origem não encontra explicação nas inclinações da alma, mas é uma resposta à promessa implícita na existência de um templo; portanto, trata-se de um "desejo profético". O salmista vê a presença em plenitude porque é exatamente o que o templo *promete*. É exatamente isso que você leu: o *templo promete*. Ele é uma tipologia porque era uma "profecia indireta".

O "já" do templo era um constante lembrete do "ainda não", e explica o desejo único da presença plena de Deus. O coração do peregrino dos Salmos está "na estrada" (84:5) porque ele sabe para onde vai: para a presença especial de Deus.

---

[51]Em Alter, Robert; Kermode, Frank. *Guia literário da Bíblia*. São Paulo: UNESP, 1997, p. 280.

[52]"A *única* coisa que peço" (Salmos 27:4, NVT); "Peço ao Eterno uma coisa, *apenas* uma coisa" (AM). Em uma conversa com o linguista Fernando Henrique, na época professor da Universidade Estadual do Ceará (hoje da Faculdade Cidade Teológica Pentecostal), ele declarou que o salmista retoma esse referente "uma coisa" para causar um efeito expressivo, como uma insistência, algo que ele deseja muito. O paralelismo não é mera *repetição*, mas *insistência*.

O HABITAT DA MORALIDADE

A PRESENÇA NOS LIVROS SAPIENCIAIS

Poucos discordariam que o "temor do Senhor" é um tema de destaque na literatura sapiencial hebraica. O conceito é explícito em Provérbios (1:7, 9:10),[53] Eclesiastes (12:13) e Jó (28:28). Ao observar os paralelos da expressão em Provérbios, ela se revela ampla o suficiente para abranger outros conceitos, como conhecimento de Deus, confiança em Deus, descanso de alma, segurança e outros. Embutido na expressão, está o reconhecimento de que a sabedoria é tanto *relacional* como *teocêntrica*, compreensão sintetizada na expressão "temor do Senhor".

A conexão entre templo e literatura sapiencial pode ser contemplada em passagens específicas. Em Provérbios 3:13-18, por exemplo, encontramos uma menção à "árvore da vida". Difícil não sermos levados a Gênesis. A sabedoria nos leva de volta ao jardim. Novamente, temos as duas árvores relacionadas: a da vida e a da sabedoria.[54] Nossos representantes no Éden perderam a *vida* pela busca indevida da *sabedoria*. Vida e sabedoria, portanto, só na *presença de Deus*.

A representação da sabedoria como uma mulher é vista por alguns como um reforço na relação pessoal com YHWH por meio da sabedoria. Assim, Provérbios, por exemplo, não tem somente o objetivo de apresentar conselhos práticos, mas também de levar o leitor a um relacionamento devido com Deus. Interessante observar que essa mulher tem uma casa no "ponto mais alto da cidade" (9:14). À luz dessa declaração, Longman III corretamente conclui:

> Em Israel, como em todo o antigo Oriente Próximo, a única construção permitida no alto era o *templo*. Com base nisso, entretanto, eu levaria a imagem mais longe do que a maioria e sugeriria que a Mulher Sabedoria representa não apenas

---

[53] Pode ser encontrado também em 1:29; 2:5; 3:7; 8:13; 9:10; 10:27; 14:2,26,27; 15:16,33; 16:6; 19:23; 22:4; 23:17; 24:21; 28:14; 29:25; 31:30. Segundo Raymond C. Van Leeuwen (em Vanhoozer, 2008, p. 173): "É geralmente reconhecido que 1:7 e 9:10 ('o temor do Senhor é o princípio do conhecimento/sabedoria') formam a *inclusão temática* dos capítulos 1–9 e o lema de todo o livro (cf. 31:30, uma inclusão com 1:7 para *todo o livro*)".

[54] A árvore proibida está dentro do que o texto denomina de "bom". Em 1Reis 3:9 lemos: "Dá, pois, ao teu servo um coração cheio de discernimento para governar o teu povo e capaz de distinguir entre o bem e o mal". "Conhecer o bem e o mal" não é colocado, em outras passagens como algo *negativo* (cf. 2Samuel 14:17; 1Reis 3:9; Isaías 7:15,16). A proibição, portanto, não faria sentido. Uma solução é entender a proibição como uma *restrição momentânea*. Pense na tentação de Cristo. O que é oferecido a Jesus no deserto não é ruim. Porém, não era a *hora*. Sexo, por exemplo, não é negativo, mas com crianças, não faz sentido. O problema não era comer o fruto, mas comê-lo fora do *tempo* estabelecido por Deus.

a sabedoria de Javé, mas o próprio Javé. [...] Mas e quanto à loucura? Afinal, ela também tem um lugar *no ponto mais alto* da cidade (9:14). Isso significa que ela também representa uma divindade? Pela lógica do argumento anterior, a resposta deve ser sim. No entanto, em virtude de sua descrição como ignorante, ela é mais bem compreendida como uma metáfora para todos os falsos deuses e deusas que geravam uma tremenda atração ilícita nos israelitas. Em uma palavra, ela representa os ídolos, talvez nenhum específico, mas qualquer falso deus que tenha atraído os corações dos israelitas. Entre os que sabemos ter atraído os corações dos israelitas, estão Marduk, Aserá, Anat, Ishtar e, talvez o mais notório, Baal. Assim, da mesma forma que a personificação dá à sabedoria uma dimensão teológica, também a loucura é mais do que mera maneira errada de agir ou falar. Elas representam relacionamentos diametralmente opostos com as cosmovisões divina e alternativa.[55]

Boa parte do livro de Jó, por sua vez, é composta de diálogos entre ele e seus amigos. Ambos os lados lutam em prol da melhor explicação para a tragédia apresentada nos primeiros capítulos. Jó não tem dúvida quanto à *autoria* do seu sofrimento. Quem deu e tirou foi Deus, isso é certo. Contudo, ele também está convicto de sua *inocência*. Não é a ignorância quanto à sua condição e à autoria de suas dores que o leva a acusar erroneamente Deus de injustiça (27:2-7). É exatamente a *junção*, a pretensa unidade dessas *certezas*, que o lança a tal julgamento. É a implicação lógica das proposições. "Se a explicação da injustiça vivida não está em mim, está em Deus", esse é o raciocínio de Jó.

No final das contas, Jó tem a mesma base dos seus amigos: a justiça retributiva. Em 13:23,24, ele diz: "Quantos erros e pecados cometi? Mostra-me a minha falta e o meu pecado. Por que escondes o teu rosto e consideras-me teu inimigo?". A diferença está na certeza de sua inocência e no elemento usado para manter o equilíbrio. Para os amigos, o equilíbrio só possível se houver pecado em Jó. Jó, por outro lado, certo de sua inocência, com a qual concordamos, volta-se para Deus e entende que ele o trata como inimigo. *É lógico.* É isso que o incomoda e deprime em amargura (27:2). Deus está sendo injusto.

---

[55]Longman III, Tremper. *Proverbs.* Grand Rapids: Baker, 2006, p. 223. Para uma argumentação mais completa sobre a mulher Sabedoria, veja Longman III, Tremper. *O temor do Senhor é sabedoria.* Eusébio: Peregrino, 2023, p. 34-47.

Em seu longo e último discurso (29:1–31:40), diferente dos primeiros capítulos, Jó acusa Deus abertamente de injustiça e sustenta sua inocência. Eis, portanto, uma das questões mais importantes do livro de Jó: *a justiça retributiva não explica tudo*. Ela não pode ser a base da leitura da realidade. Não somente os amigos representam uma teologia errada, mas também o texto revela a fragilidade da fonte de sabedoria de todos eles.

As colocações feitas por YHWH no discurso que fecha o livro destacam a ignorância de Jó (na primeira parte) e a pequenez ou criaturidade de Jó (na segunda parte). As respostas possíveis às perguntas são: não, não sei, não sou capaz, não consigo, não conheço, somente o Senhor. Quanto ao propósito, fica claro que Deus visa revelar a condição *pequena* de Jó. É de extrema importância entender que essa pequenez, entretanto, não se restringe a um conhecimento limitado, mas é uma questão de identidade. Jó é uma criatura.

O livro não nos permite obter uma de duas explicações: o ser humano ou Deus; a soberania divina ou a responsabilidade humana; nem, muito menos, permite que, ao anular um lado da tensão, escolhamos *automaticamente* o outro, que foi o que Jó fez. Não se trata de uma simples escolha binária: pecado ou não pecado.

No fim, Jó abandona seu juramento de inocência, não por ter reconhecido um pecado que justificasse seu sofrimento ou por haver compreendido tudo o que aconteceu, mas porque aplicou a tese maior da literatura de sabedoria: temeu (confiou, adorou, se rendeu a) YHWH.[56] Como registrado no capítulo 28, somente YHWH sabe o caminho da sabedoria.

Em Jó, temos a busca do personagem pela presença de Deus (13:1-28; 23:1-17), assim como a ausência da face de Deus, uma espécie de punição (13:24). Mesmo não obtendo as respostas que tanto desejava quanto à justiça divina, *a presença de Deus satisfaz a ele*. Os questionamentos feitos por YHWH não distanciaram Jó; muito pelo contrário.

Quanto a Eclesiastes, em relação à estrutura, sigo o julgamento de Longman III, de haver duas vozes.[57] Nessa perspectiva, o corpo do texto é,

---

[56] Em Jó 28:28 não há o tetragrama YHWH, mas a única ocorrência do livro a "Adonai". No contexto, o próprio Deus refere-se a si mesmo como "Adonai". Chama a atenção a rara ocorrência de Adonai no livro, e seu uso feito pelo próprio Deus.

[57] Longman III, 2006, p. 278-88.

na realidade, uma grande citação. Os primeiros versículos introduzem o livro. O "mestre", Qohelet, é uma "pessoa literária". O que ele diz é simplesmente o que vivenciou.

Existem, assim, duas teologias no livro. A teologia do Qohelet e a teologia do livro. Nesse aspecto, a estrutura *é semelhante à* do livro de Jó. Quem ler Jó só por partes chegará a uma teologia ruim, que é a teologia dos amigos de Jó. A leitura das declarações dos amigos, porém, deve ter em mente o começo e o final do livro. Quando perguntamos: "Qual é a mensagem do mestre?", percebemos que a resposta vai ao encontro da ideia de Provérbios: a vida é incompreensível e passageira. Nós vamos morrer. Por outro lado, a mensagem do livro de Eclesiastes, como um todo, é a de que devemos colocar Deus em primeiro lugar e viver uma vida à luz da escatologia do dia do grande julgamento: viver *no temor do Senhor*. Toda a mensagem do livro é sintetizada em 12:13, em que lemos: "Agora que já se ouviu tudo, aqui está a conclusão: *tema a Deus* e guarde os seus mandamentos, pois isso é o essencial para o homem".

A relação entre a literatura sapiencial e o templo-presença, portanto, pode ser reconhecida na *natureza da relação com Deus*. Ele é imanente, e sua presença é suficiente para suprir as lutas da alma. Como bem observa C. S. Lewis em *Até que tenhamos rostos*:[58] "Diante do teu rosto, as perguntas desaparecem".

PROFETAS

O material profético tem sido regularmente classificado como pré-exílico, exílico ou pós-exílico. Diante do que foi perdido com o exílio babilônico (terra, templo e reinado da dinastia de Davi), de como os temas explorados pelos profetas estão diretamente ligados a essas perdas, e de como esses mesmos elementos estão intimamente relacionados, a classificação está mais do que justificada. A ausência de terra, templo e rei revela boa parte da cosmovisão do povo de Deus. N. T. Wright, pensando na restauração da cosmovisão do povo depois do exílio, é preciso quando declara:

---

[58]Eclesiastes tem uma relação muito próxima com o livro de Jó, pois ambos levantam reclamações contra os céus e recebem, de Deus, perguntas que levam as personagens para ainda mais perto do Senhor. Mesmo sem as respostas, o encontro revela-se satisfatório.

A cosmovisão só pode ser restabelecida com a ajuda de profecias sobre o futuro novo templo – o que implica, é claro, a obra do rei verdadeiro e da restauração do cosmo verdadeiro. Novo templo, novo rei, nova criação: essa é a promessa unificada dos profetas exílicos. O Deus de Israel retornará finalmente ao templo, o templo que o rei vindouro construirá. Então, e somente então, acontecerá o novo Gênesis.[59]

Destaco a relação de interdependência entre os três elementos: o *rei* constrói o novo *templo*, e só assim haverá uma *nova criação* (nova terra). Ainda que interdependentes, não seria forçado reconhecer o destaque da presença de Deus como ficou explícito no capítulo anterior na análise de Apocalipse 21 e 22. Darei aqui destaque aos profetas Isaías, Ezequiel e Jeremias.

O livro de Isaías começa situando cronologicamente o leitor; contudo, à medida que o texto vai avançando, as referências históricas diminuem e mudam. Nos primeiros 39 capítulos, os assírios do século 8 a.C. são o povo dominante. Nessa porção, o profeta denuncia o culto, ou seja, *a vida diante de Deus*.

Lemos algumas declarações logo no primeiro capítulo: "Não tenho nenhum prazer no sangue de novilhos [...] quem lhes pediu que pusessem os pés em meus átrios? [...] oferta inúteis [...] não consigo *suportar* suas assembleias [...] suas festas fixas, eu as odeio [...] suas orações, não as escutarei" (v. 11-15).

A ausência de *prazer* e a presença do *ódio* divino apontam para as afeições de YHWH. A razão para tamanha rejeição são as obras más ou a ausência de justiça do povo. Outro versículo apresenta em cores fortes um quadro de excessos: "Vejam como a cidade fiel se tornou prostituta! Antes cheia de justiça e habitada pela retidão, agora está cheia de assassinos!" (1:21). Em suma, é templo sem vida, uma temática comum nos profetas.[60]

Segundo John Osvalt, os primeiros 39 capítulos são unidos pela ênfase na *confiança*. Isaías impulsiona o leitor a confiar em Deus, construindo um argumento que passa pela soberania humana, pretensa, ridícula e

---

[59]Wright, 2021b, v. 1, p. 193.

[60]Denúncias semelhantes podem ser vistas em Isaías 58:2-4; Jeremias 7:4,8-11; Oseias 6:6; Amós 4:4,5; Miqueias 6:6-8. A pregação de Estêvão em Atos tem uma tônica semelhante. Ele mostra que o templo tinha sido transformado em ídolo.

fracassada,[61] e a apresentação da real soberania divina. Os primeiros cinco capítulos apresentam o problema do povo: a *arrogância*. Isso contrasta com o que se esperava deles: o comportamento como servos de Deus. Eles *confiavam* em arranjos políticos, no poder das nações, não em YHWH. Anos depois, Jeremias deixará claro que o templo era objeto de confiança, sem que YHWH nem o próximo fossem nem sequer levados em consideração (7:1–8:2). Novamente, há uma vida religiosa *no* templo sem a vida real decorrente *do* templo. Templo sem confiança. Templo como uma construção mística, um poder despersonalizado.[62]

Em Isaías 40–55, a Babilônia nos dias do exílio (século 6 a.C.) é o pano de fundo (44:28; 45:21; 46:11; 47:1,5; 48:20). Os capítulos seguintes (56–66) não apresentam indícios históricos sólidos e/ou explícitos, mas, ainda assim, parecem apontar para uma realidade pós-exílica.[63] Ou seja, referem-se a um elemento importante: a ausência do templo. Isso se revela nas promessas que *respondem* exatamente a essa ausência.

A porção final do livro (40–66) mostra a razão para se confiar em YHWH, e como o povo exerceria seu papel de servo. A tônica é escatológica, tendo a presença de Deus em claro destaque. Poderíamos resumir a esperança construída na última porção de Isaías da seguinte maneira: YHWH, Deus

---

[61]Oswalt, John. *Isaías*. São Paulo: Cultura Cristã, 2011, p. 41. Em Isaías 14 encontramos uma estrutura poética bem mensurada (quatro estrofes que seguem o seguinte movimento geográfico: terra → Sheol → acima do céu → terra), na qual o profeta diz ao arrogante rei da Babilônia: "Como chegou ao fim o opressor! Sua arrogância acabou-se!" (14:4). Numa vivaz ironia, ele ainda descreve a recepção *escarnecedora* dos mortos que precederam o arrogante: "Nas profundezas o Sheol está todo agitado para recebê-lo quando chegar" (v. 9). As palavras dos hospedeiros do submundo são carregadas de *sarcasmo* e imagens de embrulhar o estômago: "'Você também perdeu as forças como nós, e tornou-se como um de nós'. Sua soberba foi lançada na sepultura, junto com o som das suas liras; sua cama é de larvas, sua coberta, de vermes" (v. 1-11). Creio que o profeta escolheu caminho da ridicularização-poética-criativa para revelar o *contrassenso* de qualquer candidatura à divindade ou da negação (em suas várias naturezas) de YHWH.
[62]Sobre a distinção *pessoa* e *lugar*, Brueggemann (Brueggemann, Walter. *Teologia do Antigo Testamento*. São Paulo: Paulus; Santo André: Academia Cristã, 2014, p. 869) sugere a Trindade como termo de comparação, ou seja, tanto a *unidade* como a *diferenciação* devem ser mantidas. Uma completa identificação de YHWH com o templo resultaria em problemas. Para o autor, a razão principal é que "Javé é um Deus livre, nômade, que se movimenta; ele não está confinado ou domesticado por um templo".
[63]A influência do livro de Isaías no NT é incontestável. Segundo Witherington III (Witherington, Ben. *Isaiah old and new*. Minneapolis: Fortress, 2017, p. 2), são cerca de quatrocentas citações ou alusões. Segundo John Oswalt (2011, v. 1, p. 19), Isaías é o profeta mais citado no NT. Contudo, não é uma questão somente estatística, mas do *lugar das citações*. Rikk Watts, em *Isaiah's New Exodus in Mark*, e em Beale; Carson (Carson, D. A. *Um chamado à reforma espiritual*. São Paulo: Cultura Cristã, 2007), mostra que as profecias de restauração de Israel começaram a se cumprir em Cristo. Um dos argumentos usados é a citação de Isaías 40:3 logo no começo do Evangelho de Marcos. Era comum o uso de frases introdutórias para resumir a estrutura da obra. Corroborando Watts, G. K. Beale (Beale, G. K. *Teologia bíblica no Novo Testamento*. São Paulo: Vida Nova, 2018, p. 587) diz: "A expectativa de Isaías é considerada a *primeira* e *principal* explicação do 'Evangelho' de Marcos". Em *Acts and Isaianic New Exodus*, David Pao, defende que o segundo êxodo isaiânico é a estrutura interpretativa para compreender todo o livro de Atos.

único e singular (em contraposição aos falsos deuses), consolará seu povo transformando a realidade do exílio em Éden, dando-lhes um novo nome, derramando seu Espírito Santo, estabelecendo uma aliança eterna, abrindo seus olhos, dando conhecimento e gerando em seus lábios um novo cântico de alegria. Tudo isso só é possível porque o Rei-Servo, o representante de Israel, o ungido pelo Espírito de Deus, batalha como guerreiro de maneira solitária e efetiva, tomando sobre si a iniquidade do seu povo, estabelecendo a justiça, revelando a glória, instaurando a paz e atraindo com sua luz toda a humanidade para Sião, a Nova Jerusalém, a casa de oração para todos os povos, os novos céus e a nova terra.

Em Ezequiel, encontramos uma equiparação entre templo e presença. Há indícios da presença por todo o livro, evidentes tanto pela *estrutura* do livro como por *declarações diretas* e *repetições*.

O livro começa com a visão do trono móvel de Deus. Em 11:16, Deus declara: "Embora eu os tenha mandado para terras muito distantes entre os povos e os tenha espalhado entre as nações, por breve período *tenho sido um santuário para eles nas terras para onde foram*". É importante notar que essa declaração foi feita *antes* da destruição do templo. Nesse ponto, o povo já deveria ter entendido que a ideia do templo não se limita a uma estrutura física, a uma construção. O trono de Deus é *móvel*.

Em outro momento, a presença do Senhor se dá como promessa: "Farei uma aliança de paz com eles; será uma aliança eterna. Eu os firmarei e os multiplicarei, e porei o meu santuário no meio deles para sempre. Minha morada estará com eles; eu serei o seu Deus, e eles serão o meu povo." (37:26,27).

A maior porção literária de Ezequiel (40–48) é a descrição da cidade-templo.[64] Trata-se de uma visão,[65] a quarta e última (a visão do trono [1–3];

----

[64] A possível conexão dessa última porção com o capítulo 20 não pode ser ignorada. Esse capítulo divide a história de Israel em sete etapas. As ofertas prescritas em 46:1-15 são as referidas em 20:40-42. Se nossa leitura estiver correta, teremos em Ezequiel 40–48 uma descrição do *reino restaurado*. Assim, a descrição não seria somente de um templo, mas de uma cidade – a *cidade-templo*.

[65] A declaração direta de que estamos diante de uma visão é um indício interpretativo de peso. Creio que deveríamos interpretar tal visão à luz das outras visões, e aplicar a ela os princípios interpretativos fornecidos pelo próprio autor. Nenhuma visão do profeta é *escatológico-literal*, todas são interpretações da *realidade* de Ezequiel. É a realidade numa linguagem simbólica – *idealista* (não necessariamente não escatológica). No cap. 37, por exemplo, não temos uma visão da ressurreição de Israel, mas a aplicação de uma *linguagem de ressurreição*. Acreditar na literalidade do templo seria o mesmo que acreditar na literalidade das outras visões, o que não faz muito sentido.

O TEMPLO-PRESENÇA NO ANTIGO TESTAMENTO

o templo e a saída da glória [8–11]; o vale dos ossos secos [37]). Ela apresenta a habitação do Senhor, junto com o povo reunido, por meio de uma linguagem de culto. A preocupação é mais conceitual do que pictórica. Embora haja ênfase nas medidas, principalmente nos primeiros capítulos, e predominam as dimensões horizontais, não estamos diante de um projeto arquitetônico. Faltam dados importantes. As gerações posteriores não tomaram essa "planta" como referência.[66]

Medições do templo aparecem por motivos diferentes e até mesmo opostos: para a *destruição* (como em Lamentações) ou a *preservação* (como em Zacarias e Apocalipse 11). Em Ezequiel, o objetivo era causar *vergonha*.

Filho do homem, mostre à casa de Israel este templo, *para que eles se envergonhem das suas iniquidades*; deixe que tirem as medidas desse modelo perfeito. Se eles se *envergonharem* de tudo o que fizeram, faça com que conheçam a planta deste templo e o seu arranjo, as suas saídas, as suas entradas, todas as suas formas, todos os seus estatutos, todas as suas disposições e todas as suas leis. Escreva isto na presença deles para que observem todas as suas instituições e todos os seus estatutos e os cumpram (43:10-11).

As medidas, portanto, envergonhariam, ao mesmo tempo que manifestariam graça. As medidas de proporção perfeitas, com quadrados perfeitos, e todas as restrições das leis remetiam à perfeição do Senhor. Também contrastariam com a perversão dos dias anteriores à destruição futura do templo de Jerusalém.

Ainda dentro dessa grande porção, vale destacar a volta da glória de Deus, registrada em 43:1-9 e 44:1-4. Quando a glória deixa o templo, forma-se um claro contraste com os capítulos de 8 a 11. O livro finda com as seguintes palavras: "A distância total ao redor será de nove quilômetros.

---

[66]G. K. Beale (2021, p. 404) entende corretamente que: "uma concepção melhor dessas profecias mais vagas sobre o templo [aparentemente arquitetônico] é que elas devem ser interpretadas pelas profecias mais explícitas [isso inclui Ezequiel 40–48], que predizem uma *estrutura imaterial não arquitetônica*. [...] Outra razão [...] está na progressão da história da redenção. Cristo e sua igreja claramente são a forma inaugurada do templo dos últimos dias".

E, daquele momento em diante, o nome da cidade será: o Senhor está aqui (YHWH *shamah*)" (48:35).[67]

Quanto a Jeremias, há muito a dizer sobre a importância da presença de Deus. Destaco dois elementos. Primeiro, a punição de Deus se manifesta com a retirada de sua presença (3:8; 7:29; 8:3; 15:1; 23:39; 27:10,15), como vimos em Isaías e nos Salmos. De acordo com Jeffrey J. Niehaus: "O abandono do templo de Iavé é o tema principal nos oráculos de condenação".[68] O povo havia abandonado Deus (1:16; 2:13,17,19; 5:7,19; 9:13; 16:11; 17:13; 19:4; 22:9), e a punição é a ausência de Deus, "a maior de todas as maldições da aliança".[69]

> E, quando perguntarem: "Por que o Senhor, o nosso Deus, fez isso conosco?", você lhes dirá: "Assim como vocês me *abandonaram* e serviram deuses estrangeiros em sua própria terra, também agora vocês servirão estrangeiros numa terra que não é de vocês" (5:19).

Em segundo lugar, a promessa:

> Quando vocês aumentarem e se multiplicarem na sua terra naqueles dias, declara o Senhor, não dirão mais: "A arca da aliança do Senhor". Não pensarão mais nisso nem se lembrarão dela; não sentirão sua falta nem será feita outra arca. Naquela época, chamarão Jerusalém 'O Trono do Senhor', e todas as nações se reunirão para honrar o nome do Senhor em Jerusalém. Não mais viverão segundo a obstinação de seus corações para fazer o mal. Naqueles dias a comunidade de Judá caminhará com a comunidade de Israel, e juntas voltarão do norte para a terra que dei como herança aos seus antepassados (3:16-18).

De acordo com o profeta, a arca da aliança não virá mais ao pensamento, pois terá perdido seu sentido diante do grande templo escatológico, e

---

[67]G. K. Beale (2021, p. 351-83) e outros (p. ex., Morales, 2022, p. 289; e Bauckham, Richard. *A teologia do livro de Apocalipse*. Rio de Janeiro: Thomas Nelson Brasil, 2022, p. 155) defendem que a visão de Ezequiel 40–48 é cumprida em Apocalipse 21:1–22:5. Em Beale, 2021, p. 363-71, ele se dedica a responder diretamente a Daniel Block. Em seu comentário de Ezequiel, Block (Block, Daniel. *Ezequiel*. São Paulo: Cultura Cristã, 2012, v. 2, p. 458-60) defende uma visão *idealista* do templo. Como Beale (2021, p. 363), creio que "a tese de um templo *ideal* pode ser combinada com uma abordagem *escatológica*".

[68]Neihaus, 2021, p. 253.

[69]Niehaus, 2021, p. 258.

Jerusalém será chamada de "trono do Senhor". Como em outras profecias, o futuro é marcado pela *descontinuidade*. A novidade diz respeito ao símbolo maior da presença de Deus. Não haverá outra arca.

Sobre a declaração "chamarão Jerusalém 'O Trono do Senhor'", G. K. Beale esclarece: "O texto [...] não diz que o lugar da presença de Deus será uma futura estrutura cultual em Jerusalém, mas que a futura Jerusalém como um todo será chamada de 'o trono do Senhor'".[70]

Por fim, uma palavra sobre a volta da glória de Deus ao templo pós-exílio. Zacarias 2:4,5,10,11 nos leva a concluir que a presença de YHWH não voltou como referida pelo profeta Ezequiel. Assim como aconteceu com Adão, Israel perdeu a glória de Deus e a terra. A volta da glória só aparece *como promessa*. Talvez a passagem mais marcante dessa realidade seja Malaquias 3:1, que diz: "[...] o Senhor que vocês buscam virá *para o seu templo*; o mensageiro da aliança, aquele que vocês desejam, virá", diz o Senhor dos Exércitos."[71]

CONCLUSÃO

Lugares exercem grande influência sobre nós, humanos. A beleza da praia, a dureza do cemitério, o esplendor do sol nascendo entre as montanhas, a frieza do hospital e de seus odores particulares, os tons de verde contornando a estrada e o peso das celas de um presídio não podem ser ignorados pela simples vontade ou sugestão internas. Para o bem ou para o mal, algo acontece dentro de nós. Podemos até lutar contra essa influência, mas a energia gasta na interação com um ambiente só revela o grau de influência do lugar.

Isso também pode ser dito de pessoas, com maior veracidade. A face da pessoa amada, o olhar que rejeita, o abraço amigo, o desprezo demonstrado pela distância, o rosto do filho recém-nascido, as costas de quem abandona, o beijo do reencontro, a troca de olhares: isso exige de nossa alma alguma *resposta*. Por que "com maior veracidade"? Porque pessoas superam lugares; lugares existem para pessoas. Em nosso caso, o lugar – o templo – só tem valor com a *presença* de Deus.

---

[70] Beale, 2021, p. 117.
[71] Salmos 135:21 era usado para assegurar a presença de Deus.

O HABITAT DA MORALIDADE

O cenário perfeito, portanto, é a sincronia entre lugar e pessoas. Um tipo de junção celestial. O tratamento que o Antigo Testamento dispensa ao templo-presença nos leva a pensar exatamente nisto: em um lugar de beleza,[72] transformação, alegria, consolo e livramento, um ambiente que incita a humildade e o temor. Um lugar de encontro pessoal que explica e justifica os anseios dos salmistas e dos peregrinos.

Pode-se questionar o valor do lugar alegando que, mesmo diante do templo, o povo rejeitou YHWH, quer tratando a arca e o próprio templo como um tipo de talismã, quer com idolatria ou sincretismo, tão condenados pelos profetas. Ora, o mesmo raciocínio poderia ser aplicado à realidade paradisíaca original, o Éden. A rejeição do povo nada diz contra a *real presença* de Deus e seus efeitos naquele *lugar*; antes, ressalta com cores fortes a dimensão horrenda da rejeição e da dureza de coração do povo. O *natural* seria o desfrute, não a rejeição. Aplica-se aqui a lógica usada pelo Senhor Jesus às cidades impenitentes: haverá maior juízo diante do que foi dado. Quando a presença de Deus em um lugar perfeito não é suficiente, a explicação dessa insuficiência certamente estará em outro lugar.

Diante do pequeno panorama exposto anteriormente, podemos assegurar que o Antigo Testamento ensina que o melhor dos mundos é a vida *no templo*. Toda a vida, portanto, *vem* do templo *visando* ao templo. É exatamente isso que pedimos quando oramos que a *vontade* (intenção redentiva e *moral*)[73] de Deus seja feita "assim na terra como no céu".[74] Pedimos a ampliação do templo, que o céu invada a terra, e isso inclui, obviamente, a vivência de sua vontade santa entre nós. A ética bíblica é um subproduto dessa realidade final, pessoal e tão desejada: a presença de Deus tomando toda a realidade. Podemos assegurar, portanto, que a ética bíblica, assim como a vida, *vem do* templo *visando* ao templo.

----

[72]Segundo Francis Schaeffer (Schaeffer, Francis. *A arte e a Bíblia*. Viçosa: Ultimato, 2010, p. 24): "Atente-se para isso: o templo era coberto de pedras preciosas para *ornamento*. Não havia razão pragmática – elas não possuíam valor utilitário algum. Deus simplesmente queria beleza no templo".

[73]Veja McKnight, Scot. *Sermon on the Mount*. Grand Rapids: Zondervan, 2013, p. 180; Carson, D. A. *O sermão do monte*. São Paulo: Vida Nova, 2018, p. 73; Sproul, R. C. *Estudos bíblicos expositivos em Mateus*. São Paulo: Cultura Cristã, 2017, p. 129-30.

[74]É possível que essa declaração não seja limitada à oração imediata, mas inclua as anteriores também. Assim teríamos: "santificado seja teu nome *assim na terra como no céu*"; "venha o teu reino *assim na terra como no céu*" e "seja feita tua vontade *assim na terra como no céu*".

Capítulo 4

O ESCÂNDALO DO TEMPLO-PRESENÇA NO NOVO TESTAMENTO

> Pois eu vos digo que está aqui
> quem é maior do que o templo.
> **Mateus 12:6**

TODO O VOLUME E TODO O PESO das informações veterotestamentárias referidas anteriormente exigem meditação constante. Em primeiro lugar, porque a própria natureza do assunto nos intima a isso. Tópicos complexos e ricos em sentido, como a temática do templo e da presença de Deus no Antigo Testamento, demandam uma caminhada marcada por ponderação e vivência. Creio que, somente assim, poderemos acessar o significado e chegar aos seus incontáveis desdobramentos.

Em segundo lugar, a distância entre os mundos do autor e o nosso, tão comum no estudo de textos antigos, reforça a exigência de uma imersão perseverante.

Em terceiro lugar, na prática, o templo e a presença de Deus não estão na pauta do dia. Para John Walton, embora sendo centrais, trata-se dos assuntos "mais subestimados e negligenciados da teologia bíblica".[1] Isso pode ser constatado, em primeiro lugar, pelas limitações bibliográficas. São poucos os livros em português que abordam especificamente esse assunto. Além disso, quando o tópico surge em discursos informais ou pregações, é apresentado de forma reducionista e fragmentada, a qual vê o "templo", no Antigo Testamento, basicamente como uma tipologia, ou seja, essencialmente pelo viés do cumprimento, e não por seu valor e seu sentido nos dias do AT. No Novo Testamento, a mesma leitura reducionista considera o "templo"

---

[1] Walton, John H. *Teologia do Antigo Testamento para cristãos*. São Paulo: Loyola, 2021, p. 119.

O HABITAT DA MORALIDADE

o corpo do indivíduo cristão, que carece de um tratamento cuidadoso – a justificativa clássica para a prática de exercícios e uma boa alimentação. É óbvio que leituras dessa natureza impedem a devida apreciação de o necessário reconhecimento de conexões mais profundas que o Novo Testamento exige, pois a complexidade do tema é enriquecida com o advento do grande "sim" de Deus a todas as promessas: Jesus Cristo (2Coríntios 1:20).

À luz da teologia do templo do Antigo Testamento, principalmente por sua centralidade e seu valor, muitas declarações neotestamentárias devem gerar uma sensação paradoxal de assombro e deslumbramento. Seguem algumas:

Eu lhes digo que aqui está o que é *maior do que o templo* (Mateus 12:6).

Nós temos um altar do qual não têm direito de comer os que ministram no tabernáculo (Hebreus 13:10).

Mas vocês chegaram ao monte Sião, à *Jerusalém celestial*, à cidade do Deus vivo (Hebreus 12:22).

Destruam este templo, e eu *o levantarei em três dias* (João 2:19).

Aqui não ficará pedra sobre pedra; serão *todas derrubadas* (Marcos 13:2).

E *o véu do santuário* rasgou-se em duas partes, de alto a baixo (Marcos 15:38).

Pois *somos santuário* do Deus vivo... (2Coríntios 6:16b).

Espero que, à luz do conteúdo apresentado nos capítulos anteriores, a gravidade dessas declarações se torne evidente.

Afirmações dessa natureza se unem a outras que fazem referência à realidade presente do reino, à chegada do Espírito, à nova criação, ao fim dos séculos, bem como a uma massa de textos que deixam mais do que claro que a vinda do Senhor Jesus, seus milagres, exorcismos, poder sobre a criação, ensinamentos, morte e ressurreição trouxeram e sinalizaram grandes transformações dentro do plano divino. Essas mudanças certamente envolvem *a presença de Deus no templo*. Este capítulo é uma tentativa de entender essas mudanças, especialmente no que diz respeito ao templo-presença. Limitaremos nossa análise ao Evangelho de Marcos e à carta de Hebreus. Essa seleção é explicada pela ênfase na mudança estabelecida por Jesus, retratada em Marcos, e pelo destaque da temática no livro de Hebreus.

O templo era o coração da vida religiosa do povo de Deus no Antigo Testamento. As citações do Novo Testamento, feitas anteriormente, mostram que isso mudou. Para ser mais exato: o mundo mudou. A mudança, porém, não pode ser confundida com as críticas teológicas, sociais ou morais encontradas nos vários grupos do judaísmo.[2] A relação negativa de Cristo com o templo não pode ser confundida com os descontentamentos de seus dias.

N. Perrin se refere à relação entre os judaísmos antes de Cristo, no que diz respeito ao templo, como "polarizada".[3] Entre os descontentes, por exemplo, estão os qumranitas, que eram contra a elite ligada ao templo. Ao lado do *Livro dos Jubileus*[4] e de *Enoque*, seus documentos revelam uma tônica escatológica, segundo a qual um novo templo seria construído.[5] Os fariseus, por outro lado, defendiam que a Torá ofereceria a bênção da presença divina e, assim, relativizavam a presença de Deus no templo.[6] Seria simplista demais colocar Cristo como mais um daqueles que se encontravam no grande grupo dos descontentes. É preciso entender a natureza e o fundamento de suas alegações.

N. T. Wright e Michael Bird abordam bem a questão:

Embora a ação de Jesus no templo deva naturalmente ser vista dentro do contexto mais amplo de descontentamento, *ela vai muito além dele*, atingindo uma

---

[2]O judaísmo é um fenômeno complexo, com muitas variações, como, por exemplo: ênfases teológicas, práticas interpretativas, tradições, literatura, forma de dialogar com a cultura (p. ex., sectários, revolucionários) e escatologia. Dos poucos consensos dos estudiosos sobre o judaísmo, alistados por Richard Hays (Hays, Richard B. *The moral vision of the New Testament*. New York: HarperCollins, 1996, p. 409), está o fato de que "O judaísmo do primeiro século era diverso, não monolítico. Quramita, rabínico, helenista, palestino, da diáspora, apocalíptico são algumas rubricas".

[3]Em McKnight, Scot. (org.). *Dictionary of Paul and his letters*. 2. ed. Downers Grove: IVP, 2023, p. 1036.

[4]Em *Jubileus* 1.17,18, temos: "E edificarei o meu santuário no meio deles, e habitarei com eles, e serei o seu Deus e eles serão o meu povo na verdade e na justiça. E não os abandonarei nem os desapontarei; pois eu sou o Senhor seu Deus" (Charles, R. H. *Pseudepigrapha of the Old Testament*. Oxford: Clarendon, 1913, v. 2, p. 12).

[5]Veja 1QS VIII, p. 6-10; 4Q174 1-7; 11Q19 XXIX, p. 8-10.

[6]No tratado sobre pais ('*Abot*) no livro de *Neziqin da Mishná*, encontramos a seguinte declaração: "Se dois se sentam juntos e estudam a Torá, a Presença Divina repousa entre eles". O benefício da presença de Deus poderia ser desfrutado em *qualquer lugar*.

dimensão diferente. Sua atitude em relação ao templo não era "Esta instituição precisa ser reformada", nem "As pessoas erradas estão dirigindo este lugar", tampouco "A piedade pode funcionar noutros lugares também". Sua crença mais profunda em relação ao templo era *escatológica*: tinha chegado o momento de Deus julgar a instituição. Ela passou a simbolizar a injustiça que caracterizava a sociedade por dentro e por fora. Parecia ter rejeitado a vocação de ser a luz do mundo. Era a cidade situada sobre uma colina, mas, em vez de atrair para si todos os povos do mundo, estava empenhada em guarnecer as barricadas para mantê-los afastados.[7]

Em suma, se alguns judeus tinham uma escatologia na qual a temática do templo futuro tinha lugar especial, em Jesus nós temos uma escatologia em cumprimento. O mundo permanecia um lugar sagrado, mas o *centro*, o eixo que une céu e terra, não era mais uma estrutura física em Jerusalém; antes, era uma pessoa e os que estão ligados a ela pela fé.

Concluímos o capítulo precedente assegurando a importância dos lugares e das pessoas. O templo do Antigo Testamento existia para manter o relacionamento com uma pessoa. No Novo Testamento, lugar e pessoa se con-*fundem* na pessoa de Jesus e de seus seguidores, a igreja, o centro da ordem e da presença divinas.

MARCOS: JESUS, O TEMPLO, A FIGUEIRA SECA E O NOVO TEMPLO

Há muito a dizer sobre a presença de Deus e o templo nos Evangelhos. Poderíamos aprofundar o entendimento a respeito de "Emanuel", Deus conosco, esclarecendo a presença de Deus no meio da resolução dos problemas do povo de Deus (Mateus 18:20), ou desenvolvendo a promessa final da presença até o fim dos tempos, mencionada em Mateus 28:20. Em suma, não faltam referências diretas e/ou indiretas quando o assunto é a presença de Deus nos Evangelhos.

Nossa análise, porém, se restringirá ao discurso de juízo direcionado ao templo nos últimos dias do ministério de Jesus. Apesar da localização tardia desse discurso em seu ministério, suas palavras e seus atos anteriores sugeriam

---

[7]Wright, N. T.; Bird, Michael. *The New Testament in its world*. Grand Rapids: Zondervan, 2019, p. 210.

que ele tinha sido chamado "a fazer e ser o que o templo era e fazia".[8] Não podemos tomar as palavras e os atos de Cristo na última semana como estranhos, como se ele tivesse tomado uma nova direção. N. T. Wright e Michael Bird acertam quando qualificam "a purificação" do templo como um "ato profético climático".[9] O terreno foi *preparado* quando Jesus perdoou pecados, declarou puros todos os alimentos, apresentou-se como alguém maior que o templo ou ainda quando mostrou que o lugar não seria determinante para a adoração. Em suma, o comportamento e as palavras de Jesus durante seu ministério na Galileia, bem como nos últimos dias, nos autorizam a declarar que, quando o assunto é o templo, o ponto central dos Evangelhos fica por conta da relação entre o templo e Jesus: a superioridade e o cumprimento profético de Cristo.

A versão marcana divide em duas etapas a interação de Jesus com o templo. A primeira se dá no relato da chegada de Jesus a Jerusalém, que se finda de maneira dramática, com Jesus simplesmente olhando para o templo (11:11). Nada mais. A explicação de Marcos para esse enigmático comportamento é que já era tarde. Mas a cena chama a atenção. À luz de Ezequiel, que viu a glória do Senhor deixar o templo e ir para o Monte das Oliveiras, o relato marcano parece anticlimático: Jesus, a própria presença divina, vem (ou, à luz do AT, volta) especificamente do Monte das Oliveiras ao templo. A glória voltou e ninguém percebeu. Essa indiferença logo se tornaria oposição (11:28).

A segunda etapa acontece quando Jesus amaldiçoa uma figueira que seca e, logo em seguida, expulsa os que compravam e vendiam animais para sacrifícios no templo (11:12-26). Em geral, esse segundo evento é intitulado nas edições brasileiras da Bíblia de "A purificação do templo". Não creio ser essa a melhor referência ao evento. Primeiro, o juízo sobre a figueira está intimamente relacionado ao que Cristo fará e dirá sobre o templo. Em segundo lugar, como bem observa N. T. Wright, a ação incisiva de Jesus no templo "não se tratava apenas de religião, mas de realeza; e, nesse caso, não apenas de limpeza, mas de juízo. Jesus reivindicou algum tipo de autoridade sobre o templo e a vida deste".[10] E ainda: "Era o rei quem tinha autoridade final sobre o templo. Ele seria seu reformador, seu reconstrutor".

---

[8]Wright; Bird, 2019, p. 210.
[9]Wright; Bird, 2019, p. 208.
[10]Wright, N. T. *Jesus and the victory God*. London: SPCK, 1996, p. 460-1.

O HABITAT DA MORALIDADE

É comum Marcos unir duas histórias com o propósito de uma ajudar no entendimento da outra.[11] Essa é a relação entre os eventos da figueira e do templo. A figueira que seca "até a raiz"[12] *interpreta* o que acontece no templo,[13] e vice-versa. Trata-se de atos simbólicos. Ambos dramatizam a mensagem — comportamento comum entre os profetas do Antigo Testamento,[14] que teatralizavam suas mensagens, fazendo delas "atos-mensagens". É isso que Cristo faz nessas duas narrativas.

A mensagem da figueira não era de purificação, mas de juízo. Quanto ao templo, uma leitura rápida pode sugerir que o problema era financeiro, mas isso não se sustenta.[15] A citação que Jesus faz de Isaías 56 é um indicativo textual de valor interpretativo. Considerando isso, fica claro que a questão central é a participação do povo gentio na restauração que YHWH promoveria ao retirar o povo do cativeiro. À luz da citação de Isaías, podemos

[11] Muitos estudiosos de Marcos reconhecem que ele usa o que é denominado "técnica de sanduíche". A técnica segue uma sequência do tipo A-B-A, na qual o primeiro relato (A) é interrompido por outro aparentemente desconexo (B), e a conexão entre os dois é estabelecida pela volta ao primeiro relato (A). A história de Jairo, por exemplo, é interrompida pela mulher do fluxo de sangue. Contudo, Jairo volta à narrativa depois, estabelecendo a relação entre os dois relatos. Em 3:20-35, a família de Jesus o considera fora de si; depois, os mestres da lei julgam seus atos como realizados por Belzebul. Logo após, a família de Jesus volta ao texto. Segundo Edwards (Edwards, James R. *O comentário de Marcos*. São Paulo: Shedd, 2018, p. 39.) na sequência A-B-A, "B funciona como uma chave teológica para as metades que ladeiam". Creio que a relação entre as histórias é de *dependência hermenêutica mútua*. O mesmo se dá com a figueira-templo-figueira. O que acontece com a figueira, portanto, nos diz muito sobre o que Jesus fazia com o templo.

[12] O verbo grego ἐξηραμμένην (*exērammenēn*) está na forma perfeita, ou seja, no aspecto estativo. Segundo Mathewson e Emig (Mathewson, David L.; Emig, Elodie Ballantine. *Intermediate Greek grammar*. Grand Rapids: Baker Academic, 2016, p. 173), o aspecto estativo nas narrativas é "Usado como outra forma de expressar *proeminência*, graças ao fato de que o tempo perfeito é raro na narrativa e parece carregar mais significado". Fico com o julgamento de Rodney Decker (Decker, Rodney. *Mark 9-16: a handbook on the Greek text*. Waco: Baylor University Press, 2014, p. 94): "uma *condição permanente* é consistente com a declaração de Jesus (Μηκέτι εἰς τὸν αἰῶνα ἐκ σοῦ μηδεὶς καρπὸν φάγοι, v. 14 ["*Nunca mais* coma alguém fruto de ti", ACF]), mas não pode ser baseada no tempo perfeito". Para minha visão sobre aspecto verbal grego, veja meu livro *Caminhando na perfeição*, p. 215-28.

[13] Há muita discussão sobre a identidade da figueira. Para um panorama dos principais comentários ao longo da história da igreja, veja Craig Evans (em Porter, Stanley E.; Kurschner, Alan E. (orgs.). *The future restoration of Israel*. Eugene: Pickwick, 2023, p. 573-606). Para Evans, "dada a estreita associação entre a história da figueira e a manifestação de Jesus no recinto do templo (Marcos 11:15-18), o julgamento pronunciado sobre a figueira parece ter em vista a liderança, e não o povo" (p. 594). O objetivo de Evans é estabelecer uma distinção entre *liderança* e *povo* (cf. Marcos 11:27; 12:12). Ele acrescenta: "Enquanto o cântico de Isaías pronunciava o julgamento contra uma vinha infrutífera, que, em Isaías, é explicitamente identificada como "a casa de Israel e os homens de Judá" (5:7), Jesus [em Marcos] pronunciava o julgamento *daqueles que cuidavam da vinha*".

[14] P. ex., Isaías 20, nudez; Jeremias 13:1-11, cinto de linho; Ezequiel 4-5, tijolo, fezes e cabeça raspada.

[15] A palavra λῃστής (*léstés*, "ladrão") foi muito usada por Josefo para se referir a "revolucionários". Segundo N. T. Wright (Wright, N. T. *Marcos para todos*. Rio de Janeiro: Thomas Nelson Brasil, 2020, p. 193), a palavra designava "pessoas prontas para usar a violência, com o propósito de satisfazer seus sonhos nacionalistas" (cf. Wright; Bird, 2019, p. 211). Contudo, somos impedidos pelos usos do vocábulo de nos apoiarmos somente em Josefo para chegar a essa conclusão.

assegurar que os líderes judaicos perderam de vista a vocação do templo, bem como a expectativa escatológica relacionada a ele. Os administradores do templo não se haviam voltado para as nações. Onde entram as finanças, então? Ou o dinheiro os cegou para a vocação do templo ou, já cegos, permitiram que as finanças tomassem o lugar da vocação. Creio que o que se perdeu foi a *missão*: o templo perdera sua razão de ser. Deveria ser uma casa de oração *para as nações*. Os administradores queriam "purificar" o templo da presença gentílica; Jesus "purificou" o templo *para os gentios*.

Novo templo: fé, oração e perdão

Logo depois da condenação da figueira, encontramos duas declarações importantes para compreender o sentido de templo:

> "Eu lhes asseguro que se alguém disser a *este monte*: 'Levante-se e atire-se no mar'" (Marcos 11:23a);
> "Vocês nunca leram esta passagem das Escrituras? 'A pedra que os construtores rejeitaram tornou-se a pedra angular'" (Marcos 12:10).

Vamos à primeira declaração. Ela gira em torno de uma estranha relação entre fé, oração, perdão e a figueira seca. Para Grant Osborne, o ponto de contato entre os temas é autoridade e/ou poder.[16] Os discípulos estão maravilhados com o poder de Jesus para secar a árvore. O Senhor Jesus lhes diz, então, que eles também poderiam ter o mesmo poder. A relação é entre *poder* e *fé*. Essa, sem dúvida, é uma relação que as Escrituras reconhecem. A questão é a seguinte: Essa é a relação estabelecida pelo texto de Marcos? Creio que ainda não temos elementos suficientes para estabelecer essa relação. Vamos explorar mais.

Para Dewey Mulholland, trata-se de *mudança de ordem*.[17] Jesus profetizará que o templo será destruído (Marcos 13:1,2), e a questão que se levanta naturalmente é: então, como prestaremos culto a Deus? A resposta: são necessárias fé, orações confiantes e a disposição de perdoar. Jesus está

---

[16] Osborne, Grant. *Marcos*. São Paulo: Vida Nova, 2019, p. 200-1.
[17] Mulholland, Dewey M. *Marcos*. São Paulo: Vida Nova, 1999, p. 176.

O HABITAT DA MORALIDADE

dizendo que o estabelecimento dessa nova ordem exigirá confiança em Deus.

Para entender essa proposta, temos de atentar à expressão "este monte", que parece referir-se a uma montanha específica. Não é um monte nem qualquer monte, mas *este* monte". As possiblidades são:

1. *Fortaleza de Herodes*. Herodes havia movido uma colina para construir uma fortaleza. Ele moveu "montanhas". Grandes feitos podem ser realizados pelos discípulos de Jesus.[18]
2. *Monte das Oliveiras*. Essa seria uma referência a Zacarias 14:4. O objetivo de Jesus seria fomentar a fé na salvação vindoura e/ou no estabelecimento do reino.[19]
3. *Monte do templo*. A oração seria pelo estabelecimento de uma nova ordem.[20] Diante da destruição que será predita, é preciso orar para que o predito se realize.
4. Uma *declaração proverbial*. Essa seria uma expressão para denotar um feito impossível.[21]
5. *Uma combinação das duas últimas*. Mesmo com o monte do templo em mente, a declaração se tornou proverbial.[22]

Creio que a afirmação de Jesus consiste em uma acusação contra a infidelidade ou a incredulidade do templo ou de seus administradores. O contexto é de juízo. A dificuldade interpretativa é relacionar fé, oração e perdão com as palavras "Mestre! Vê! A figueira que amaldiçoaste secou".

---

[18]Edwards, 2018, p. 432; Ligonier Ministries. "Praying in faith (Mark 11:22-33) – a sermon by R. C. Sproul". YouTube, 2021. Disponível em: https://www.youtube.com/watch?v=Q_G9d5ogjvk. Acesso em: 17 maio 2024.

[19]Hurtado, Larry W. *Marcos*. São Paulo: Vida, 1995, p. 198; Lane, William L. *The Gospel of Mark*. Grand Rapids: Eerdmans, 1974, p. 410.

[20]Wright, 2020, p. 196; Wright, N. T. *Como Deus se tornou rei*. Rio de Janeiro: Thomas Nelson Brasil, 2019, p. 212.; Beale, G. K. *Deus mora entre nós*. São Paulo: Loyola, 2019, p. 59.

[21]Segundo R. T. France, *The Gospel of Mark*. Grand Rapids: Eerdmans, 2002, p. 448-9: "Dada a localização geográfica desta declaração, o referente de "esta montanha" é presumivelmente o Monte das Oliveiras. [...] É possível, no entanto, que nenhum referente particular seja pretendido, especialmente se a seguinte declaração for tomada como proverbial". Decker (2014, p. 96) parece concordar: "Atirar uma montanha ao mar é um ato tão *inútil* e *destrutivo* quanto causar a morte de uma figueira, e é melhor visto apenas como um tipo de ditado proverbial para o impossível". Ancorado em S. E. Dowd (*Prayer, Power, and the Problem of Suffering*) e C. D. Marshall (*Faith as a Theme in Mark's Narrative*), France conclui que "o templo de Jerusalém é condenado e *substituído* pela comunidade de oração".

[22]Osborne, 2019, p. 201.

O ESCÂNDALO DO TEMPLO-PRESENÇA NO NOVO TESTAMENTO

Aparentemente, não há conexão entre as palavras dos discípulos e as de Jesus. Porém, o texto estabelece uma relação, e nós somos, portanto, impelidos a encontrá-la. É possível que Jesus estivesse apresentando tudo que faltava no templo: fé, oração genuína e disponibilidade de perdão, os três elementos principais da vida piedosa. Jesus estaria, então, alertando para o que acontece quando esses elementos não estão presentes: juízo.

Uma segunda hipótese, considerando a predominância da segunda do plural nos verbos, é de que essa seja uma referência à oração comunitária. A teologia da oração ensina que Deus quer que nossas orações estejam em sincronia com o plano divino. Assim, a destruição profetizada deveria ser acompanhada de orações que rogassem por seu cumprimento.

Há ainda que se considerar o tema do *perdão* aparecer nesse contexto de juízo. Isso talvez se deva ao fato de que, somente em um espírito de perdão, os discípulos e Jesus têm condições de agir e orar contra as injustiças e/ou a religiosidade. Quanto à fé, trata-se de elemento fundamental diante das mudanças radicais que a destruição do templo traria.

Por fim, o juízo implica mudança. O templo[23] seria destruído "desde a raiz". O sermão do Monte das Oliveiras, que participa do mesmo contexto da maldição da figueira, e no qual Jesus prediz a destruição do templo, é de grande ajuda para entender essa passagem. Em Marcos 11, lemos que o templo ficará seco desde a raiz; em Marcos 13, encontramos a expressão "não ficará pedra sobre pedra". Para seguir na análise dessas afirmações, é, antes, necessária uma digressão sobre a destruição do templo segundo o sermão do Monte das Oliveiras.

A pergunta dos discípulos — "Dize-nos, quando acontecerão essas coisas? E qual será o sinal de que tudo isso está prestes a cumprir-se?" (Marcos 13:4) — aponta para um assunto somente: a destruição do templo. As palavras "sinal", "cumprir" e o paralelo com Mateus, em que encontramos a expressão "fim dos tempos" (24:3), dão um tom escatológico às palavras de Jesus. Porém, considerando Marcos isoladamente, a expressão

---

[23]Como já foi dito, pode-se argumentar que o foco do juízo é a liderança de Israel, e não o povo, uma vez que encontramos no Novo Testamento tanto incentivo para levar a palavra a todos (e isso inclui os judeus, claro), como também não podemos nos orgulhar diante do judeu incrédulo. Segundo Paulo, se os judeus "não permanecerem na incredulidade, serão enxertados" (Romanos 11:23b). A questão mais importante é que há uma *transferência* de poder ou que um poder *colapsou*.

O HABITAT DA MORALIDADE

"todas essas coisas" (13:30) é uma referência à destruição do templo e aos eventos que levarão a isso. Nada mais.

Quanto à resposta de Jesus em Marcos 13, a primeira parte é marcada por advertências contra expectativas prematuras (v. 5-13). A ideia é que os discípulos viverão situações capazes de produzir uma atmosfera ameaçadora, o que os levará a conclusões precipitadas. Daí a advertência "mas ainda não é o fim" (v. 7). É importante entender que a palavra "fim" não exige uma referência a fim do mundo ou fim dos tempos, mas ao fim de um processo. O contexto é necessário para entendê-la. Como o contexto de Marcos 13 é a destruição do templo, o fim é o fim do templo.

Ainda considerando a primeira parte do sermão, Jesus alerta seus discípulos que o período que antecede a destruição do templo não será marcado por uma espera passiva; antes, mesmo com a perseguição, haverá pregação a todos os povos.

> O templo não será destruído (e, com isso, o papel central de Israel nos propósitos de Deus chegará ao fim) até que as boas-novas tenham ido *além de Israel* para πάντα τὰ ἔθνη [todas as nações], e assim o novo "templo", que substitui o edifício físico, não será uma instituição exclusivamente judaica. Veremos essa visão expressa no v. 27, na reunião dos eleitos de todo o mundo na recém-estabelecida soberania do Filho do Homem.[24]

A segunda parte começa com uma expressão envolvendo tempo ("quando"). Sobre o *tempo* da destruição, novamente fico com o julgamento de France:

> A primeira parte da questão acabará por receber, após alguns falsos começos, uma resposta bastante específica, introduzida por ὅταν [quando] (v. 14), e desenvolvida através de ἐν ἐκείναις ταῖς ἡμέραις [naqueles dias] (v. 24) até o clímax de καὶ τότε ["e então" ou "e nesse tempo"] (v. 26), καὶ τότε [novamente "e então" ou "e nesse tempo"] (v. 27); a resposta é então *resumida* na definição de tempo bastante definida, embora não exata, do v. 30: *acontecerá nesta geração.*[25]

---

[24]France, 2002, p. 516-17.
[25]France, 2002, p. 506.

O ESCÂNDALO DO TEMPLO-PRESENÇA NO NOVO TESTAMENTO

Por que somos levados a entender que as palavras do Senhor Jesus dizem respeito a um momento posterior à destruição do templo? Primeiro, porque as perguntas na versão mateana envolvem a vinda de Cristo e o fim dos tempos (24:3). Segundo, porque encontramos declarações com menos detalhes históricos e geográficos como "tribulação como nunca houve" (Marcos 13:19), "todas as nações [...] verão o Filho do homem vindo" (Mateus 24:30)], além dos sinais cósmicos (Marcos 19:24,25), que nos levam instintivamente a uma realidade mundial-escatológica. Contudo, o texto também se refere ao primeiro século. Declarações localizadas como "sinagoga", "inverno", "fujam para os montes" e "eirado" são exemplos claros. Na versão mateana, encontramos a declaração "imediatamente" ou "logo em seguida" à tribulação *daqueles dias* – dias da destruição do templo (24:29). Por fim, temos a declaração temporal explícita de que "todas essas coisas" acontecerão ainda "naquela geração" (13:30).

Enquanto alguns comentaristas se perdem em especulações sobre a palavra "geração" ou a expressão "essa geração", o ponto central do versículo é a vinda do Filho do homem. Ela é apresentada de duas formas: nos versículos 24 e 25 temos uma descrição *negativa* ("escurecerá", "não dará sua luz", "cairão"), enquanto nos versículos 26 e 27 temos um relato *positivo* ("poder e glória", "reunirá seus eleitos").

Sobre a descrição negativa, na qual predominam os sinais cósmicos, podemos assegurar que esses elementos (escurecer, não ter luz etc.) aparecem, em geral, juntos no Antigo Testamento.[26] Estrelas e lumiares estão ligados a líderes, pois eles "governam" o tempo. Isaías 14:12-20 conecta a "estrela da manhã" ao rei da Babilônia. Apesar de utilizar uma linguagem cósmica, o oráculo é especificamente contra a Babilônia (v. 1). Trata-se de uma referência ao "cosmos político". É o preparo para o anúncio que virá, um estágio premonitório do evento principal. É uma linguagem de juízo, sugerindo mudança, mas muito mais que isso: uma linguagem de fim, remetendo ao sentido de *destruição*. O tempo da Babilônia havia chegado ao fim.

---

[26]Isaías 13:10 (a Septuaginta repete as palavras de forma quase exata); 24:23; 34:4: Ezequiel 32:7,8; Amós 8:9; Joel 2:10,30,31; 3:15.

109

O HABITAT DA MORALIDADE

Quanto ao relato positivo, é de amplo acordo que se tem aí uma referência a Daniel 7:13,14. Nessa visão, o "filho do homem" não vem à terra,[27] mas se aproxima do ancião e é conduzido à sua presença. Trata-se de uma imagem de entronização celestial. Nos Evangelhos, a "vinda" é marcada pela tribulação ligada à destruição do templo,[28] e aconteceria "naquela geração" – essa é a resposta de Jesus à pergunta dos discípulos (Marcos 13:4). A parúsia, por outro lado, não pode ser prevista. Ninguém sabe algo sobre "esse tempo" (v. 33). Há, pois, uma vinda para o ancião (entronização e vindicação) e a vinda para a terra (parúsia).

Em Mateus 26:64, encontramos mais uma referência a Daniel 7:13,14. A diferença aqui[29] fica por conta de um elemento de grande importância para aplicar a vinda ao primeiro século: a expressão temporal ἀπ' ἄρτι (*ap'arti*). A variação nas traduções sinaliza, além da dificuldade linguística, a visão teológica dos tradutores.

> NVI: "Mas eu digo a todos vós: *Chegará o dia* em que vereis o Filho do homem assentado à direita do Poderoso e vindo sobre as nuvens do céu".
> ACF: "digo-vos, porém, que vereis *em breve* o Filho do homem assentado à direita do Poder, e vindo sobre as nuvens do céu".
> NVT: "Eu lhes digo que, *no futuro*, verão o Filho do Homem sentado à direita do Deus Poderoso e vindo sobre as nuvens do céu".
> ARA, NAA: "entretanto, eu vos declaro que, *desde agora*, vocês verão o Filho do Homem assentado à direita do Todo-Poderoso e vindo sobre as nuvens do céu".

---

[27] George E. Ladd (Ladd, George. *Teologia do Novo Testamento*. São Paulo: Hagnos, 2003, p. 206) argumenta que a vinda *segue* a ação de estar sentado. R. T. France (France, R. T. *The Gospel of Matthew*. Grand Rapids: Eerdmans, 2007, p. 1027) afirma que essa não é única forma de ver a relação entre as frases. Em suas palavras: "cada uma [frase] descreve em diferentes imagens o estado de partilha da autoridade de Deus".

[28] O cenário é exatamente o mesmo. Observe a expressão "naqueles dias". "Mas" (ἀλλά, *alla*) alerta para um *novo estágio*, mas não um *novo tempo* necessariamente. Mateus é extremamente específico: "imediatamente" (24:29). Essa linguagem não é comum nesse evangelho, diga-se de passagem.

[29] Como em Mateus 10:23b: "Eu lhes garanto que vocês não terão percorrido todas as cidades de Israel antes [ἕως *heós*] que venha o Filho do homem".

110

O ESCÂNDALO DO TEMPLO-PRESENÇA NO NOVO TESTAMENTO

Creio que a expressão não se refere a um futuro indefinido, como algumas versões afirmam (NVI, NVT), mas a um cumprimento iminente.[30] A dificuldade de relacioná-la à vinda do Senhor se dá pelo entendimento de que essa "vinda" necessariamente tem como destino a terra. Como já vimos, essa conclusão não é exigida pelo texto; muito pelo contrário. Assim, houve uma vinda nos dias dos ouvintes de Jesus.

O mesmo acontece com o famoso texto da grande comissão.[31] Além do paralelo de palavras, temos também paralelos conceituais. Segundo

---

[30]Nolland (Nolland, John. *The Gospel of Matthew*. Grand Rapids: Eerdmans; Paternoster, 2005, p. 1131) afirma que ἀπ' ἄρτι (*ap' arti*, "a partir de agora [em]") é usado aqui pela terceira vez. Os casos anteriores (Mateus 23:39; 26:29) referem-se à Paixão que, *sendo iminente*, é antecipada como se fosse uma realidade. Esse não é o caso de 26:64. Mesmo 26:64 sendo uma exceção, o padrão de um divisor de águas à vista provavelmente se sustenta. Argumento? Nenhum. Ele entende ser óbvio. Esse tipo de comportamento interpretativo fala mais dos seus compromissos prévios do que do texto. Leon Morris (Morris, Leon. *The Gospel according to Matthew*. Grand Rapids: Eerdmans; InterVarsity, 1992, p. 684) declara: "Insistir que a expressão deve ser entendida como significando 'a partir de agora' ignora o fato de que nem os amigos de Jesus nem seus inimigos poderiam ver a mudança da qual ele fala começando 'agora'. Ao ver as raízes da mudança no que deveria acontecer imediatamente, parece que o cumprimento completo do que Jesus está dizendo pertence ao futuro". Morris pressupõe uma mudança que o texto de Daniel não exige. Blomberg (Blomberg, Craig. *Matthew*. Nashville: Broadman & Holman, 1992, p. 403) reconhece a aplicabilidade da expressão para os dias dos ouvintes: "Jesus introduz as citações com as palavras *de agora em diante vocês verão* (NVI, menos literalmente, 'no futuro vocês verão'), talvez aludindo à sua exaltação mais imediata (28:18) muito antes de seu retorno real como juiz". G. K. Beale (Beale, G. K. *Teologia bíblica no Novo Testamento*. São Paulo: Vida Nova, 2018, p. 252) entende a expressão "sentado à direita" como uma referência a Sl 110:1 e, em suas palavras, "é uma associação explícita entre a sua ressurreição e a sua realeza". Ele entende que Mt 26:64 é uma *alusão* à posição exaltada de Cristo no céu "por causa da ressurreição".

[31]Segue o gráfico de Richard Hays (2016, p. 184).

Daniel 7:14 (Septuaginta)	Mateus 28:18b-20
καὶ ἐδόθη αὐτῷ ἐξουσία [e foi dado a ele autoridade]	Ἐδόθη μοι πᾶσα ἐξουσία Dada a mim toda autoridade ἐν οὐρανῷ [cf. Dn 7:13] καὶ ἐπὶ no céu e na [τῆς] γῆς terra
καὶ πάντα τὰ ἔθνη τῆς γῆς κατὰ γένη e todos os povos da terra segundo sua nação.	πορευθέντες οὖν μαθητεύσατε πάντα τὰ ἔθνη ide, pois, fazei discípulos de todas as nações βαπτίζοντες αὐτοὺς εἰς τὸ ὄνομα τοῦ πατρὸς batizando-os em nome do pai καὶ τοῦ υἱοῦ καὶ τοῦ ἁγίου πνεύματος e do Filho e do Espírito Santo
καὶ πᾶσα δόξα αὐτῷ λατρεύουσα e toda glória para servirem a ele	διδάσκοντες αὐτοὺς τηρεῖν πάντα ὅσα ἐνετειλάμην ὑμῖν ensinando os a guarda tudo que vos ordenei
καὶ ἡ ἐξουσία αὐτοῦ ἐξουσία αἰώνιος ἥτις οὐ μὴ ἀρθῇ e sua autoridade é autoridade eterna que não acabará	καὶ ἰδοὺ ἐγὼ μεθ' ὑμῶν εἰμι πάσας τὰς ἡμέρας e ais que estou convosco todos os dias
καὶ ἡ βασιλεία αὐτοῦ, ἥτις οὐ μὴ φθαρῇ e seu reino não acabará	ἕως τῆς συντελείας τοῦ αἰῶνος até a consumação dos séculos

Richard Hays, "a missão dos discípulos aos gentios efetivamente constitui o cumprimento do triunfo do Filho do Homem".[32] Ou seja, sua "vinda", sua entronização e vindicação.

Diante do que foi observado, as citações de R. T. France valem cada palavra. Sobre a destruição do templo no sermão do monte das Oliveiras, ele diz:

> o uso dessa imagem profética habilita o leitor a entender que o que deve ser destruído não é apenas um edifício grandioso, mas o centro do poder, comparável à antiga Babilônia. E quando tal estrutura de poder colapsa, é necessário que outra tome seu lugar.[33]

Em seu comentário de Marcos, ele declara:

> A iminente destruição do templo simboliza o fim da velha ordem e a perda do significado de Jerusalém como foco de presença e atividade de Deus na terra. Em seu lugar será estabelecida a autoridade de Jesus, o Filho do Homem vindicado e entronizado, que reunirá o verdadeiro povo de Deus de todos os cantos da terra numa nova comunidade de graça.[34]

Sobre a reunião em Marcos 13:27, Rikk Watts é certeiro:

> Nessa visão, a reunião refere-se à reivindicação que Deus faz de um povo para si, seja judeu, seja gentio, de entre as nações, por meio da fé em seu Cristo (veja, por exemplo, Atos 15). A reunião, porém, não é para apresentar Jerusalém, que será destruída (cf. Salmos 147:2), mas, sim, para o novo templo, do qual Jesus é a pedra angular.[35]

Para não me delongar na relação entre oração, a fé que move montanha, o perdão e a destruição da figueira-templo, creio que os conceitos

---

[32] Hays, 2016, p. 184.
[33] Watts, 2007, p. 923.
[34] France, 2002, p. 547.
[35] Em Beale, G. K.; Carson, D. A. (orgs.). *Commentary on the New Testament use of the Old Testament*. Grand Rapids: Baker, 2007, p. 229.

fundamentais em toda essa porção são: juízo, mudança e a autoridade de Jesus. Os três elementos essenciais da piedade aparecem não como elementos novos de uma nova comunidade, mas como advertências, lembretes, do *essencial* para encarar a nova realidade que logo vai se impor: o novo templo. O elemento diferenciado é que a fé que fundamenta as orações diante das palavras de Jesus move um monte em especial ("este monte"), o monte do templo. Essa movimentação de montes precisa ser desejada e vivida com fé, orações e por corações receptivos, marcados pelo perdão.

A pedra rejeitada e o novo edifício

Pensando especificamente na pedra angular, voltamo-nos agora para a segunda declaração que se sucede à maldição da figueira: "O que fará então o dono da vinha? Virá e matará aqueles lavradores e dará a vinha a outros. Vocês nunca leram esta passagem das Escrituras? 'A pedra que os construtores rejeitaram tornou-se a pedra angular'" (Marcos 12:9,10). Ela levanta algumas questões: quem são os *construtores*? Quem são os *outros* que os substituem? Há uma construção específica em vista aqui? E, em caso positivo, qual? Seria uma referência ao templo? É preciso haver um referente específico à construção?

Em relação aos construtores, a distinção entre o povo de Israel e a liderança do povo está bem estabelecida entre os estudiosos.[36] Em geral, os lavradores são vistos como uma referência à *liderança* e, por sua vez, a vinha, como uma referência ao *povo*. Quanto aos outros, as sugestões são: a igreja, os gentios e Jesus e os apóstolos.

A passagem paralela em Mateus tem grande valor na compreensão do texto marcano: "Portanto eu lhes digo que o Reino de Deus será tirado de vocês e será dado a *um povo* que dê os frutos do Reino" (Mateus 21:43). A questão que nos interessa é a identidade do "povo" (em grego, *ethnos*).[37]

Craig Evans, ancorado nos estudos de John Kloppenborg, especificamente na obra *The Tenants in the Vineyard* [Os arrendatários da vinha], argumenta que, se Mateus quisesse apresentar a ideia de que Israel foi substituído pelos

---

[36] P. ex., Larry Hurtado, James Edwards, Richard Hays, Mark Strauss, D. A. Carson, Craig Evans, N. T. Wright e Frank Thielman.

[37] Traduções:. "povo" (NAA, ARA, NVT); "nação" (ACF, ARC); "pessoas" (NTLH).

O HABITAT DA MORALIDADE

gentios, ele teria se expressado de outra forma.[38] A palavra grega *ethnos*, sem artigo e no plural, seria a escolha natural, uma vez que é a expressão técnica para "gentios". Contudo, o que encontramos no texto de Mateus é o substantivo sem artigo, mas no singular, o que exige uma leitura diferente.

Além de eliminar "gentios" como a melhor tradução, Kloppenborg, com fundamento em uma série de papiros e inscrições, percebeu que *ethnos* se refere a uma comunidade ou a um grupo, às vezes em referência à adoração e ao sacrifício. Em determinado texto, *ethnos* diz respeito a um "grupo sacerdotal". Kloppenborg conclui (e Craig Evans o segue) que é possível interpretar Mateus 21:43 como uma referência a uma "etnia sacerdotal". Essa etnia seria *substituída* por outra semelhante, representada pelo movimento de Jesus. A vantagem dessa proposta fica evidente em Mateus 21:45 e no paralelo em Marcos 12:12, passagens em que "os chefes dos sacerdotes e os fariseus" entenderam que Jesus se referia a eles.

Entretanto, não creio que o texto exija que a *liderança* seja substituída. Penso que R. T. France está certo ao concluir que a "'nação' não é nem Israel nem os gentios, mas uma nova entidade, derivada de ambos".[39] Para ele, há algo *além* da mudança de liderança; trata-se da *reconstituição* do povo que os líderes representam.[40]

> o ponto é que o verdadeiro povo de Deus não dependerá mais de ser membro de uma comunidade nacional, mas se fundamenta em uma nova base [...] que está potencialmente aberta para todos, judeus e gentios.[41]

Quanto à *construção* referida em Mateus 21:43, vejamos se ela se refere a uma estrutura específica. Segundo N. T. Wright:

> O salmo [118] em questão foi claramente concebido para ser cantado pelos peregrinos que se dirigem ao templo; neste ponto, pelo menos (versos 19-27), trata-se de construir o Templo, celebrar no Templo e, por fim, sacrificar no Templo.[42]

---

[38] Em Porter; Kurschner, 2023, p. 588-9.
[39] France, 2002, p. 816-7.
[40] France, 2007, p. 816.
[41] France em Ladd, 2003, p. 292.
[42] Wright, 1996, p. 467.

O ESCÂNDALO DO TEMPLO-PRESENÇA NO NOVO TESTAMENTO

G. K. Beale[43] nos lembra que Jesus aplica a imagem da pedra a si mesmo. Assim, temos uma conexão entre Jesus e o templo. Essa conexão é ratificada pelos apóstolos Paulo (Efésios 2:20-22) e Pedro (1Pedro 2:4-8). Em uma leitura canônica, é possível concluir que Marcos traz uma palavra sobre o templo, de que seria destruído desde a raiz, e outra sobre o estabelecimento de um novo templo, tendo Cristo como orientador. Em suma, podemos concluir que a construção mencionada por Jesus é a de um templo.

Rick Watts lembra que, ao invocar imagens arquitetônicas, Jesus também fala de eclesiologia: "Jesus é a base da vinha reconstruída de Israel (cf. Gálatas 6:16), que, por meio da imagem implícita do templo, é também o templo escatológico".[44]

Retomando a imagem fornecida por Mateus ("A pedra que os construtores rejeitaram tornou-se a pedra angular"), e não possíveis referentes fora do texto, podemos assegurar dois temas: *vindicação*, uma vez que a rejeição foi seguida de glória, e a pedra rejeitada tornou-se a pedra principal; e *novidade* ou *reviravolta*, pois uma nova construção está em vista. Em uma visão conjunta com o texto da figueira, teríamos *juízo e mudança*.

A realidade das *mudanças* (substituição do templo, uma nova pedra angular) não é vista apenas em declarações diretas, como as analisadas. Karl Barth, lidando com o texto da visita do anjo à Maria, vê ali claros sinais de mudanças drásticas da presença divina, antes das palavras proféticas do Senhor Jesus:

Algo novo começa, mas dá-se início em completa insignificância e ocultação estranha. O fato de a cena do aparecimento não ser mais no templo em Jerusalém, mas em uma simples casa em Nazaré, um lugar um tanto desprezado por ser uma terra na qual gentios e judeus se misturam, pode indicar o tipo "novo" que começa aqui: A igreja cristã. Deus agora fala com o ser humano fora do lugar santo.[45]

O que podemos assegurar como fato incontestável é que Cristo prepara seus discípulos para uma mudança que ocorrerá entre o povo de Deus, e

---

[43]Beale, 2021, p. 191.
[44]Em Carson; Beale, 2007, p. 214.
[45]Barth, Karl. *A grande promessa*. São Paulo: Fonte, 2020, p. 34.

isso toca na questão do templo. A vinha permanece, porém, com outra refe-rência identitária, segundo a qual Cristo é o centro e a garantia de frutos — a pedra fundamental do novo templo.

Para C. H. Dodd, essa reviravolta é importante para todas as discussões sobre a natureza da igreja: "A nova comunidade não ocupou aquele lugar na história porque seus membros eram mais sábios, mais virtuosos ou mais hábeis que seus contemporâneos hebreus, mas porque Deus interveio em seu favor".[46] Foi puro milagre.

A construção dos altares patriarcais, a vida em volta e orientada pelo tabernáculo, as peregrinações para o templo, os efeitos positivos do en-contro com Deus naquele lugar e o desejo dos salmistas de viverem nele por toda a eternidade devem permear nossa mente quando ouvimos as declarações de juízo do nosso Senhor: "Não ficará pedra sobre pedra" ou "Ninguém mais coma de seu fruto".

A destruição do templo não foi somente uma punição ou o colapso de um sistema corrupto, mas um sinal visível do reinado do Senhor Jesus. Ele está no trono. Ele já "veio" nas nuvens. Esse reinado é vindicado na vida do novo templo, na reunião do seu povo, a igreja. Nossa identidade está nele. Ele é o centro do mundo; o eixo que une céu e terra. O lugar que nos orienta e no qual encontramos nossa identidade é uma pessoa e tem um nome: Jesus Cristo. É nele que encontramos força e é com ele que deseja-mos viver eternamente.

Consegue alcançar as implicações éticas? Na Segunda Parte, desen-volveremos algumas proposições ético-teológicas que brotam dessa realidade; por enquanto, basta dizer que as mudanças radicais promovidas por Cristo afetam absolutamente tudo, e isso inclui a moralidade, claro. Afeta tudo porque o fundamento foi comprometido: o eixo entre céu e ter-ra mudou de lugar, um novo prédio está sendo construído; o fundamento é uma pessoa, e suas pedras são vivas. Todas as promessas encontraram seu "sim" em uma pessoa. O acesso restrito foi aberto. O santo lugar foi retira-do. A habitação e a glória de Deus foram ampliadas, o véu se foi e nosso altar está fora de Jerusalém. Aproximemo-nos, pois.

---

[46] Dodd, C. H. *Segundo as Escrituras*. São Paulo: Fonte, 2020, p. 139.

HEBREUS: TEMOS UM ALTAR *FORA* DE JERUSALÉM

Escolhi a carta aos hebreus para esta seção pelo espaço considerável que dedica ao tema do templo. É importante entender que, por "espaço", não me refiro somente a estatísticas, como o número de versículos dedicados. Trata-se do destaque que o tema recebe na argumentação da obra, tornando-se central. Vamos analisar em que momento a temática do templo entra no cenário argumentativo de Hebreus.

A argumentação contrastiva

Por toda a obra, o autor compara Jesus a personagens, instituições e eventos do Antigo Testamento. Todas as comparações visam evidenciar a *superioridade* de Jesus Cristo.[47] No capítulo 1, a superioridade é demonstrada em contraposição aos anjos. Essa argumentação, prepara o caminho para o tema do capítulo 2: a humanidade e a necessidade da encarnação. A humanidade de Cristo, por sua vez, está a serviço, em termos argumentativos, do tema do *sacerdócio*. A lógica é: por ser humano como um de nós, "ele é capaz de socorrer aqueles que também estão sendo tentados" (2:18), tornando-se, assim, um sacerdote misericordioso e fiel (v. 17). Os capítulos 5 e 6 mantêm a temática do sacerdócio, preparando o terreno para a argumentação mais completa e profunda que encontramos nos capítulos 7 a 10: Jesus é de uma ordem sacerdotal superior, a ordem de Melquisedeque.

No capítulo 8, o autor reforça o que já declarou em suas palavras introdutórias: Jesus se assentou à direita do trono da majestade (1:3; 8:1). Em 1:4, a superioridade de Jesus em relação aos anjos está ligada a essa condição de estar à direita de Deus. Em 8:2, essa posição é apresentada com a terminologia do templo: Jesus serve no santuário. Até o capítulo 10, o autor compara os atos sacerdotais de Jesus "no verdadeiro tabernáculo" aos dos levitas, com o objetivo de revelar a superioridade de Cristo. O livro mostra que tanto os sacrifícios como a antiga aliança revelavam em si mesmos uma fragilidade que apontava para algo superior (cf. 8:7; 9:8; 10:1,2), "até o tempo da nova ordem" (9:10c).

---

[47]"O comparativo κρεῖττόν (melhor) é comum no documento. Ele é usado para nos mostrar que Jesus é melhor que os anjos (1.3,4), que o sangue de Jesus é melhor que o de Abel (12.24), que temos uma esperança melhor (7.19), uma melhor aliança (7.22; 8.6), uma promessa melhor (8.6), um melhor sacrifício (9.23), um melhor patrimônio (10.34) e uma melhor ressurreição (11.35)" (Monteiro, Rômulo. *Caminhando na perfeição*. Rio de Janeiro: Concílio, 2018, p. 123).

O HABITAT DA MORALIDADE

Em 12:22-24, encontramos uma das declarações mais impactantes das Escrituras em relação à presença de Deus:

Mas vocês chegaram ao monte Sião, à Jerusalém celestial, à cidade do Deus vivo. Chegaram aos milhares de milhares de anjos em alegre reunião, à igreja dos primogênitos, cujos nomes estão escritos nos céus. Vocês chegaram a Deus, juiz de todos os homens, aos espíritos dos justos aperfeiçoados, a Jesus, mediador de uma nova aliança, e ao sangue aspergido, que fala melhor do que o sangue de Abel.

Na construção do imaginário escatológico do povo de Deus no Antigo Testamento, o papel de Jerusalém é tal que se reconhece, principalmente nos escritos proféticos, uma "teologia de Sião", segundo a qual a cidade santa é o centro de um reino de paz que se estende por todo o universo, de onde vem uma nova lei (não a do Sinai), e o rei-pastor davídico, o próprio YHWH, apascenta seu povo. É exatamente essa rica esperança que o autor de Hebreus pressupõe quando diz: "Vocês chegaram ao monte Sião, à Jerusalém celestial".

Em geral, textos dessa natureza acionam a consagrada chave interpretativa do "já e ainda não". Contudo, isso produz mais discordância do que se pode imaginar. O "já" de alguns é tomado como o "ainda não" de outros e vice-versa. O fato é que o autor da carta-pregação aos hebreus dirige nossa atenção para o "já". E, sim, é evidente que "ainda falta" muito. O próprio Novo Testamento faz com que não nos esqueçamos disso. Mas *o que* realmente falta? Será que, à luz do que encontramos em Hebreus 12:22, poderíamos dizer que nos *falta* chegar a Jerusalém? Se, diante dessa assombrosa (no melhor sentido da palavra) declaração, dirijo minha atenção para o "ainda não", suspeito que isso diz mais a respeito das minhas expectativas frustradas do que da esperança construída pela revelação propriamente dita – por exemplo, a própria declaração "*chegaram* à Jerusalém celestial".

Alguns exemplos podem explicar melhor: "*Ainda* não foi do jeito que eu queria"; "*Ainda* não se encaixou nas minhas expectativas hermenêuticas"; "*Ainda* não chegou ao ponto que eu esperava"; "Certamente não foi isso que Isaías e Ezequiel disseram, essa não é a leitura natural, ou seja, *ainda*

118

temos de esperar". Contudo, não é estranho procurar pelo "ainda não" quando o autor sagrado diz "já"? *Já* chegaram a Jerusalém. Chegaram aonde Abraão queria chegar. Se há um "ainda não" (e há, pode ter certeza), deixemos que este texto, ou outro, nos informe.

O tema do templo, que permeia a obra, culmina em Jesus, que está à direita de Deus, servindo no verdadeiro *santuário* como *sacerdote* e *oferta* superiores, estabelecendo uma aliança superior. Santuário celeste, tabernáculo, Nova Jerusalém, Sião, sacerdote, oferta, intercessão, glória e muitos outros vocábulos reforçam a predominância da temática do templo-presença.

Entendido o destaque do tema do templo, vamos a uma faceta mais negativa da argumentação. A tônica da superioridade de Cristo na argumentação de Hebreus visa direcionar o leitor para a pessoa certa e/ou o lugar certo. Porém, o objetivo não é somente *exaltar* um, mas *depreciar* outros. Nos contrastes, a depreciação de um (p. ex., Moisés) trabalha em prol da valorização e do engrandecimento do outro, que sempre é Cristo. Pode-se verificar também o caminho oposto, em que o elogio a um aponta para a depreciação do outro. É o elemento valorizado pelo autor que nos aponta para o que está sendo *desvalorizado* pelos ouvintes.

A depreciação estabelecida pela "tônica contrastiva" visa revelar a impossibilidade de convívio, sincretismo ou fusão entre o que é depreciado e o que é exaltado. Trata-se de uma relação semelhante a profecia-cumprimento. O primeiro aponta para o segundo, mas o segundo revoga o primeiro. Agarrar-se à profecia quando se tem o cumprimento é negar tanto o cumprimento como a própria profecia. Os leitores não deveriam somente "caminhar na perfeição"[48] (Hebreus 6:1). Para isso, eles precisariam deixar os princípios elementares e não lançar o fundamento novamente. A tentativa de fusão – uma verdadeira con*fusão* sincrética – geraria a figura absurda,

---

[48] "Perfeição" ou "aperfeiçoamento" envolve o processo de encarnação, sofrimentos [plural] e o sofrimento de Cristo [a cruz] rumo à glória (ressurreição, ascensão e entronização). Esse é o grande tema do livro de Hebreus. O Senhor Jesus é passivo em seu aperfeiçoamento, contudo, ativo no aperfeiçoamento de seus irmãos. Há uma relação direta entre esses aperfeiçoamentos. Os irmãos de Jesus são aperfeiçoados, ou seja, capacitados (santificados, purificados), por meio do sacrifício de Cristo, a se aproximar de Deus e da glória perdida. Tudo isso contrasta com a realidade do AT. Trata-se, pois, do resultado da realização das bênçãos da Nova Aliança: "A exortação em 6:1, pois, não diz respeito a maturidade, mas à apropriação das bênçãos da Nova Aliança com toda a sua complexidade cristológica" (Monteiro, 2018, p. 129-30).

O HABITAT DA MORALIDADE

monstruosa e desfigurada de uma hipotética repetição da morte de Cristo (v. 6). Os dois altares que se anulam em 13:10 reforçam a tentativa e a impossibilidade de fusão e sincretismo.

O contexto

Entre depreciações e exaltações, corre uma realidade situacional e/ou contextual que nos fornece a razão dessa argumentação contrastiva. Deixemos por um tempo a questão argumentativa do templo para nos voltar ao contexto do documento. Se a argumentação é o primeiro elemento, o contexto é o segundo.

Nos capítulos 10 e 13, o livro nos dá acesso a informações contextuais mais explícitas que elucidam melhor a razão para o caminho argumentativo escolhido, ou seja, a depreciação dos elementos de culto do Antigo Testamento e a exaltação da obra de Cristo.

No capítulo 10, somos informados de uma perseguição infligida aos leitores. A resposta imediata se deu em ajuda (6:10), compaixão para com os presos (10:34) e comunhão com os que foram insultados (10:33). Como sabiam que teriam bens superiores e permanentes (como os personagens citados no capítulo 11; cf. v. 10, 13, 16 e 26), não somente ajudaram os demais, como também se alegraram com a perda de seus bens (10:34). Contudo, o quadro positivo de ajuda e consciência escatológica parece não ter perdurado. O conteúdo das exortações (2:1-3; 3:7-15; 4:1; 5:11-14; 12:3) e o fato de alguns leitores haverem deixado de se reunir (10:25) reforçam o abatimento da comunidade. Não nos é dita a razão do abandono das reuniões, mas é possível concluir que seja a perseguição (12:3), a displicência (6:12), o desânimo (12:3), uma combinação desses elementos ou todos eles juntos. Em suma, o primeiro elemento contextual de Hebreus é o *desânimo da comunidade*.

No capítulo 13, encontramos a declaração contextual que sugere que os leitores tinham uma relação equivocada com o mundo do templo: "Não se deixem levar pelos diversos ensinos estranhos. *É bom que o nosso coração seja fortalecido pela graça, e não por alimentos cerimoniais*, os quais não têm valor para aqueles que os comem" (v. 9). Essa busca por força no lugar errado justifica muito da argumentação do livro.

O ESCÂNDALO DO TEMPLO-PRESENÇA NO NOVO TESTAMENTO

Observe que a tônica do versículo é corretiva. Isso é sugerido pela dupla presença do "não" em "*não* se deixem" e em "*não* por alimentos". Além disso, as declarações negativas cercam paralelamente a asserção "É bom que o nosso coração seja fortalecido pela graça". Ou seja, há um erro a ser corrigido que envolve alimentos cerimoniais. Compreender a natureza desses alimentos é, então, fundamental.

Podemos assegurar que não se trata da proibição legalista ou imatura do consumo de certos alimentos, tópico muito comum no Novo Testamento (cf. Romanos 14; 1Coríntios 8–10; 1Timóteo 4:3), mas de alimentos consumidos (13:10) e tomados como *meios* de graça e força espiritual. Por causa das figuras usadas pelo autor, esses alimentos estão ligados aos sacrifícios realizados em e/ou dependentes de Jerusalém. As possibilidades são a Páscoa ou os sacrifícios pacíficos. O ponto incontestável é que há uma "comida de Jerusalém" que era consumida como eficaz para o *coração* — equívoco corrigido nos capítulos anteriores.

Ampliando o horizonte e tomando o capítulo 13 como um todo, temos os versículos 10-16 como o centro da passagem. A declaração "possuímos um altar *fora* de Jerusalém" (v. 10,11) sintetiza bem o parágrafo. O objetivo da argumentação é claro: ou os leitores se beneficiam do altar que está *fora* de Jerusalém ou vivem em dependência da cidade, cujos alimentos *não* "fortalecem" nem "confirmam" o coração (v. 9). A argumentação iniciada no versículo 10 pressupõe que o autor, como nos capítulos 8 a 10, tem em mente o que acontecia no dia da expiação (Levítico 16). Dessa forma, nosso olhar é deslocado da oferta e da entrada do santo dos santos enquanto é direcionado enfaticamente para o que acontece *fora* da tenda.

O sacrifício era realizado no arraial; posteriormente, dentro da cidade santa. As carcaças, porém, eram levadas para fora da cidade. O versículo 11 explica: o corpo do animal sacrificado era levado para *fora do acampamento*. A referência a "fora dos muros" aponta para a morte de Cristo no Gólgota, que, por sua vez, corresponde à remoção das carcaças no acampamento.

As metáforas do autor são construídas sobre esse ato, especificamente no fato de serem levadas para fora. A palavra "fora" estabelece a comparação; é o elemento comum ou o ponto de contato. Tudo o que o autor diz nesse

O HABITAT DA MORALIDADE

trecho está de acordo com o que desenvolveu principalmente nos capítulos 8 a 10: Jesus é a nossa oferta. Agora, porém, acrescenta um detalhe importante: foi oferecido *fora* dos muros, *fora* da cidade. A implicação é clara: se Jesus Cristo foi colocado fora dos muros, seus discípulos devem segui-lo. Isso nos leva ao convite-exortação em 13:13: "saiamos para ele [Jesus] fora do acampamento". O contraste é claro, severo, chocante e com potencial de escândalo: quem serve no templo não serve no nosso altar. São duas realidades mutuamente excludentes.

O convite-exortação a "sair de Jerusalém" trata-se, positivamente, de um convite ao encontro com Cristo. Essa é uma constante em toda a carta. Em 2:1, os leitores são exortados a ouvir com atenção a mensagem que começou com Cristo; em 3:1, a olhar com atenção para Cristo; em 4:14-16, a se aproximarem do trono por meio de Cristo, nosso sumo sacerdote. Essa aproximação implica vitupério, vergonha e rejeição (v. 13 – ὀνειδισμός). Assim como Jesus Cristo saiu e deixou a segurança e a congenialidade das coisas sagradas, sendo, por isso, reprovado, da mesma forma os leitores deveriam deixar o acampamento e assumir, como Jesus, o vitupério.

Ao que parece, os leitores buscavam evitar as implicações vergonhosas de assumirem uma identidade cristã e/ou de deixarem a "vida no templo". A "comida de Jerusalém" parecia ser uma opção mais confortável, menos vergonhosa. Se o *desânimo* foi colocado como primeiro elemento contextual, o *medo* da humilhação (13:13) e da morte (2:15) aparece como outro elemento no desenvolvimento do quadro contextual.

A exortação para "prosseguir na perfeição" (6:1)[49] tem seu aspecto *negativo* nas duas orações gramaticais que a cercam: "deixemos os ensinos elementares a respeito de Cristo" e "sem lançar novamente o fundamento". Se entendermos "fundamento"[50] como uma referência a elementos da religião do Antigo Testamento, o autor revela não somente uma tensão de alianças, mas uma tendência sincrética, apontada na declaração: "Nós temos um altar do qual não têm direito de comer os que ministram no tabernáculo"

---

[49] Para uma argumentação sobre a preferência de "perfeição" à "maturidade" como tradução para o grego τελειότης (*teleiotés*), e "na" em lugar de "para" para a preposição grega ἐπί (*epi*), veja Monteiro, 2018, p. 105-29, 156-8.

[50] Para uma argumentação de que o fundamento é judaico, veja Monteiro, 2018, p. 150-6.

(13:10). Ou seja, há dois "altares" mutuamente excludentes. Eles precisavam deixar Jerusalém.

O convite-exortação para "sair de Jerusalém" significa independência de Jerusalém (v. 14) e de suas implicações litúrgicas. Os leitores olhavam para trás enquanto sua cidade estava à frente. Parece que os leitores tinham uma vida dependente de Jerusalém. Isso não implica que estivessem fisicamente na cidade, mas que dependiam, ou estavam sendo levados a depender, da liturgia do templo. O autor os lembra de que as ofertas das quais Deus se agrada (louvor, repartir com as pessoas) se dão por meio de Jesus (v. 15), o novo sumo sacerdote.

Aqui está, pois, o problema ou a situação: diante do cansaço do sofrimento repetitivo causado pela perseguição (10:32-37) e pelas provações (12:3), os leitores achavam que encontrariam forças para lidar com o desânimo e medo nos alimentos da liturgia judaica. A comunidade original buscou força em uma fonte que não o Senhor Jesus ou o trono da graça e da misericórdia (4:16).

A polêmica em torno dos sacrifícios teria sua explicação somente no uso, na atitude ou na compreensão inapropriados? Creio que não. A ideia em 13:10 de que os altares se anulam revela que o problema ia além do simples uso equivocado. Trata-se da impossibilidade de fusão, o velho sincretismo.[51] Assim, temos três elementos contextuais importantes: desânimo, medo e sincretismo como solução.

Até aqui, observamos que o autor aos hebreus desenvolve uma argumentação contrastiva, em que Cristo é exaltado quando instituições,

---

[51] "O autor não está defendendo que Deus abandou o povo judeu, mas sim o abandono dos meios obscuros pelos quais o povo de Deus se aproximou dele. É aqui que podemos falar de um *supersessionismo qualificado*. De acordo com o autor de Hebreus, o sacerdócio levítico, a aliança mosaica e os sacrifícios levíticos foram substituídos pelo sacerdócio de Jesus, pela nova aliança e pelo sacrifício definitivo de Jesus" (Kim, 2016, p. 202). Sobre *supersessionismo*, fico com as palavras de David Novak (em Bird; McKnight, 2023, p. 65-6): "Parece-me que o cristianismo deve ser genericamente supersessionista. Na verdade, questiono a ortodoxia cristã de qualquer cristão que afirma não ser supersessionista. A razão da minha suspeita é a seguinte: se o cristianismo não veio ao mundo para trazer algo melhor do que aquilo que o judaísmo não trouxe ou não poderia trazer, então, por que alguém que deseja um relacionamento concreto com o Deus de Abraão, Isaque e Jacó – e seus descendentes – não deveria permanecer no judaísmo normativo ou se converter a ele? [...] E os judeus têm aceitado convertidos muito antes de a igreja existir, então, ninguém precisa olhar para o cristianismo como um judaísmo para gentios. Os gentios podem obter o judaísmo diretamente dos judeus. Como tal, os cristãos devem acreditar que estão a oferecer ao mundo algo melhor, caso contrário, por que não permanecerem judeus ou se tornarem judeus?".

personagens e eventos que apontavam para ele tomam seu lugar devido: são tipos que "morreram" com a chegada do antítipo. Toda essa argumentação foi fomentada por uma realidade contextual: o desânimo que levou os leitores a buscarem força fora de Cristo. O autor, pois, quer mostrar que ajuda e força só podem ser encontradas no acesso fornecido por Jesus em sua morte.

As exortações e advertências

Saindo da questão contextual, vamos a um terceiro elemento, que une a *argumentação* contrastiva e o *contexto* de desânimo, medo e sincretismo como solução. Refiro-me aos cinco blocos de exortações e advertências.[52] Na relação entre os três, as exortações se destacam. Elas tanto informam algo sobre o contexto como encontram sustento na argumentação. Possivelmente o contexto (situação de desânimo) gerou a necessidade de exortação, que, por sua vez, carece de uma fundamentação teológica encontrada na argumentação ou instrução. Como bem defende G. Guthrie: "O material expositivo serve ao propósito exortativo de toda a obra".[53] Ou seja, o autor ensina e/ou argumenta para exortar e promover mudança.

Diante disso, a questão é: o que as exortações dizem? Basicamente, elas direcionam o olhar e a atenção do leitor para a obra superior de Cristo. O *ouvir* Cristo (2:1), por exemplo, vem de sua superioridade em relação aos anjos (1:5-14), o meio usado por Deus para trazer a lei. Diante do fato de que Cristo, por sua encarnação, seus sofrimentos e sua morte, é capaz de nos socorrer e levar à glória (2:10-18), o autor conclui que seus leitores deveriam dedicar seus pensamentos a ele (3:1). Ou ainda, a superioridade de Jesus em relação a Moisés – que, mesmo sendo fiel, não levou seu povo ao descanso – leva o autor a chamar seus leitores a se *aproximarem do trono de graça* (4:14-16), exortação repetida em 10:19ss. Diante da superioridade do sacerdócio de Cristo, a solução proposta é "caminhar na perfeição" (6:1); ou seja, desfrutar as bênçãos da aliança superior. Enfim, todas as exortações visam levar os leitores a Cristo.

---

[52] Hebreus 2:1-4; 3:1–4:16; 5:11–6:12; 10:19-32; 12:25-29.
[53] Guthrie, George H. *The structure of Hebrews*. Grand Rapids: Baker, 1994, p. 143.

O ESCÂNDALO DO TEMPLO-PRESENÇA NO NOVO TESTAMENTO

Ainda que todas as exortações contenham a mesma tônica temática, cada uma tem suas facetas próprias. Uma, em especial, chama a atenção e tem relação direta com o tema do templo: "aproximem-se". O destaque dessa exortação fica por conta da *repetição* (4:16; 10:22; 13:13); do lugar que ocupa no texto, uma vez que as duas primeiras ocorrências cercam, como uma moldura, toda a argumentação sobre o sacerdócio e o templo);[54] da relação próxima e direta com o tema teológico do aperfeiçoamento, que envolve a qualificação do crente a se aproximar de Deus (tema de destaque em Hebreus); e, por último, da *semântica do verbo*.

Sobre o último ponto, a questão é que, embora o vocábulo "aproximar- -se" não apareça com tanta frequência no livro, outros do mesmo campo se- mântico perpassam a obra, reforçando a importância do termo. Dessa forma, a imagem de *movimento* permeia o livro. Seguem exemplos importantes:

1. Cristo tinha como missão *levar* muitos filhos para a glória (2:10) e lhes deu, como sacerdote perfeito, todas as condições de se apro- ximarem do trono, do santo dos santos e da presença (4:16; 10:19).

---

[54]Gráfico de *Caminhando na perfeição* (Monteiro, 2018, p. 76-7) que explicita as duas pontas da in- clusão:

Hebreus 4:14-16	Hebreus 10:19-25
Ἔχοντες οὖν Tendo, portanto	Ἔχοντες οὖν Tendo, portanto
ἀρχιερέα μέγαν grande sumo sacerdote	ἱερέα μέγαν grande sacerdote
διεληλυθότα τοὺς οὐρανούς adentrou os céus	διὰ τοῦ καταπετάσματος através do véu
Ἰησοῦν Jesus	Ἰησοῦ Jesus
τοῦ θεοῦ, de Deus	τοῦ θεοῦ de Deus
κρατῶμεν τῆς ὁμολογίας mantenhamos a confissão	κατέχωμεν τὴν ὁμολογίαν mantenhamos a confissão
προσερχώμεθα οὖν μετὰ aproximemos com	προσερχώμεθα μετὰ aproximemos com
Παρρησίας ousadia	Παρρησίαν ousadia
εἰς εὔκαιρον βοήθειαν para obter ajuda em tempo oportuno	εἰς τὴν εἴσοδον τῶν ἁγίων para o acesso ao santo dos santos

O HABITAT DA MORALIDADE

2. O título dado a Cristo em 2:10, ἀρχηγός (*archēgon*), traduzido por "autor" (NVI, ARA, NAA, TB, NBV, A21), "príncipe" (ACF, ARC), "guia" (NTLH) ou "líder" (NVT), tem a ideia de movimento.[55] "Pioneiro" ou "iniciador" seriam vocábulos que transmitiriam a intenção autoral.

3. No capítulo 12, em contraste com o Sinai, os leitores *chegaram* ao monte Sião. O ambiente de terror foi substituído por festa, e a distância, por *aproximação*.

4. Em 13:13, os leitores são exortados a "sair" da cidade. Essa *saída* tem, como destino, Cristo.[56] Essa é uma ideia de aproximação que destaca o que deve ser deixado. Em outras palavras, *aproximar-se* de Cristo envolve *deixar* a cidade.

5. Jesus "assentou-se à direita" (1:3; 8:1; 10:12; 12:2). Em suma, Cristo encarnou (desceu) e depois assentou (subiu), dando aos filhos de Deus condições de se aproximarem do trono da graça, levando-os para a glória (2:10), até a nova Jerusalém (12:22) e a ele mesmo (12:24, 13:13).

Em 13:13, lemos: "Portanto,[57] saiamos até ele, fora do acampamento, suportando a desonra que ele suportou". Assim como Jesus Cristo saiu e deixou a segurança, a congenialidade das coisas sagradas, sendo reprovado, os leitores, da mesma forma, também deveriam deixar o acampamento, assumindo, como ele, o vitupério. Aproximar-se de Cristo envolve "vergonha".[58] Ir até ele envolve um caminho de reprovações, calúnias, humilhações.[59] Seria um equivalente a "tomar a cruz".[60] Aqui temos um motivo para o distanciamento: os leitores haviam encontrado na religiosidade centrada no templo um *lugar de conforto*. O que o autor aos hebreus está afirmando, porém, é que o templo em Jerusalém não é o mesmo que presença de Deus.

---

[55]Guthrie, 1998, p. 107.

[56]πρὸς αὐτὸν, *pros auton*, "para ele".

[57]Τοίνυν (*toinyn*, "portanto"). Trata-se de uma partícula incomum no Novo Testamento.

[58]ὀνειδισμός (oneidismos). Segundo Louw, J. P., & Nida, E. A. (Louw, J. P.; Nida, E. A. Greek-English lexicon of the New Testament: based on semantic domains. 2. ed. Minneapolis: Fortress, 1996, v. 1. Ed. eletrônica, p. 432), *oneidismos* significa "falar de alguém com desprezo, de uma forma que não se justifica — 'insultar, insulto'". Mc 15:32 diz: "desça agora da cruz o Cristo, o rei de Israel, para que vejamos e creiamos. Também os que com ele foram crucificados o *insultavam*" (ARA).

[59]A palavra "acampamento", no versículo, pode ser uma referência à religião judaica, mas também transmite uma ideia de "segurança".

[60]Attridge, Harold W. *To the Hebrews*. Philadelphia: Fortress Press, 1989, p. 399.

O ESCÂNDALO DO TEMPLO-PRESENÇA NO NOVO TESTAMENTO

(1) Jerusalém perdeu todo o significado redentor para os cristãos porque ele [Jesus] realizou o sacrifício definitivo pelo pecado fora dos muros da cidade [...] (2) Jerusalém perdeu todo o significado escatológico para os cristãos porque ela compartilha da inconstância que caracteriza todas as cidades humanas. Permanência, estabilidade e cumprimento escatológico serão encontrados somente no fim da peregrinação, na futura cidade celestial de Deus.[61]

E a ética? Onde fica? Em primeiro lugar, é necessário reconhecer a afinidade entre as exortações para se *aproximar* de Deus, que é o tema da presença, com o discipulado, a escatologia e a ética. Em Hebreus 13, adoração, discipulado, escatologia e ética se unem. Somos chamados a Deus (adoração), entendendo que o caminho é marcado por obstáculos (discipulado). O que nos capacita a continuar é entender que desejamos uma cidade que, mesmo *já* tendo chegado a ela (12:22), *ainda* aguardamos por sua consumação (escatologia). Em 10:19-25, depois de convidar seus leitores a se aproximarem de Deus, o autor diz "E consideremos uns aos outros". Em Hebreus 13, encontramos a mesma dinâmica. O convite de ir a Jesus em 13:13 é repetido no versículo 15, usando a terminologia dos sacrifícios. O ato de oferecer sacrifício (adoração) é explicado[62] com a expressão "que é fruto de lábios que confessam o seu nome". A ordem de os leitores não se esquecerem de fazer o bem (ética) não está separada da adoração. A repetição da palavra "sacrifício", no versículo 16, revela que o autor está no mesmo tópico.

Em Hebreus, como em Gênesis, a ética é tanto um subproduto como uma manifestação da adoração.

Subproduto, porque é no encontro que obtemos *força* para perseverar. Somos convocados a nos aproximar porque é diante do trono que encontramos graça e misericórdia, bem como auxílio (Hebreus 4:16; cf. 13:9). Nossa perseverança é fruto de sermos *casa* (3:6) e *participantes* de Cristo (3:14).[63]*Manifestação*, porque "fazer o bem" é um sacrifício que agrada

---

[61]De Young em Lane, William L. *Hebrews 9–13. Word Biblical Commentary*. Dallas: Word Books, 1991. vol. 47b, p. 547-8.

[62]τοῦτ᾽ ἔστιν.

[63]As condicionais em 3:6,14 focalizam Cristo mais do que seus participantes. Não é tanto se devo perseverar (isso é óbvio), mas que, se estou sob Cristo, certamente continuarei. Para uma argumentação mais completa, veja Monteiro, 2018, p. 72-4.

O HABITAT DA MORALIDADE

a Deus. Isso é reforçado pela estrutura presente no final do capítulo 12 e no início do capítulo 13. Em 12:28, temos a seguinte exortação: "Adoremos a Deus". Em 13:15,16, há um convite semelhante: oferecer sacrifícios. Para Lane, trata-se de uma relação de complementação.[64] Outra possibilidade é ver como uma relação de inclusão. Segundo Walter Kaiser, "a inclusão se refere a uma repetição que marca o início e o fim de uma seção".[65] A inclusão significa que o material contido forma um todo, uma unidade.[66] Assim, a sequência de exortações em 13:1ss (convites éticos) pode ser um detalhamento do que encontramos nas pontas da inclusão. Em outras palavras, o amor fraternal, o cuidado com os necessitados, o leito sem mácula etc. são *manifestações da adoração*. Ética, portanto, é fruto e manifestação de adoração, da presença.

O cansaço é uma certeza na caminhada e pode ameaçar nosso senso quanto ao valor da presença. O intervalo curto entre um sofrimento e outro pode gerar fadiga, desânimo e medo da morte e da inevitável humilhação. Nossa tendência, como a do casal arquetípico, é nos *distanciarmos* do trono. Esse distanciamento, porém, não encontra explicação somente no cansaço, mas no conforto como objetivo de vida. Para uma alma cansada, o bem-estar pode se tornar o desejo único, desviando-a da injúria necessária, ao buscar força *fora* do trono – a verdadeira fórmula da desgraça. Não há vida e força fora da graça e da misericórdia que emanam da presença. É na presença que a vida em plenitude acontece. É o lugar que coloca tudo no lugar. Toda luta argumentativa do autor de Hebreus visa exatamente levar seus leitores ao encontro. O autor sabe que a vida diante de Deus é marcada por força necessária, perseverança e atividade amorosa. Como aprendemos em Gênesis, *o lugar precede a orientação*. Assim, antes de se questionar o que se *deve* fazer, deve-se perguntar *onde* se está. Se a resposta for "diante de Deus", certamente as escolhas serão dignas da alegria e força da presença. Ética é essencialmente a manifestação da vida na presença.

---

[64]Lane, 1991, p. 553.

[65]Kaiser, Walter; Silva, Moisés. *Introdução à hermenêutica bíblica*. São Paulo: Cultura Cristã, 2009, p. 72-3.

[66]Levinsohn, Stephen H. *Discourse features of New Testament Greek*. Dallas: SIL, 2000, p. 277.

CONCLUSÃO

As coisas mudaram – e mudaram para melhor. "Com a vinda de Cristo, o templo torna-se obsoleto como o ponto central do foco da graça divina. Em Cristo, o verdadeiro sacrifício, o céu vem à terra e sua glória enche nosso coração."[67] No Novo Testamento, "o Filho de Deus é anunciado como sendo maior e supremo sobre todas as instituições, práticas e crenças religiosas ligadas aos vários santuários israelitas".[68]

O templo físico perdeu seu valor. A explicação, no entanto, não está nas impurezas de uma liderança corrupta ou na limitação geográfica de sua estrutura. Havia a consciência de que nenhuma estrutura física poderia conter YHWH (1Reis 8; Isaías 66:1-3). A mudança está no fato de que aquele que é maior que o templo veio. O que o templo prometia, Jesus cumpre nele e em seu povo. Os templos apontaram para *o* Templo. A igreja é o templo escatológico.[69]

Tanto em Marcos como em Hebreus, temos o decreto do fim do templo e o estabelecimento de um novo momento. Em Marcos, os três elementos essenciais da piedade (fé, oração e perdão) são advertências – lembretes do *essencial* para encarar a nova realidade que logo iria se impor, o novo

---

[67]Block, Daniel. *Além do rio Quebar*. São Paulo: Cultura Cristã, 2018, p. 239.

[68]Lioy, Dan. *The axis of glory*. New York: Peter Lang, 2010, p. 136.

[69]A relação dos primeiros cristãos [mais especificamente Paulo] com o templo pode ser um obstáculo a declaração inicial deste parágrafo. Para Larry Hurtado (Hurtado, Larry. *Senhor Jesus Cristo*. Santo André; São Paulo: Academia Cristã; Paulus, 2012, p. 265-6, 268), "O autor de Atos claramente não tinha problemas com judeu-cristãos (inclusive Paulo!) que trataram o templo como um local sagrado e apropriado para expressar sua piedade [...] qualquer acusação de Jesus em relação ao templo não precisa indicar uma rejeição total da legitimidade do templo em si, sua ação podia ser muito bem ter algum outro motivo, tal como denunciar os pecados da liderança sacerdotal da época. [...] para a primeira igreja de Jerusalém, o templo era um lugar completamente apropriado para expressar tanto seu compromisso contínuo com o Deus de Israel como suas convicções e responsabilidades como testemunhas do *status* exaltado e alto significado de Jesus".

N. T. Wright (Wright, N. T. *Paulo e a fidelidade de Deus*. São Paulo: Paulus, 2021b, vol. 1, p. 556, 561 n.25) corretamente contrapõe a visão representada por Hurtado: "O que eles [os primeiros cristãos] queriam dizer não era tanto que o templo antigo era corrupto ou maligno, embora os que o administravam pudessem sê-lo, mas precisamente que o único Deus estava fazendo as coisas novas que sempre tinha prometido. Eles se deram melhor vivendo em sobreposição de eras do que alguns dos seus intérpretes em compreender aparentes anomalias. [...] Não devemos ficar surpresos quando, em consequência, os primeiros choques com as autoridades ocorrerem no templo de Jerusalém, depois com os cultos e templos no mundo pagão, e depois novamente em Jerusalém. [...] Não penso que Atos 21, onde Paulo toma parte em práticas oficiais relacionadas à pureza do templo serve como contraexemplo; 'para os judeus, ele se tornava judeu' (1Coríntios 9:20)". F. F. Bruce (2003, p. 337.) também aciona 1Coríntios 9:20 para explicar a visita de Paulo ao templo. Em suas palavras: "Paulo se adaptava aos costumes ou se desvinculava deles, de acordo com as pessoas com quem estava, judeus ou gentios alternadamente tomando os interesses do evangelho como ponto de referência supremo." ▶

templo. A fé que fundamentou as orações diante das palavras de Jesus moveu, em especial, um monte: o monte do templo. Essa substituição de montes precisava ser desejada e vivida com fé e orações, além de corações receptivos, marcados pelo perdão. O monte foi retirado, mas os três elementos ainda são necessários para a vida no templo.

Em Hebreus, somos advertidos de que a nova realidade de acesso direto a Deus, sem um santo lugar entre nós e ele, por mais valiosa que seja (pois foi comprada com sangue inocente), pode ser desperdiçada. Em outras palavras, o caminho para o templo e todos os benefícios inerentes a esse contato podem ser rejeitados. Precisamos, pois, ser lembrados de que temos um altar e que, mesmo que a ida "até ele" envolva humilhação, nosso olhar

----

▶Duas passagens se destacam nessa questão: 1Coríntios 9:19-23 e Atos 21:17-26. Na citação de N. T. Wright, a segunda é interpretada pela primeira. A razão é clara: em 1Coríntios 9 Paulo relativiza a vida sob a Torá e isso tem implicações diretas para sua relação com o templo. A tese de David J. Rudolph (2018) é que "não viver sob a lei" em 1Coríntios 9:19-23 significa que Paulo não vivia mais sob a halaká *farisaica* (não a lei mosaica). Novamente aciono N. T. Wright (2021b, vol. 3, p. 2281): "A mim isso parece fantasticamente improvável em vista das outras vezes em que Paulo usa a expressão "debaixo da lei", especialmente em Gálatas e Romanos. Não temos evidências de que Paulo estava fazendo uso da linguagem em código para fazer uma distinção *dentro do judaísmo* neste ponto".A proposta de Mark Nanos (da mesma escola de Rudolph – Paulo *dentro do Judaísmo*) é que em 1 Coríntios 9:19-23 a expressão "tornei-me" não é o mesmo que "se comportar como"; antes, "raciocinar como" ou "relacionar suas convicções como", "se comunicar como". Assim, ele restringe o comportamento de Paulo ao *discurso* e não a *atos concretos*. Tal conclusão só mostra que 1Coríntios 9:19-23 é muito importante para seu sistema e, ao mesmo tempo, é a pedra no sapato que não permite que seus adeptos deem um passo sequer sem se ferirem. N. T. Wright (2021b, vol. 3, p. 2283-4) novamente: "O Paulo retoricamente adaptável de Nanos não está abrindo mão de nada [a tônica do capítulo 9 de 1Coríntios]. Ele apenas está se comportando como um parceiro de diálogo civilizado ocidental moderno". Certamente Paulo permaneceu na órbita judaica, porém com objetivo evangelístico (1Coríntios 9:20 – *contra* David Rudolph, 2018, p. 288), pagando um preço alto por anunciar o escândalo e a loucura da cruz (2Coríntios 11.24 [açoites dos judeus] e a vara dos gentios [v. 25]).

2Tessalonicenses 2.4 é outro texto a se considerar quando o assunto é a relação do cristão com o templo de Jerusalém. Para muitos, trata-se da passagem mais clara sobre a existência de um templo futuro antes da parusia. As propostas de entendimento são: (1) Uma referência a templo de Jerusalém no futuro (*The First and Second letters to the Thessalonians*. Grand Rapids: Eerdmans, 2009, p. 283); (2) o templo do primeiro século (Gentry, Kenneth L. *O homem da iniquidade*. 2006. Disponível em https://www.monergismo.com/textos/preterismo/homem-iniquidade-pret_gentry.pdf. Acesso em: 01 ago. 2023.); (3) A igreja mundial (Calvin, John. *Commentary on Second Epistle to the Thessalonians*. Grand Rapids: Baker, 1979, p. 330,331; Beale, 2021, p. 279-303), (4) nenhum templo específico, mas uma declaração metafórica que expressão oposição a Deus (Marshall, I. Howard. *1 e 2Tessalonicenses*. São Paulo: Vida Nova, 1984, p. 226;Stott, John. *The message of 1 e 2 Thessalonians*. Downers Grove: IVP, 1991, p. 170). Para as duas últimas propostas, o "assentar-se" seria semelhante as palavras de Jesus sobre os fariseus que "se assentam na cadeira de Moisés" (Mateus 23:2) ou uma linguagem comum na literatura apocalíptica (Apocalipse 17:1). As palavras de Nijay Gupta (Gupta, Nijay K. *1-2 Thessalonians*. Eugene: Cascade, 2016, p. 134) reforçam a quarta proposta e representam meu julgamento: "Dada a natureza carregada de metáforas de toda esta seção (2:3-12), devemos ter cuidado para não pressionar por muitos detalhes. Paulo não está tentando descobrir os detalhes específicos para os tessalonicenses, mas informá-los sobre uma grande linha divisória entre os ímpios e os justos, e que haverá uma grande rebelião onde o Iníquo tentará destronar o próprio Deus". Ou seja, não há nada no texto que nos diga algo sobre a relação do cristão com o templo.

O ESCÂNDALO DO TEMPLO-PRESENÇA NO NOVO TESTAMENTO

e nossos desejos não estão limitados ao presente, mas, antes, estão voltados para o futuro e para o próximo. Esse é o tipo de sacrifício do qual Deus
se agrada. Em Hebreus, adoração, discipulado, escatologia e ética andam
juntos. Ai de nós se destruirmos tão grandiosa amizade!

Segunda parte

Capítulo 5

O TEMPLO FALA: DO SÍMBOLO AOS PRINCÍPIOS

> Tornei-me judeu para os judeus, a fim de ganhar os judeus. Para os que estão debaixo da lei, tornei-me como se estivesse sujeito à lei, (embora eu mesmo não esteja debaixo da lei), a fim de ganhar os que estão debaixo da lei. Para os que estão sem lei, tornei-me como sem lei (embora não esteja livre da lei de Deus, mas sim sob a lei de Cristo), a fim de ganhar os que não têm a lei.
>
> **1Coríntios 9.20,21**

ESTAMOS E SOMOS O TEMPLO EM AMPLIAÇÃO. Desfrutamos a presença de Deus. Nenhuma instrução que o povo de Deus recebeu ao longo de sua existência pode ignorar essa complexa realidade. O mundo como espaço sagrado é o contexto que explica nossa condição de filhos e reis – a *imagem* dentro do templo –, formando o habitat em que as instruções (a ampliação do templo) ganham sentido, cor, sabor, valor e força em uma relação de interdependência progressiva, em que o lugar explica os atores, os quais lançam luz às instruções.

O que fazer com as informações acima? Quais são as aplicações dessa realidade? Na Segunda Parte deste livro, vamos extrair, da realidade do templo em ampliação, implicações teológicas que explicam melhor a dinâmica da ética bíblica, respondendo a questionamentos como: O que muda quando contextualizamos as orientações quanto à temática do templo? O que acontece quando as orientações se encaixam no templo? O que o templo como princípio (Gênesis) e fim (Apocalipse) nos diz sobre como viver? Cada capítulo da Segunda Parte traz uma proposição ético-teológica; princípios extraídos da realidade do templo. Tomando a metáfora da densidade, apresentada na Introdução, em cada capítulo apresentarei um elemento que creio ser sólido na ética.

Você, talvez, já tenha testemunhado pregadores saltando do texto bíblico diretamente para as aplicações, deixando para os ouvintes a árdua tarefa de encontrar o elo perdido. O processo de transformar textos e temas bíblicos em proposições teológicas – o que faremos na Segunda Parte do livro – pode correr o mesmo risco. Por essa razão, a primeira parte dos capítulos a seguir serão dedicadas a lembrar o leitor das relações estabelecidas, e argumentar que a relação entre o tema do templo e as proposições recomendadas é estreita e, portanto, justificada.

É óbvio, mas não custa lembrar, que a justificação das proposições não é exaustiva nem em quantidade nem em seu potencial de desdobramento.

Neste capítulo-introdução, apresentamos as razões das aplicações e/ou proposições que compõem os próximos. O objetivo é justificar esse movimento hermenêutico que parte do mundo simbólico (o habitat sagrado) para os princípios. Não basta fazer exegese? Não seria suficiente acionar uma lei ou um material exortativo? Não. Seja em qual gênero literário for, até mesmo as leis, a Bíblia nos convida a preencher o sentido com meditação e sabedoria. Quanto mais genérica for a informação, mais nós somos autorizados e convocados a preencher. Do Antigo ao Novo Testamento, há um movimento de conteúdo, segundo o qual princípios, paradigmas e conceitos gerais falam mais alto do que regras específicas. Ou seja, há maior exigência no processo de "preenchimento das lacunas". Aqui, desejo levar o leitor a apreciar esse movimento.

DO TEMPLO AOS PRINCÍPIOS: OS MODOS DE HAYS

Segundo Richard Hays, podemos reconhecer quatro modelos de apelo ao texto bíblico em argumentações éticas.[1] Denominaremos esses modelos de "Modos de Hays". São eles:

1. *Regras*: mandamentos diretos ou proibições de comportamentos específicos (p. ex., proibição de divórcio);

---

[1] Hays, Richard B. *The moral vision of the New Testament*. New York: HarperCollins, 1996, p. 293.

O TEMPLO FALA: DO SÍMBOLO AOS PRINCÍPIOS

2. *Princípios*: estruturas gerais de consideração moral que governam decisões específicas (p. ex., ligação entre Levítico 19:18 e Deuteronômio 6:4,5, formando o mandamento duplo em Mateus 22:37-40);

3. *Paradigmas*: histórias ou relatos resumidos de personagens que modelam conduta (p. ex., Jesus como ideal, Paulo como exemplo; Ananias e Safira como referências negativas);

4. *Um mundo simbólico*: categorias perceptivas por meio das quais se interpreta a realidade (p. ex., Mateus 5:43-48 caracteriza Deus a fim de estabelecer uma estrutura para o discipulado).

A conclusão de Hays é que "a presença desses modos de discurso no Novo Testamento sugere que todos são potencialmente legítimos para nossa própria reflexão normativa".[2] Ou seja, os autores bíblicos nos autorizam a "fazer ética" de acordo com os modelos reconhecidos. Hays diz ainda: "Devemos nos proteger contra o hábito de ler os textos éticos do Novo Testamento de uma *única* maneira".[3] Precisamos respeitar os gêneros, pois a autoridade da Palavra não está somente no *conteúdo*, mas também na *forma*. Não podemos transformar, por exemplo, a narrativa em lei, nem as regras em princípios. O contrário, porém, é possível: podemos extrair princípios de um mundo simbólico, ou uma regra de um princípio.

Há ainda outro problema potencial: uma leitura reducionista, segundo a qual tudo passa a ser lei ou princípio. Segundo Richard N. Longenecker, quando reduzimos a ética a princípios, corremos riscos que maculam a ética bíblica. Em suas palavras:

Os problemas com esta abordagem [...] são numerosos, embora sua intensidade varie consideravelmente, dependendo da habilidade e da sensibilidade de cada intérprete. Dois grandes problemas em particular tendem a ocorrer: (1) na busca por princípios universais, é muito fácil transformar a teologia bíblica em filosofia, sendo Jesus Cristo ouvido apenas como eco de Sócrates; (2) a ética cristã, muitas vezes, torna-se uma subcategoria da lei natural, com o imperativo moral da vida

---

[2]Hays, 1996, p. 209.
[3]Hays, 1996, p. 294.

O HABITAT DA MORALIDADE

enraizado no próprio ser humano e a razão humana vista como o principal guia para os julgamentos morais.[4]

As palavras de R. N. Longenecker fazem sentido quando entendemos que esses princípios são subjacentes aos relatos do Novo Testamento. Ou seja, o intérprete estará sempre em busca de algo por trás do texto bíblico, sacrificando declarações de ordem prática.

E se reduzirmos a ética a ordens? R. N. Longenecker nos ajuda novamente, apresentando dois problemas:

> (1) Tal abordagem não cria seres morais, mas apenas controla as piores características do comportamento não moral; (2) as leis exigem um conjunto de interpretações orais ou escritas para explicá-las e aplicá-las em novas situações. Infelizmente, a história revela que, quando uma tradição de autoridade acompanhante entra em jogo a fim de relacionar as Escrituras, como um conjunto de leis, a situações contemporâneas, muitas vezes a tradição tem precedência sobre as Escrituras – como testemunham, por exemplo, as codificações rabínicas, a lei eclesiástica católica romana e as muitas expressões cultuais protestantes da fé cristã.[5]

Os frutos de uma confusão nos tipos textuais são amargos. A solução passa obrigatoriamente pela necessidade de ver os Modos de Hays como nuances de uma grande complexidade. Eles não podem ser tomados isoladamente. As *regras* carecem de um *mundo simbólico* (p. ex., Deus é nosso Pai), assim como os *paradigmas* são excelentes "encarnações" dos *princípios* e *regras*, auxiliando-nos, assim, a melhor apreendê-los.

Vimos no capítulo 1 que não podemos olhar somente para as orientações; precisamos olhar ao redor. *Quem* está falando? Para *quem*? *Onde* estão e para onde estão indo? Essas são as perguntas orientadoras que nos levam para uma vida diante de Deus, como filhos, adoradores e vocacionados (cooperadores e corregentes). Sem reconhecer esse habitat (ou, nas palavras de Hays, esse "mundo simbólico"), as instruções bíblicas ficam soltas, empobrecidas

---

[4]Longenecker, Richard N. *New Testament social ethics for today*. Grand Rapids: Eerdmans, 1984, p. 5.
[5]Longenecker, 1984, p. 3.

138

O TEMPLO FALA: DO SÍMBOLO AOS PRINCÍPIOS

e perdidas; de um lado, prontas para ser *multiplicadas* em pormenores pelos aficionados por regras e controle; de outro, *reduzidas* a princípios gerais sem senso histórico e, por isso, de aplicabilidade tendenciosa.

Esta obra, a princípio, se encaixa no quarto modelo, o do mundo simbólico, uma vez que tomamos o templo como uma categoria perceptiva por meio da qual interpretamos a realidade. Tento, aqui, resgatar ou, em alguns casos, amadurecer o mundo simbólico do templo. No entanto, o livro também toca no modelo dos princípios. Quero extrair princípios tanto de textos como do amplo tema teológico, oriundo dos textos e no qual os textos se ancoram: o lugar sagrado.

Não estou negligenciando nem rejeitando os outros dois modos, pois, mesmo que pontualmente, eles serão levados em consideração. O que quero, na realidade, é enfatizar os modos que entendo como os mais importantes – por serem mais amplos e fornecerem um contexto ou horizonte para os outros, bem como por apresentarem grande poder de desdobramentos – e, ao mesmo tempo, mais esquecidos no imaginário ético cristão.

Quanto ao primeiro ponto, o de ampliar os pontos que julgo importante, a ilustração do "ajuste de volume de alto-falantes" que N. T. Wright[6] aplica aos Evangelhos pode ser útil aqui. Os Modos de Hays são como quatro alto-falantes que precisam ser equalizados. Nesta obra, tento aumentar o volume do mundo simbólico e dos princípios, enquanto reduzo o alto-falante estourado das regras. Creio que esse é o movimento que o Novo Testamento faz.

Em relação à segunda consideração, de que pontos importantes são esquecidos em face da pobreza do imaginário ético do cristão comum, um dos caminhos consiste em objetar que essa é uma avaliação limitada a uma bolha social que promove guerra contra "moinhos de vento". É possível e até mesmo provável que seja. No entanto, existem formas de sair da bolha ou de ampliá-la. Uma delas é acompanhar o mundo editorial e o que as pessoas leem. Quando sondamos as obras sobre ética, publicadas nas maiores editoras evangélicas brasileiras, encontramos os livros *introdutórios*; os que lidam com temas *específicos* (p. ex., papel do Estado, bioética,

---

[6]Wright, N. T. *Como Deus se tornou rei*. Rio de Janeiro: Thomas Nelson Brasil, 2019, p. 79-80.

aborto, ética ministerial, genocídio, tecnologia, trabalho, sexo, racismo, masculinidade, feminilidade, dinheiro, vida piedosa, guerra, amor); os livros que analisam textos bíblicos específicos (p. ex., o Sermão do Monte ou os Dez Mandamentos); e os livros que seguem uma abordagem mais filosófica e/ou apologética. Nessas obras, a leitura simbólica é até presente, porém como coadjuvante. Seria interessante trazê-la para o palco e deixá-la ser vista e ouvida.

DO TEMPLO AOS PRINCÍPIOS: AS RAZÕES DO MOVIMENTO HERMENÊUTICO

Paulo, nosso modelo

É necessário apresentar as razões não somente para enfatizar o mundo simbólico do lugar sagrado e os princípios, mas também para justificar o movimento hermenêutico que vai do símbolo aos princípios. A primeira e principal razão é que esse foi o procedimento de Paulo. Em 1Coríntios 6:18,19, vemos, por exemplo, que o apelo para os irmãos fugirem da imoralidade estava ancorado na realidade simbólica de que nosso corpo é santuário do Espírito Santo. A questão é se podemos repetir o movimento de Paulo em outras questões, ou se devemos ficar somente com as conclusões paulinas. As respostas estão longe da unanimidade, pois tocam na complexa temática do uso do Antigo Testamento pelo Novo Testamento.

De um lado, temos John Walton:

> O Novo Testamento não nos instrui sobre como devemos interpretar o Antigo Testamento [...] Os autores do Novo Testamento usam os métodos dos seus dias, mas o uso desses métodos não os legitima. [...] A razão para não imitarmos os métodos dos autores do Novo Testamento nessas áreas [uso da literatura helenística, a escolha da versão (e.g., LXX, TM), intenção autoral ou análise exegética, identificação de cumprimento e de Cristo no AT...] é porque não há suficiente controle para assegurar os resultados. [...] A autoridade das declarações de Paulo não deriva de sua hermenêutica, mas de sua inspiração apostólica.[7]

----
[7] Walton, John H.; Walton, J. Harvey. *The lost world of the Torah*. Downers Grove: IVP, 2019, p. 128, 30-1.

O TEMPLO FALA: DO SÍMBOLO AOS PRINCÍPIOS

Do outro lado do espectro, temos Abner Chou. Para ele: "A hermenêutica literal-histórica-gramatical não é uma formulação moderna, mas a forma de os escritores bíblicos lerem as Escrituras".[8]

De um lado, somos desautorizados a apelar para a autoridade da metodologia apostólica; do outro, somos incentivados a reproduzi-la. Para esse último, os escritores bíblicos podem ser vistos como professores de interpretação; para os primeiros, o mais importante não é o movimento interpretativo, mas a inspiração, que garante a sobrevivência ao uso de determinado método.

Ao posicionar essas opiniões nos extremos do espectro interpretativo, deixo subentendido que não são as melhores propostas. Minha resistência à ideia de Chou, por exemplo, está no fato de as conclusões dos autores neotestamentários não serem construídas apenas pela metodologia. Os textos do Antigo Testamento e o método não são os únicos ingredientes de suas argumentações. Sozinhos, esses dois elementos não os teriam levado às conclusões que conhecemos. Dito de outra forma, os autores bíblicos e seus textos não teriam visto Jesus como o Cristo meramente ao tomar o texto e aplicar o método interpretativo histórico-gramatical. O evento Cristo é, sem dúvida, um ingrediente novo que fez toda a diferença na lida com o Antigo Testamento. Isso traz uma "singularidade interpretativa" que me aproxima da declaração de John Walton.

Em seu clássico sobre tipologia, Leonhard Goppelt explica:

O testemunho da Escritura encontra-se oculto na sinagoga (2Coríntios 3:13-15). O mesmo não será revelado pelo uso de uma hermenêutica melhor, mas apenas mediante conhecimento de Cristo. O "véu" é retirado "quando algum deles se converte ao Senhor" (2Coríntios 3:16). Existe um jogo dialético nisso tudo, porque Cristo abre o significado da Escritura, e esta, por sua vez, revela a importância de Cristo. Esse movimento resulta em uma confrontação com Cristo. Foi somente depois de Damasco que Paulo passou a não mais enxergar a Escritura, primariamente, como lei, e sim como uma testemunha da história da redenção que conduz a Cristo.[9]

---

[8] Chou, 2018, p. 23.
[9] Goppelt, Leonhard. *Tipologia*. São Paulo: Fonte, 2021, p. 232-3.

Minha resistência à proposta representada por John Walton está no fato de os autores do Novo Testamento revelarem grandes dependência e respeito pelo Antigo Testamento, manifestando um claro interesse de sustentar uma *continuidade* entre seus escritos com os que os precederam.

Essa tensão entre *novidade* e *continuidade* é perfeitamente abordada por Richard Hays: "Paulo insistia que sua mensagem era uma continuidade da Escritura e, ao mesmo tempo, igualmente insistia que seu evangelho era radicalmente novo, uma revelação que exigia a reavaliação de tudo que havia vivido".[10]

No gráfico a seguir, sistematizo as diferentes opiniões dentro do espectro interpretativo, tendo, à esquerda, a visão mais *resistente* à replicação do método apostólico de interpretação das Escrituras, e, à direita, a visão que toma o conteúdo da revelação como *padrão*.

Resistente "O Novo Testamento não nos instrui sobre como devemos interpretar o Antigo Testamento...". *John Walton*	**NOVIDADE** Vinda do Messias. Novas revelações.	**CONTINUIDADE** Argumentação. Continuidade.	**Resistente** "A hermenêutica literal-histórico-gramatical não é uma formulação moderna, mas a forma que os escritores bíblicos leram as Escrituras." *Abner Chou*

Inúmeros estudiosos mostraram que o uso do AT no NT não era, em nada, irresponsável. G. K. Beale propôs a "visão periférica cognitiva";[11] em C. H. Dodd, temos o "amadurecimento lógico" ou "crescimento orgânico";[12]

---

[10]Hays, 1989, p. 123.

[11]Em suas palavras: "Ao fazermos afirmações sobre qualquer assunto, temos em foco o significado direto, mas esse significado é complexo e *pode ser ampliado*. Sua expansão é controlada. Os objetos contemplados pela visão central de nossos olhos se relacionam com os objetos da visão periférica, à medida que todos fazem parte do mesmo campo geral de visão. [...] Há sempre um campo de significados relacionados que *ampliam* o significado explícito de forma apropriada" (Beale, G. K. *O uso do Antigo Testamento no Novo Testamento e suas implicações*. São Paulo: Vida Nova, 2014, p. 14).

[12]Em suas palavras: "Os escritores do Novo Testamento permanecem em geral fiéis, no uso que fazem do Antigo Testamento, à intenção primária de quem compôs a passagem citada. No entanto – e isto é bastante natural – o sentido preciso que atribuem a um determinado texto raramente coincide com o significado que tinha no seu contexto original. A transposição para uma nova situação acarreta uma certa mudança e quase sempre uma *ampliação do alcance inicial do texto*. [...] Cada caso deve ser examinado individualmente em profundidade. Em linha geral, eu proporia o seguinte modo de proceder: em cada caso, é preciso indagar se o significado que um escritor do Novo Testamento descobriu em um texto do Antigo, à luz dos acontecimentos evangélicos, se insere no pensamento original como sua *evolução orgânica* ou seu *amadurecimento lógico*, ou, ao contrário, se se trata de uma leitura arbitrária que vislumbra no texto um significado que lhe é essencialmente estranho" (Dodd, C. H. *Segundo as Escrituras*. São Paulo: Fonte, 2020, p. 160, 163).

O TEMPLO FALA: DO SÍMBOLO AOS PRINCÍPIOS

E. D. Hirsch fala do "tipo de pretendido",[13] enquanto Polanyi trata do "conhecimento tácito".[14] As palavras de G. K. Beale, reproduzidas em notas anteriores, representam bem esses conceitos: "Será que o autor do AT ficaria surpreso com um *desenvolvimento do seu raciocínio*? Sim, mas, quando refletisse um pouco mais, veria que isso se encaixa em uma revelação progressiva da sua compreensão latente".[15]

Todas essas expressões e conceitos rebuscados são acionados por estudiosos do Novo Testamento, visando, por um lado, respeitar o elemento dinâmico da linguagem e progressivo da revelação; por outro, manter a solidez e a coerência do texto neotestamentário em sua relação com os do AT.

Sobre os usos "questionáveis" que os autores do NT fazem do AT, seguem algumas considerações:

1. Os autores do NT se utilizaram de técnicas judaicas de interpretação. Isso é um fato que poucos contestam. Tal reconhecimento, porém, é o primeiro passo de uma longa caminhada;

2. Adotar um comportamento interpretativo associado a determinada escola não significa necessariamente que o intérprete tenha comprado o "pacote inteiro". A distinção proposta por Moo e Naselli entre "apropriação técnica" e "axiomas hermenêuticos" nos ajuda muito nessa questão. Segundo eles, "os axiomas hermenêuticos são as *convicções básicas* de uma comunidade sobre as Escrituras, sua própria identidade e o movimento de Deus na história".[16] Esses estudiosos reconhecem que nossas conclusões não são construídas somente por métodos, ou que os métodos não são determinantes. Existe um mundo de convicções. Os autores do Novo Testamento tinham crenças distintas que guiavam e julgavam as técnicas. Moo e Naselli acrescentam: "No nível da técnica de apropriação, o NT pode se assemelhar muito

---

[13]Nas palavras de Hirsch: "É possível pretender um *et cetera* sem ter plena consciência dos elementos individuais que pertencem ao conjunto. A aceitabilidade de qualquer candidato a participação no *et cetera* depende inteiramente do tipo do significado pretendido com um todo" (em Beale, 2014, p. 18).

[14]"Ele [Polanyi] diz que conhecimento tácito ou secundário implica que 'sabemos mais do que somos capazes de comunicar. [...] Para Polanyi, o conhecimento tem dois aspectos: o tácito (secundário) e o explícito ou focal" (Beale, 2014, p. 22).

[15]Beale, 2014, p. 47-8.

[16]Em Carson, D. A.; Nelson, Kathleen B. (orgs.). *Este é o nosso Deus*. São Paulo: Cultura Cristã, 2016, p. 716.

O HABITAT DA MORALIDADE

aos métodos judaicos contemporâneos, mas, sob a superfície, as conexões teológicas básicas entre os Testamentos fornecem a matriz de 'validação' para o que parece ser uma exegese arbitrária".

A pergunta permanece: podemos reproduzir a prática interpretativa e/ou aplicativa dos autores do Novo Testamento? Podemos repetir o comportamento de Paulo e extrair *mais* do que ele extraiu em relação ao conceito teológico de templo? Creio que sim. Seguem algumas considerações que visam enriquecer o meu "sim":

1. Quanto ao método, é mais do que óbvio que o nosso distanciamento histórico-cultural e linguístico exige comportamentos metodológicos diferentes. Mas "diferente" não é o mesmo que "completamente diferente" ou "oposto". Essa variedade de realidades entre o mundo dos autores do Novo Testamento e o nosso afeta nosso acesso a determinados recursos (para mais ou para menos) e, por conseguinte, o uso deles.

2. O conteúdo em questão – o templo escatológico – é *latente*. Ou seja, ele guarda em si desdobramentos potenciais. Inúmeras e ricas relações temáticas estão adormecidas *nele*. Ao vê-lo dessa forma, existe, sim, o risco de extrairmos dele mais do que o devido, a ponto de esgarçá-lo. Esse é um fato que não pode ser negado. Porém, o abuso não tolhe o uso. Da mesma forma que podemos ultrapassar os limites, podemos respeitá-los.

3. Reconhecemos ausências significativas em nosso método:
   a. *Não* temos os mesmos "ingredientes interpretativos" de Paulo;
   b. *Não* temos a mesma autoridade dos escritores bíblicos.

ONDE ESTÃO OS MANUAIS?

A despeito de algumas pessoas constantemente classificarem a Escritura como um "manual", não encontramos esse tipo de literatura nela. Tal consideração pode parecer um tipo de preciosismo semântico, mas garanto que não é. Entendo que, em uma comunicação informal, a palavra "manual" pode ser aplicada sem grande problema. Porém, se há uma expectativa por respostas prontas, ou algum tipo de lista de obrigações da vida cristã, ou ainda uma apresentação sistemática de ética, a frustração é garantida. Não encontramos textos dessa natureza nas Escrituras. "Assim como o Novo Testamento[17] *não é um manual* sobre teologia, também não é um compêndio de teoria e prática ética".[18] Simples assim.

Richard Longenecker apresenta da seguinte maneira a visão que toma o Novo Testamento como um livro de leis ou um resumo de códigos para a conduta humana:

Argumenta que Deus deu leis prescritivas na forma de mandamentos e ordenanças que podem ser encontrados tanto no Antigo como no Novo Testamento. Se as pessoas quiserem saber o que fazer, as leis de Deus estarão objetivamente diante delas, em forma escrita, e terão apenas de se referir a elas. Essa foi a abordagem ética do judaísmo rabínico, que chegou à expressão sistemática nas codificações haláquicas da Mishná, da Tosefta, das Gemaras palestinas e babilônicas, das coleções de "ditos" de rabinos antigos, do comentário de Rashi sobre o Talmude, e dos 613 mandamentos de Maimônides. É também a atitude de muitos cristãos fervorosos hoje, quer se concentrem estritamente nos ensinamentos de Jesus ou nas cartas de Paulo, quer tenham em conta todo o Novo Testamento, ou incluam o espectro mais amplo do Antigo e do Novo Testamento.[19]

É importantíssimo entender que, no mundo do primeiro século, manuais não eram uma raridade. Dessa constatação, surge um questionamento de grande peso: por que os autores do Novo Testamento não redigiram manuais? Esse silêncio diz muito sobre o que os autores entendiam sobre ética, e voltaremos a isso em outro momento. Da mesma forma, pode-se questionar se textos neotestamentários como o Sermão do Monte e, pensando no Antigo Testamento, os 613 mandamentos da lei mosaica não poderiam ser considerados "manuais". Desse ponto em diante, vamos nos dedicar a esses dois documentos e aos seus *tipos textuais*.

---

[17]Apesar de as citações focarem no Novo Testamento, entendo que podem ser aplicadas a toda Escritura.

[18]Longenecker, 1984, p. 26.

[19]Longenecker, 1984, p. 2.

A "insuficiência" da Lei mosaica

Se o imperativo é, como muitos pensam, o tempo verbal da ética por excelência, o gênero literário seria, então, a lei. Não é incomum testemunhar estudiosos, a fim de reforçar o caráter incontestável da aplicação ética da lei, lembrando-nos de que determinado texto é um *imperativo*. O mesmo pode ser dito sobre o gênero textual "lei". "Ordens e leis são a espinha dorsal de qualquer sistema ético", pensam alguns. Tudo começa e termina em imperativos e leis. Livros inteiros de ética são estruturados nos Dez Mandamentos, por exemplo.

Caso tomemos isso como pressuposto, não haveria, então, discurso mais sólido do que as leis e seus imperativos. Eles estabeleceriam a estrutura moral e, por conseguinte, seriam a balança da justiça para outros discursos. Se existir algum impulso ético nas narrativas, poesias e profecias, por exemplo, somente a dupla ética do imperativo e da lei poderia validá-lo. Para muitos, a lei é o mundo e o fundamento de toda ética. Todos os demais tipos de textos, portanto, são fonte secundária para construir qualquer entendimento ético. No momento, o que posso dizer é que, apesar de esse pensamento ter sua lógica, o acesso à moralidade não é tão simples assim.

Se a Bíblia não é um *manual* de teologia e de ética, o que dizer, então, da lei? Segundo o quadro pintado no parágrafo anterior, o que dizer de ordens específicas como "não matarás" ou "não furtarás"? Ou de outras mais específicas, como "Quando algum de vocês construir uma casa nova, faça um parapeito em torno do terraço" (Deuteronômio 22:8)? Não seriam bons representantes da literatura de manuais? Não trazem as respostas prontas e específicas de que precisamos? Repito: as coisas não são tão simples assim.

Antes de prosseguir, é preciso delimitar o sentido dos termos usados aqui. Por "lei", refiro-me a um tipo de literatura, ou seja, a um *gênero literário*.[20] Podemos chamá-lo de "legislação codificada" ou simplesmente "legislação". Trata-se, portanto, de um texto *prescritivo* que espera, como resposta, *obediência*. Como a resposta a um texto diz muito de seu gênero, o

---

[20] As categorizações e taxonomias envolvendo gêneros literários são complexas. Há quem proponha (p. ex., 1990.) a seguinte ordem, na qual o primeiro item faz dos demais subcategorias: *gênero primário* (p. ex., literatura de sabedoria, literatura profética); *gênero secundário* (p. ex., literatura parenética, literatura apocalíptica); *subgênero* (p. ex., instrução, parênese); *componentes* (p. ex., admoestação) e *recursos* (p. ex., diatribe). Apesar de reconhecer essas nomeações, categorias e hierarquia, usarei a expressão genérica "gênero literário" sem entrar no mérito específico de seu lugar dentro dessa complexidade.

contraste entre as respostas esperadas a dois tipos textuais pode auxiliar a identificá-los. Assim, enquanto o *prescritivo* espera *obediência*, o *descritivo* espera *compreensão*. Textos diferentes; respostas diferentes.

Sobre a importância dessas categorias textuais, fico com as palavras de Kevin Vanhoozer: "Identificar o gênero literário do texto é o primeiro passo para determinar o que o autor está fazendo".[21] Para Walter Kaiser, "gêneros literários fazem mais do que apenas classificar textos; na realidade, fornecem um código que forma o modo pelo qual um leitor vai interpretar aquele texto".[22]

Segundo Robert Alter:

> Cada cultura, mesmo cada época em uma cultura particular, desenvolve códigos distintos e, às vezes, intrincados para contar suas histórias, envolvendo tudo, desde o ponto de vista narrativo, procedimentos de descrição e caracterização, à gestão do diálogo, à ordenação do tempo e à organização de trama.[23]

Uma interpretação cuidadosa, portanto, sempre buscará identificar determinado gênero e, posteriormente, se empenhará para entender de que forma esse gênero opera. Com isso, ela também quer saber que *efeito* aquele tipo de texto gera ou espera produzir. É exatamente aqui que a coisa mostra que não é tão clara quanto parece. Para Michael LeFebvre e John Walton, por exemplo, documentos "legais" (observe as aspas) do mundo antigo (p. ex., "código" de Hamurabi) não eram uma "legislação codificada".[24] Ou seja, não eram documentos *prescritivos*, estabelecendo leis. Antes, eram decisões *descritas* (quer através de veredictos reais, que por meio de exemplos hipotéticos) – um registro de *decisões* que esperava a *compreensão* de seus leitores.

A tese de Walton é que a Torá [...] incorpora *sabedoria*; não estabelece *legislação*".[25] Para ele, "literatura de sabedoria, como a Torá, nos fornece *percepções* sobre como a ordem foi percebida, perseguida, promovida,

---

[21] Vanhoozer, Kevin J. *Teologia primeira*. São Paulo: Vida Nova, 2016b, p. 241.

[22] Kaiser, 2009, p. 29.

[23] Apud Longman III em Silva, Moisés (org.). *Foundations of contemporary interpretation*. Grand Rapids: Zondervan, 1996, p. 131.

[24] LeFebvre, 2006, p. 23-24; Walton, 2019, p. 19.

[25] Walton, 2019, p. 39.

preservada, adquirida e praticada".[26] A afirmação de Walton de que a sabedoria não pode ser legislada é extremamente representativa. Voltaremos a esse assunto em outro momento.

E o que dizer da palavra "lei"? A lei mosaica não é um indício mais do que óbvio de que temos *legislação* ou *legislação codificada* no Antigo Testamento? Afinal de contas, lei é lei. Volto a repetir: não é tão simples assim. O problema de traduzir a palavra hebraica *torah* por "lei" já tem sido observado por estudiosos de tradições teológicas bem diferentes – o que deve nos chamar a atenção.

Segundo Daniel Block:

A palavra הָרוֹת, *tôrâ*, não deve ser compreendida principalmente como "lei" (o livro [Deuteronômio] inclui muita coisa que não é lei), mas como "instrução". A palavra הָרוֹת, *tôrâ*, é derivada do verbo hifil הָרוֹת, "ensinar", e a expressão הָרוֹתָה רֵפֶס (p. ex., Dt 29:21; Js 1:8 etc.) significa "Livro da *Instrução*", não "Livro da Lei". [...] o alcance do termo *Torá* foi expandido para incluir as seções narrativas (1:1-5; 27:1-10; 34:1-12; etc.), isto é, mais ou menos todo o livro de Deuteronômio que nós temos.[27]

Para Walter Kaiser,[28]

a *tôrāh* é muito mais do que meramente "lei". Nem a palavra em si indica exigências estáticas que governam toda a experiência humana. Antes, *tôrāh* provavelmente vem do verbo *yārāh*, significando "lançar ou atirar". No tronco hifil, assume o significado "ensinar, indicar a direção".

Falando da ética das várias comunidades judaicas do primeiro século, Wayne Meeks afirma que denominá-la como "legal" ou "nomística" pode ser um equívoco.[29] A razão está exatamente no entendimento do termo "lei". Segundo Meeks, a palavra "*torah* [hebraico] é muito mais ampla que

---

[26]Walton, 2019, p. 44.
[27]Block, Daniel. *O evangelho segundo Moisés*. São Paulo: Cultura Cristã, 2017, p. 32-3.
[28]Kaiser apud Gundry, Stanley (org.). *Lei e o evangelho*. São Paulo: Vida, 2003, p. 208.
[29]Meeks, Wayne A. *O mundo moral dos primeiros cristãos*. São Paulo: Paulus, 1996, p. 86.

nomos [grego], e *nomos* que "lei". Segundo a judia Amy-Jill Levine, a melhor tradução para lei é "instrução".[30]

De acordo com Walter Brueggemann, a Torá "foi brutalmente *reduzida* a 'lei' [...] a Torá tem em si um conteúdo bem mais dinâmico, aberto e elusivo do que se concebe na usual ideia gentílica do Ocidente sobre a lei judaica".[31]

John Walton é direto: "Não existe palavra hebraica para 'lei'".[32] Ele vai além e afirma que termos como *mišpāṭîm* (julgamentos), *ḥuqqîm* (decretos), *dəbārîm* (palavras), *miṣwôt* (mandamentos), *ʿēdût* (estatutos) e *piqqûdîm* (preceitos) não se referem diretamente à ideia de "legislação codificada".

Ele ainda explica que a relação com as leis nem sempre foram as mesmas.[33] Seguindo Michael LeFebvre em *Collections, Codes, and Torah: The Re-characterization of Israel's Written Law* [Coleções, códigos e Torá: a re-caracterização da lei escrita de Israel], Walton assegura que o Antigo Oriente Próximo era uma "sociedade não legislativa". Ele afirma:

> Alguns séculos atrás (ainda não incomum em culturas não ocidentais), leis eram mais *flexíveis*. [...] Juízes, que eram considerados *sábios* em suas tradições da cultura, em vez de especialistas, tomavam suas decisões fundamentadas em *percepções* e *sabedoria*. [...] O mundo antigo estava mais interessado em ordem do que na legislação *per se*, e as autoridades não estavam inclinadas a produzir o que chamamos de leis [...] para regulamentar toda a vida em sociedade.[34]

Além das questões históricas e lexicais consideradas acima, que são elementos importantes no julgamento de John Walton, ele apresenta três motivos que reforçam a compreensão de "lei" ou *torah* no Antigo Testamento como sabedoria, e não como *legislação*:

> (1) A lei não era abrangente. Temos pouco ou nada sobre casamento, divórcio, herança e adoção, por exemplo. (2) "A Torá não é invocada como base legal e normativa para decisões judiciais" (p. ex., o diálogo de Davi com Natã em 2Sm 12:5,6).

---

[30] Levine, Amy-Jill. *Sermon on the mount*. Nashville: Abingdon Press, 2020, p. 24.
[31] Brueggemann, Walter. *Teologia do Antigo Testamento*. São Paulo: Paulus; Santo André: Academia Cristã, 2014, p. 751.
[32] Walton, 2019, p. 40.
[33] Walton, 2019, p. 19-20.
[34] Walton, 2019, p. 3.

(3) As coleções legais estão integradas com outras formas literárias em vários níveis [p. ex., aliança, narrativa, discursos] [...] *nenhum deles em contexto de legislação".*[35]

Cavemos um pouco mais fundo o terceiro ponto acima: as formas literárias às quais as "leis" estão integradas. Na aliança, encontramos três gêneros principais: *sabedoria legal, instrução ritual* e *tratado de suserania.* Devidamente examinados, esses três gêneros proporcionam o entendimento de como a relação pactual opera:[36] a *sabedoria legal* demonstra que o rei é sábio e justo; os *tratados* revelam seu poder e competência. Em ambos, o propósito geral é *ratificar a reputação*, e não a *necessidade* do soberano, como ocorre nos sacrifícios pagãos.

> Em vez de instruir juízes para serem os próprios administradores da justiça, [...] as estipulações [não exaustivas] dos tratados são intencionadas para instruir em sabedoria o regente e seus administradores subordinados para servirem como servos leais.[37]

Os tratados comunicavam a grandeza do suserano. O propósito dos tributos, por exemplo, não era receita, mas demonstrar do poder do suserano e a fidelidade dos vassalos.[38] O vassalo, então, realçava a reputação do rei.

Em suma, essas formas literárias são estruturas maiores que estabelecem o espírito do texto e nos impedem de simplesmente tomá-los como "textos prontos", como imperativos categóricos. Ou seja, há um *mundo simbólico* que dá sentido às instruções.

Em uma obra mais recente, Walton declara: "A Torá nos chama a viver de maneira sábia, ordenada pela realidade da presença de Deus e motivada a trazer honra a seu nome".[39] Observe os tipos textuais envolvidos: leis ("maneira sábia"), instruções rituais[40] ("presença de Deus") e tratado de suserania ("honra ao seu nome").

---

[35] Walton, 2019, p. 37-45.
[36] Walton, 2019, p. 46.
[37] Walton, 2019, p. 47.
[38] Walton, 2019, p. 50.
[39] Walton, John H. *Wisdom for faithful reading*. Downers Grove: IVP, 2023, p. 120.
[40] "Rituais de sangue, como os que compunham as ofertas pelo pecado e pela culpa, destinavam-se a limpar o espaço sagrado de impurezas que, caso se acumulassem, poderiam resultar na partida de Javé ou em perigo para a comunidade. Os rituais de sangue com essa função particular são encontrados raramente, se houver algum, em qualquer outra parte do Oriente Próximo, mas desempenham um papel importante na ideologia do templo de Israel" (Walton, John H. *Teologia do Antigo Testamento para cristãos*. São Paulo: Loyola, 2021, p. 130-1).

Voltemos ao ponto anterior da *não abrangência* da lei. Sim, é claro que não se pode cometer adultério. As considerações sobre os tipos textuais ajudam a entender o porquê dessa ordem. Mas outras questões surgem. Por exemplo, o que fazer com os que adulteram? Se a resposta for "morte por apedrejamento", desculpe ser repetitivo, mas a coisa continua a não ser tão simples assim.

Passagens como Números 35:31 – "Não aceitem resgate pela vida de um assassino; ele merece morrer. Certamente terá que ser executado."– revelam que a punição com morte não deveria ser aplicada *automaticamente*. A ordem para apedrejar, por mais direta que pareça ser, não é um "texto pronto". Segundo John Frame,

> o resgate era possível em outros crimes para os quais a jurisprudência indicava a pena de morte, mesmo quando o texto não menciona especificamente a possibilidade de resgate. Exemplos podem incluir adultério, homossexualidade e blasfêmia. Êxodo 21:30 menciona especificamente a possibilidade de resgate no que seria um caso de pena de morte. *É possível que os juízes em Israel tenham tido considerável liberdade para determinar* penalidades para os crimes, seguindo princípios gerais da lei encontrados por todo o Pentateuco.[41]

A referida "liberdade dos juízes" mostra que a lei não era um "texto pronto". Outras características reforçam esse julgamento.

1. *A natureza frugal dos textos.* Textos sobre a punição de morte, se tomados sozinhos, seriam instrumentos de verdadeiras tragédias.
2. *As leis casuísticas.* Como o próprio nome sugere, essas leis nos apresentam *casos* ou *exemplos orientadores*, e não uma ordem direta.
3. *A tensão entre leis específicas e a ausência de tópicos importantes.* De um lado, há leis assustadoramente específicas sobre os tecidos das vestes. De outro, tópicos práticos e impositivos na vida antiga, como herança e adoção, estão ausentes. O "vácuo" diz muito:
    a. Mostra que a lei não é coextensiva com as demandas da vida.

---

[41]Frame, John. *A doutrina da vida cristã.* São Paulo: Cultura Cristã, 2013, p. 210.

b. Mostra que o "preenchimento" das omissões exige meditação, leitura situacional, entendimento das relações textuais e conhecimento do todo; ou seja, *sabedoria*. Em outras palavras, a lei está longe de constituir um texto para ser "acionado automaticamente".

Uma última questão: o que fazer com as ordens para *obedecer*? Declarações, por exemplo, como "Agora, se me *obedecerem* fielmente e *guardarem* a minha aliança, vocês serão o meu tesouro pessoal dentre todas as nações" (Êxodo 19:5). Esses não seriam indícios de literatura *prescritiva*? Os chamados à obediência em nossas traduções têm dois verbos hebraicos por trás: *shāma'* e *shāmar*.

Quanto ao primeiro, trata-se de um convite a "ouvir" ou "dar atenção". A mesma ordem pode ser encontrada na literatura sapiencial, que não trata de legislação (Provérbios 1:8; 4:1,2; 4:4; 7:1,2; 8:32-34; 12:15; 13:1; 15:31,32; 19:27; 25:12). Segundo Walton, "a resposta que chamamos de 'obediência' refere-se especificamente ao alinhamento da vontade de alguém com a vontade de Yahweh, assumindo o papel de um servo leal".[42] É exatamente esse verbo que se encontra em Deuteronômio 6:4: "Ouça, ó Israel".

Em relação ao segundo verbo, trata-se de um chamado a "guardar", "manter" ou "observar". Assim como *shāma'*, *shāmar* é encontrado na literatura de sabedoria. Para John Hartley, "a ideia básica da raiz é 'exercer grande poder sobre'".[43] Ele lembra que, quando usada em relação às leis, a expressão "para cumpri-la" é acrescentada. O uso de *shāmar* mostra que a relação com a lei não era superficial ou temporária. Um trocadilho pode ajudar: *podemos* obedecer sem *guardar*.

Assim como os provérbios poderiam ser mal-usados, o mesmo poderia acontecer com as leis. Não se trata de simplesmente evocar um provérbio ou a lei. Como bem nos ensina Salomão: "Como ramo de espinhos nas mãos do bêbado, assim é o provérbio na boca do insensato" (Provérbios 26:9). Como o justo da introdução do Saltério, precisamos *meditar na lei* todos os dias (Salmos 1:2).

---

[42] Walton, 2019, p. 42.

[43] Em Harris, R. Lard; Archer, Gleason L; Waltke, Bruce K. *Dicionário internacional de teologia do Antigo Testamento*. São Paulo: Vida Nova, 1998, p. 1597.

O TEMPLO FALA: DO SÍMBOLO AOS PRINCÍPIOS

Segundo John Walton, "*Torah*, no uso bíblico, é uma expressão de sabe-doria, não de legislação. Refere-se a uma coleção de exemplos que se fun-dem para formar uma descrição da ordem desejada".[44] Não é necessária a aceitação integral dessa proposta de John Walton. Eu mesmo tenho algumas reservas. Creio que o uso da lei, tanto no Antigo como Novo Testamento, vai *além* de sabedoria.[45] A postura frente à argumentação de Walton não precisa ser algo do tipo "tudo ou nada". Embora o sentido de "legislação" da Torá não tenha desaparecido por completo, em John Walton é ofuscado pelo sentido de "sabedoria". Isso está de acordo com nosso objetivo, uma vez que queremos baixar o volume do alto-falante da abordagem da ética, no qual leis e mandamentos ganham destaque, e aumentar o volume dos princípios e do mundo simbólico. Ou seja, mesmo não concordando com tudo, fica claro que *nunca foi suficiente evocar leis.*

Jesus e a lei

Ao chegar ao mundo do Novo Testamento, especificamente depois da ressur-reição de Cristo, não há como negar, as coisas mudaram – e como mudaram! O templo físico perdeu seu papel central, o sistema sacrificial foi "metaforizado" e a relação com a Torá não era mais a mesma. Ela não era mais a base dos apelos comportamentais feitos nas cartas apostólicas. Muitas de suas ordens foram relativizadas (cf. 1Coríntios 7:19). E, como o modelo de sociedade e a natureza do povo de Deus já não são mais os mesmos, o cuidado com as transposições aumentou. Agora Cristo (encarnado e crucificado), a construção do novo povo (a nova humanidade) e a nova Criação são as bases dos apelos éticos.[46] Há uma *nova* aliança: a primeira tornou-se *antiquada* (Hebreus 8:13). A marca de iden-tidade do povo mudou: não há mais judeu nem grego (Gálatas 3:28).

Essas mudanças encontram explicação na pessoa de Cristo e em seu mi-nistério. Segundo o apóstolo Paulo, ele é o "sim" de Deus para todas as pro-messas (2Coríntios 1:20). Como todo cumprimento traz mudanças, Jesus, como o cumprimento *par excellence*, traz mudanças proporcionais à sua

---

[44] Walton, 2019, p. 45.
[45] Segundo o próprio Walton (2019, p. 122): "Para estudar a Torá no rio cultural do Antigo Testamento, não podemos usar o Novo Testamento como *fonte de informação*".
[46] Veja Hays, 1996.

153

O HABITAT DA MORALIDADE

importância. Isso, claro, inclui a lei. Não é nosso foco aqui desenvolver o assunto "Cristo e a lei"; assim, a análise a seguir se limitará a olhar o Sermão do Monte, de forma geral, e Mateus 5:17, de forma específica.

Quando o assunto é a relação de Cristo com lei, não vejo passagem nos Evangelhos mais direta, didática, rica, densa, complexa e escandalosa do que a que encontramos em Mateus 5:17: "Não pensem que vim *abolir* a Lei ou os Profetas; não vim abolir, mas *cumprir*". Há muita coisa em jogo nessas palavras: a relação interpretativa entre os testamentos e a lida do cristão com a lei são algumas, sendo a última nosso maior interesse.

Logo em seguida a essa declaração, encontramos seis comparações entre o ensino de Cristo e o "ensino tradicional". O que Jesus está fazendo aqui? Para a maioria dos reformados[47] e boa parte do evangélicos, Jesus está questionando a interpretação judaica, enquanto reafirma a interpretação correta, ratificando, assim, a continuidade da lei mosaica. Outros estudiosos[48] entendem que Jesus está *aprofundando* ou *radicalizando* o conteúdo da lei. Dessa forma, ele estaria ampliando a lei. Creio que Douglas Moo acerta ao declarar que, "quando as antíteses são consideradas em conjunto, torna-se claro que nenhum método interpretativo único explica todas elas".[49] Em alguns momentos, Jesus expõe; em outros, ele aprofunda, corrige... Enfim, Cristo não se aproxima do material citado de uma forma única.

Mesmo não encontrando uma categoria que abarque todos os comportamentos de Cristo, podemos fazer algumas considerações.

1. Pensando, por exemplo, na questão do divórcio, é duvidoso entender a visão de Cristo como uma *interpretação* de Deuteronômio 24. Isso levou Douglas Moo a concluir que "dificilmente se pode dizer que seu ensino procede *diretamente* do AT".[50]
2. O conteúdo que prefacia as palavras de Cristo "eu vos digo" não é exclusivo da lei mosaica. Isso fica claro em 5:21, em que temos uma citação da lei mosaica ("Não matarás") seguida de uma sentença de fonte

---

[47] P. ex., John Murray, Carl Henry, Greg Bahsen e Hermann Ridderbos.
[48] P. ex., W. D. Davies.
[49] Em Gundry, 2003, p. 381.
[50] Em Gundry, 2003, p. 381.

O TEMPLO FALA: DO SÍMBOLO AOS PRINCÍPIOS

desconhecida ("quem matar estará sujeito a julgamento"), revelando, assim, que Cristo não tem em mente somente o texto mosaico, mas também o texto sagrado à luz de determinada tradição (ou tradições). O mesmo acontece com as palavras sobre juramento (5:34-36).

3. Mais importante, e talvez a categoria que abarque todas as "antíteses",[51] é a "insistência radical de Jesus no que *ele* diz ser obrigatório para os seus seguidores. [...] Jesus está colocando suas próprias exigência e autoridade *ao lado daquelas da lei*".[52] Carson acrescenta: "Jesus [...] está empenhado [...] em mostrar a direção em que ela [a lei] aponta com base na autoridade dele".[53] A recorrência da cláusula "*Eu* vos digo" em todo o Sermão do Monte ratifica essa conclusão. Em suma, seja a lei, a lei com a tradição, o ponto mais importante é que Cristo traz para ele toda autoridade ética do seu povo.

4. A exigência de que devemos amar nossos inimigos vai *além* das exigências do Antigo Testamento. De certa forma, essas quatro considerações "separam" Jesus do Antigo Testamento, o que pode nos ajudar no entendimento de "cumprimento".

Quando tomamos essas quatro considerações, reconhecemos *um movimento do Antigo Testamento para Jesus* – o movimento de continuidade e descontinuidade que encontramos em todo o Novo Testamento.

E o que dizer de "não anular" e "cumprir"? O sentido de "cumprir" é fundamental. A declaração como um todo é densa e, por isso, não

---

[51]Mathewson e Emig (Mathewson, David L.; Emig, Elodie Ballantine. *Intermediate Greek grammar*. Grand Rapids: Baker Academic, 2016, p. 363, 366-7) não classificam a conjunção δέ (traduzida como "mas" em "Mas eu lhes digo que" [5:22,28,32,34,39,44]) como adversativa, mas como *continuativa*. Em suas palavras: "Em contraste com καί, que liga cláusulas e parágrafos em estreita relação, δέ parece 'representar um novo passo ou *desenvolvimento* na história ou argumento do autor'". Ou seja, a "cláusula introduzida por δέ 'representa a escolha do escritor de sinalizar explicitamente que o que se segue é um *desenvolvimento novo e distinto* na história ou argumento, com base em como o escritor o concebeu'" Em suma, "Enquanto καί indica *continuidade*, δέ sinaliza *descontinuidade*. Isso explica seu uso comum em contextos adversários: o fato de indicar um desenvolvimento *novo* ou *distinto* presta-se a sinalizar *contraste*. Nos seus vários contextos, δέ deve ser entendido como sinalizando um *novo passo* ou *desenvolvimento* num argumento (por exemplo, um novo tópico, personagem ou foco)". Segundo Lunn (Lunn, Nicholas P. "Categories of contrast in New Testament Greek", *Biblical and ancient Greek linguistics*, v. 7, 2018, p. 40), "não é a presença deste conector que cria o contraste, que está inerentemente dentro das relações lógicas. Em muitos casos, se não na maioria, esta partícula aparece em contextos não contrastivos como o que Runge chama de "marcador de desenvolvimento".

[52]Mathewson; Emig, 2016, p. 380-1.

[53]Carson, D. A. *O comentário de Mateus*. São Paulo: Shedd, 2010, p. 180.

155

O HABITAT DA MORALIDADE

encontraremos respostas nela mesma. Para Carson, esse é "o cerne do problema".[54] Há muitas possibilidades de intepretação:[55]

1. Jesus cumpriu a lei por ensinar o verdadeiro sentido da Torá. Essa é a interpretação defendida por Lenski. A dificuldade dessa proposta é ignorar o uso destacado de "cumprimento" em Mateus, além de não explicar a expressão "o menor traço e menor letra", citada em Mateus 5:18.
2. Jesus cumpriu a lei por observar ou obedecer à lei. Essa é a interpretação defendida por Dietrich Bonhoeffer. O problema é que o foco não são as ações de Cristo, mas seu *ensino*. Além disso, a antítese não é entre "abolir" e "guardar", mas "abolir" e "cumprir".
3. Jesus cumpriu a lei por ensinar o verdadeiro sentido da Torá e obedecer a ela (uma combinação das duas propostas anteriores).
4. Jesus cumpriu a lei em um sentido escatológico.[56]

Vamos considerar mais de perto essa última proposição. Em primeiro lugar, é importante entender que a declaração faz parte de uma construção textual extremamente comum no Novo Testamento: "*Não... mas...*"[57] É chamada de "contraste negativo" (pois vem com um "não" na primeira parte) ou "contraste corretivo", "já que o efeito [...] é remover algum aspecto da afirmação inicial, alguma informação falsa ou indesejada, e então oferecer os dados corretos no que se segue.[58] Ou seja, trata-se de um *esclarecimento*. Por seu comportamento, escolhas e palavras, o senhor Jesus certamente gerou um julgamento equivocado sobre sua relação com o Antigo Testamento. "Ele veio abolir a lei", essa era a acusação.

----
[54]Carson, 2010, p. 177.
[55]Para uma visão geral das nove possibilidades interpretativas de "cumprimento", veja Davies; Alisson, 2004, p. 485-6.
[56]Alguns representantes: R. T. France (France, R. T. *The Gospel of Matthew*. Grand Rapids: Eerdmans, 2007.), Douglas Moo (em Gundry, 2003) e Carson (2010).
[57]

Declaração negativa	Contraste
οὐκ ἦλθον καταλῦσαι	ἀλλὰ πληρῶσαι
Não *vim abolir* [a lei e os profetas]	mas *cumprir*

[58]Lunn, 2018, p. 38.

O TEMPLO FALA: DO SÍMBOLO AOS PRINCÍPIOS

Em segundo lugar, o tema do "cumprimento" tem grande espaço no Evangelho de Mateus. São quinze ocorrências do verbo "cumprir". Na maioria desses casos, Mateus tenta mostrar que Jesus "cumpriu" aquilo para o qual o Antigo Testamento apontava. Ou seja, a expressão tem um aspecto escatológico *no Evangelho de Mateus*.

Em terceiro lugar, a importância do tema do "cumprimento" não é somente uma questão numérica, mas também de *posição* dentro da obra e de sua relação com Mateus 5:17. São cinco histórias com citações de cumprimento nos dois capítulos iniciais. Em Mateus 3:15, Jesus diz a João Batista: "Deixe assim por enquanto; convém que assim façamos, para *cumprir* toda a justiça". No capítulo 4, a ida de Jesus Cristo a Cafarnaum é vista como um *cumprimento* da profecia de Isaías (v. 14). Sobre essas passagens que precedem (e preparam?) o Sermão do Monte, Jonathan Pennington traz uma excelente observação, que justifica a longa citação.

O fator mais importante para a compreensão dessa expressão [cumprimento] em 5:17 é também aquele que, muitas vezes, é menos considerado: o fato de Mateus já ter usado "cumprir" como ideia principal da história que contou nos quatro capítulos anteriores. A parte inicial do relato desse Evangelho nos apresenta uma série de histórias sobre a concepção e a infância de Jesus, cada uma contendo uma expressão estereotipada e repetida de que esse relato "cumpre" o que os profetas disseram com antecedência (1:22,23; 2:5−6:34; 15; 17−18; 23). A partir desses exemplos, é fácil perceber que a ideia bíblica de cumprimento não significa o cumprimento de uma predição anterior, ainda que seja isso o que essa palavra costuma significar em nossa língua. [...] A predição é, na verdade, *um subconjunto da ideia mais ampla de cumprimento*. [...] Quando Jesus diz que não veio para abolir a lei, mas para cumprir a Lei e os Profetas, ele diz isso no mesmo sentido em que os capítulos anteriores usaram o conceito: em grande continuidade com a obra salvadora anterior da aliança de Deus, Jesus está realizando tudo o que Deus começou a fazer nos tempos antigos. O contraste com "abolir" realça o sentido de continuidade; a frase subsequente "até que tudo esteja cumprido" (5:18) enfatiza o sentido de conclusão e consumação.[59]

-----

[59]Pennington, Jonathan. *El Sermón del Monte y el florecimiento humano*. Kevina Road: Proyecto Nehemías, 2020, p. 211.

O HABITAT DA MORALIDADE

Reconhecido, então, o aspecto escatológico, a questão que surge é: em que sentido Jesus cumpre profeticamente a Lei e os Profetas? Há quem entenda que ele cumpre em sua pessoa, ensinamento e obra;[60] outros são mais abrangentes, afirmando que ele cumpre a Lei e os Profetas em sua vida, morte, ressurreição, exaltação e ensinamentos.[61] Para Nolland, "Jesus está atuando no papel de professor ao longo deste sermão [...]; então 'cumprir' deve se concentrar principalmente no que Jesus oferece como mestre".[62]

Como a ênfase está no ensino do Senhor, creio que a proposta de Douglas Moo faz mais sentido: "Jesus 'cumpre' a lei do AT ao fazer exigências para as quais a lei apontava. [...] Jesus 'cumpre' a lei não ao explicá-la ou entendê-la, mas ao proclamar os padrões da justiça do reino que estavam previstos na lei".[63]

A proposta de Douglas Moo é extremamente feliz, por respeitar o significado de "cumprimento" em Mateus, com seu sentido escatológico; por considerar a *aproximação* entre o ensinamento de Cristo e o material do Antigo Testamento; e, ao mesmo tempo, por reconhecer o *distanciamento* e a singularidade das palavras do Senhor Jesus Cristo em relação à revelação anterior.

Apesar de não seguir a visão mais restrita de Moo, R. T. France traz mais luz:

À luz desse conceito e do sentido geral de "cumprir" em Mateus, poderíamos, então, parafrasear as palavras de Jesus da seguinte forma: "Longe de querer pôr de lado a Lei e os Profetas, é meu papel trazer à existência aquilo para o qual eles apontaram, a fim de levá-los a uma nova era de realização". Nesse entendimento, a autoridade da Lei e dos Profetas não é abolida. Eles continuam sendo a palavra autorizada de Deus. Mas seu papel não será mais o mesmo; agora que aquilo para o qual apontavam já aconteceu, caberá aos seguidores de Jesus discernirem, à luz dos seus ensinamentos e prática, a atual maneira correta de aplicar esses textos à nova situação que sua vinda criou. De agora em diante, será o ensinamento autorizado de Jesus que deverá governar a compreensão e a aplicação prática da lei por parte dos seus discípulos.[64]

[60]Stott, John. *A mensagem do Sermão do Monte*. São Paulo: ABU, 2007, p. 64.
[61]McKnight, Scot. *Sermon on the Mount*. Grand Rapids: Zondervan, 2013, p. 68.
[62]Nolland, John. *The Gospel of Matthew*. Grand Rapids: Eerdmans; Paternoster, 2005, p. 218.
[63]Em Gundry, 2003, p. 383.
[64]France, 2007, p. 183.

Enfim, tudo que antecedeu Jesus deve ser visto à luz de sua vinda. Dessa forma, precisamos ver a lei à luz das palavras de Jesus não somente em sua *forma original*. Somente por meio dele, "o Antigo Testamento encontra sua contínua validade e relevância".[65] Sem sombra de dúvida, todas essas novidades "baixam o volume" do alto-falante da ética como busca por mandamentos. Usando os Modos de Hays, temos uma "troca de regras", em que o grupo das regras é mais específico (leis mosaicas) e o segundo (Antigo Testamento à luz de Jesus) está mais próximo de princípios e paradigmas. Não basta evocar um imperativo. Nunca foi assim; depois de Cristo, menos ainda.

Paulo e a lei

James Dunn faz a seguinte observação quanto à relação entre Paulo e a lei: "Não há nada mais complexo na teologia de Paulo do que o papel e a função que ele atribui à lei".[66] Essa complexidade referida, por Dunn e outros estudiosos, é composta de ambiguidades, ambivalências e aparentes contradições que podem nos deixar sem norte. Ora Paulo fala da lei de maneira positiva, ora segue o caminho contrário; há momentos em que ele a relativiza ou em que apenas apresenta suas limitações.

Uma solução para lidar com tamanha complexidade é dividir a lei em categorias. A divisão tripartite da lei, comum na literatura de tradição reformada, fala de lei civil, cerimonial e moral. A aplicação dessas categorias na vida do cristão varia.[67] Todos os reformados, porém, têm como certo o fim da lei cerimonial. Para justificar a autenticidade dessa categorização, alguns estudiosos apelam para seu valor "didático": ela organiza a

---

[65]Carson, 2010, p. 181.

[66]Dunn, James D. G. *The New Perspective on Paul*. Grand Rapids: Eerdmans, 2008, p. 441.

[67]Em Gundry (2003) três visões, pelo menos, seguem a divisão tripartite. São elas (1) *reformada* não-teonômica: segundo essa visão, "as leis cerimoniais, as leis civis e o código penal foram anulados, e a lei moral [os dez mandamentos] recebeu *mais esclarecimentos* na pessoa e nos ensinos de Jesus Cristo" (p. 39). A continuidade da lei se resume aos dez mandamentos. (2) *Reformada teonômica*: "as leis permanentes do AT continuam moralmente obrigatórias no NT, a não ser que sejam *abolidas* ou *modificadas* por revelação posterior" (p. 154). Nessa visão, as únicas leis abolidas foram aquelas relacionadas aos sacrifícios e à pureza. (3) *Visão da lei com estímulo à santidade*: nega a concepção antagônica entre lei e evangelho. Os contrastes apresentados nas Escrituras seriam entre o evangelho e a perversão da lei pelos judeus (legalismo). Como nas outras visões, a divisão da lei em três partes é crucial aqui também, pois "se a lei continua de alguma forma sendo autoridade *direta* para o crente, precisamos concluir que algumas das suas leis precisam ser colocadas em *categorias diferentes* de outras" (p. 242).

complexidade do material bíblico, e é uma forma de lidar com a complexidade da relação entre Paulo e a lei. Porém, na prática, tal categorização se torna um pressuposto exegético; ou seja, o intérprete assume que o autor bíblico, em especial Paulo, tem as exatas três categorias em mente – uma conclusão à qual não somos autorizados a chegar.

São vários os problemas dessa categorização tripartite. Primeiro, não é a forma de pensar dos autores bíblicos.[68] Das 119 vezes que Paulo usa a palavra "lei", nenhuma se encontra no plural. Assim, Paulo trata a lei como uma *entidade*, e não como uma série de mandamentos.[69] Passagens como Gálatas 5:3 ("De novo declaro a todo homem que se deixa circuncidar que está *obrigado a cumprir toda a lei*") ratificam a unidade da lei. O próprio Senhor Jesus tratou a lei dessa forma, como um todo (cf. Mateus 23:23). A divisão da lei em três partes é desconhecida não somente das Escrituras: a antiga literatura rabínica também não se refere a ela.[70] Como foi dito, trata-se de uma imposição exegética aos autores bíblicos.

Em segundo lugar, categorizar *parte* da lei como "moral" é, no mínimo, curioso. Não seria toda a lei moral? Se os Dez Mandamentos representam a lei moral, o que dizer do sábado? Não seria uma lei cerimonial? E o código de santidade de Levítico 18–22 não seria uma lei moral? A pergunta que não quer calar é: quem decide onde começam e onde terminam os limites dessa categorização?

Não estou questionando os níveis de *importância* dos diferentes mandamentos, pois reconhecemos que existem, mas a divisão da lei em partes "opcionais" ou "temporárias". Para justificar tal divisão, alguns têm recorrido aos contrastes referidos nas Escrituras, como, por exemplo: "Pois desejo misericórdia, não sacrifícios, e conhecimento de Deus em vez de holocaustos" (Oseias 6:6). Ao colocar a atitude de coração em contraste com os rituais, o profeta Oseias não tinha a intenção de "descartar os rituais como *opcionais* ou passíveis de serem *ignorados*".[71]

---

[68] Segundo Carson (2010, p. 179), "Embora essa distinção tripartite seja antiga, seu uso como fundamento para explicar a relação entre os testamentos não é demonstravelmente derivada do Novo Testamento e provavelmente não é anterior a Tomás de Aquino".

[69] Moo, Douglas J. "'Law', 'works of the law', and legalism in Paul", *Westminster Theological Journal*, v. 45, n. 1, 1983, p. 75.

[70] Dorsey, David A. "The law of Moses and the christian: a compromise", *Journal of the Evangelical Theological Society*, n. 34, v. 3, 1991, p. 329.

[71] Moo em Gundry, 2003, p. 244.

O TEMPLO FALA: DO SÍMBOLO AOS PRINCÍPIOS

Em suma, o ônus da prova está com aqueles que defendem a divisão. Considerando que a divisão tripartite não pode ser utilizada como explicação para a complexidade da abordagem paulina à lei, resta-nos procurar outras respostas. Creio que Brian Rosner interpretou muito bem a complexidade paulina. Em vez das três categorias reformadas, Rosner fala de *três perspectivas* que explicam e justificam *três movimentos* de Paulo na lida com a lei.

> Na minha opinião, Paulo faz três coisas com a lei, e cada uma deve ser plenamente ouvida sem prejudicar as outras: (1) repúdio polêmico; (2) substituição radical; e (3) reapropriação sincera (de duas maneiras). Elas correspondem, respectivamente, a tratar[72] a lei como código legal; como tema teológico; e fonte para expor o evangelho e praticar a ética. Ao descrever a visão de Paulo sobre a lei, muitas vezes os estudiosos notam apenas um ou, na melhor das hipóteses, dois desses impulsos, e minimizam, ignoram ou negam o(s) outro(s). Todos os três movimentos ocupam lugar vital no que Paulo diz sobre a lei e faz com ela.[73]

O primeiro movimento é bem representado por expressões como "embora eu mesmo não esteja debaixo da lei" (1Coríntios 9:20);[74] em passagens que mostram a anulação da lei (Efésios 2:15), ou em textos que dizem que morremos para a lei (Romanos 7:4). O segundo movimento está evidenciado em passagens em que Paulo iguala a instrução apostólica aos mandamentos (1Coríntios 7:19b). O terceiro ocorre sob duas formas: quando o apóstolo apresenta a lei como profecia e testemunha do evangelho; ou quando fala da lei como sabedoria.

Para Rosner, "A questão não é a *quais partes* da lei Paulo está se referindo em uma dada instância de *nomos*, mas à lei *como o quê* [p. ex., mandamento?

---

[72]A partir desse ponto Rosner apresenta as três *perspectivas* que fundamentam os três *movimentos*.
[73]Rosner, Brian S. *Paul and the law*. Downers Grove: InterVarsity, 2013, p. 39.
[74]A expressão "sob a lei" (ὑπὸ νόμον, *hypo nomon*) aparece onze vezes nas cartas paulinas. Em seis ocasiões, ela é usada para descrever judeus ou pessoas de contexto judaico (1Coríntios 9:20; Gálatas 3:23; 4:4,5). Três vezes é usada para assegurar que os cristãos não estão debaixo da lei (Romanos 6:14,15; Gálatas 5:18). Em uma ocasião, Paulo diz que não está "sob a lei" (1Coríntios 9:20). Em Gálatas 4:21, Paulo se dirige a cristãos que querem estar "sob a lei". A expressão pode ter nuances mais específicas, como "debaixo da condenação da lei" ou "debaixo do poder da lei". Contudo, é sempre uma referência à lei de Moisés.

O HABITAT DA MORALIDADE

Profecia? Sabedoria?]. Mais atenção deve ser dada ao ponto de vista do qual Paulo está lendo a lei[75]."[76] Assim, "em vez de estudar 'os mandamentos da lei' [dividindo a lei], estamos mais em sintonia com Paulo quando considera-mos 'a lei como[77] mandamentos', bem como 'a lei como profecia' e 'a lei como sabedoria'.

O quadro a seguir sistematiza os três movimentos da carta de 1Coríntios.

Os três movimentos em 1Coríntios[78]				
Movimento / Texto	Rejeição	Substituição	Reapropriação como *profecia*	Reapropriação como *sabedoria*
7:19	A circuncisão não tem valor	Guardem os mandamentos		
9:20,21	Não estou sob a lei	Estou sob a lei de Cristo		
8:5,6			Alusão a Deuteronômio 6:4	
15:45			Uso de Gênesis 2:7	
5:13b				Deuteronômio usado para reforçar a expulsão do incestuoso
9:9				Deuteronômio usado para defender o sustento dos ministros
10:11				Êxodo usado como instrução moral

A despeito de reconhecer e lidar com os três movimentos, as palavras a seguir darão mais destaque aos dois primeiros. A razão para a escolha é que há uma resistência natural a aceitá-los uma vez que são mais "negativos".

----

[75] Para Rosner (2013, p. 27), "É mais preciso dizer que a Torá ou 'lei' mais comumente passou a deno-tar não apenas Deuteronômio, alguma coleção de leis, ou mesmo o conteúdo da aliança do Sinai, mas sim os primeiros cinco livros da Bíblia juntos."

[76] Rosner, 2013, p. 29.

[77] "Como" aqui no sentido de "na qualidade de" ou "com a força de".

[78] Rosner (2013, p. 210-6) faz o mesmo com Romanos, 2Coríntios, Gálatas, Efésios, Colossenses, 1 e 2Timóteo.

Duas expressões representarão esses dois movimentos: "lei de Cristo" para substituição e "tutor" para rejeição.

A expressão "lei de Cristo" pode ser encontrada em duas passagens do Novo Testamento: Gálatas 6:2 e 1Coríntios 9:21. Comentando Gálatas, Ronald Fung[79] entende que a terminologia é inspirada pelos oponentes de Paulo, ou seja, é irônica. Para ele, é como se Paulo dissesse: "Se vocês devem observar a lei (como os agitadores dizem), observem – apenas certifiquem-se de que a lei que estão observando não é a lei de Moisés, mas a lei de Cristo".[80]

De acordo com 1Coríntios 9:21, estar "sob a lei de Cristo" implica em não estar "sob a lei", uma referência à lei mosaica. Segundo Carson, "para Paulo, os mandamentos de Deus, normativos para o cristão, não podiam ser *equiparados* ao código de Moisés".[81] Ou seja, a distinção entre Moisés e Cristo deve ser levada em consideração.

Essa distinção, porém, não implica negar uma relação. James Dunn, por exemplo, entende a lei de Cristo como a lei mosaica vista *à luz* de Cristo.[82] Douglas Moo está perto dessa perspectiva, ao ver a lei de Cristo como ensino e ainda ter uma conexão com a lei de Moisés. Segundo ele, a lei de Cristo

não é um código ou conjunto de mandamentos ou proibições, mas é composto os [sic] ensinamentos de Cristo e dos apóstolos e da influência orientadora do Espírito. O amor está no coração dessa lei, e há forte continuidade com a lei de Moisés, pois muitos dos mandamentos especificamente mosaicos são admitidos

---

[79] Fung, 1988, p. 287.

[80] Fung, 1988, p. 287-8.

[81] Carson, D. A. *A cruz e o ministério cristão*. São José dos Campos: Fiel, 2009, p. 150. David J. Rudolph (2018, p. 201) propõe que, aqui, se tenhá uma referência a "fariseus". Em suas palavras, "alguém sob o julgo da halaká farisaica." Segundo ele, o polêmico descritor "sob a lei" pode ter expressado sutilmente a nuance "sob pesados fardos [da lei], difíceis de suportar". N. T. Wright (Wright, N. T. *Paulo e a fidelidade de Deus*. São Paulo: Paulus, 2021b, p. 2281.) responde de maneira clara e provocante a essa proposta: "A mim, isso parece ser fantasticamente improvável em vista das outras vezes em que Paulo usa a expressão 'debaixo da lei', especialmente em Gálatas e Romanos. Não temos evidências de que Paulo estava fazendo uso de linguagem em código para fazer uma distinção dentro do judaísmo neste ponto. É difícil imaginar até que alguém sonharia com uma leitura assim, exceto quando o texto em questão constitui-se em uma pedra aparentemente tão sólida – uma pedra de tropeço, poderíamos dizer – no caminho da reinterpretação de Paulo que muitos parecem estar decididos a nos impor".

[82] Dunn, James D. G. "Echoes of intra-Jewish polemic in Paul's letter to Galatians", *Journal of Biblical Literature*, v. 112, n. 3, 1993, p. 322-3. Veja também Bird, Michael F. *An anomalous Jew*. Grand Rapids: Eerdmans, 2016, p. 162.

O HABITAT DA MORALIDADE

e incluídos nessa "lei de Cristo" [...] Creio ser altamente provável que Paulo imaginava a lei de Cristo como uma lei que incluía ensinamentos de Jesus e o testemunho apostólico.[83]

Há quem proponha que "lei de Cristo" é uma referência ao ensino moral de Cristo, como uma nova lei promulgada – a lei de Sião ou a "lei do Messias". N. T. Wright a entende como uma "tradição geral e incipiente"[84] da ética cristã básica. Dentro dos modos de Hays, em todas essas propostas teríamos *regras* (modo 01) substituídas por outras *regras*; essas últimas, óbvio, com alterações, mas ainda regras (modo 01). Algumas seriam novas e outras mais abrangentes. Outras seriam releituras. Em outras palavras, Moisés à luz de Jesus. Essa releitura pode ser caracterizada como indo do *específico* para o *geral*. Em Moisés, tem-se a especificidade de roupas, rituais, comidas, calendário, clima, estrutura de governo e todo o detalhamento litúrgico do mundo do templo. Em Jesus e, posteriormente, na igreja, essas particularidades foram substituídas pela instrução dos apóstolos (cf. 1Coríntios 7:19), que está bem longe das especificações mosaicas.

Thomas Schreiner entende que é mais promissor identificar a lei de Cristo com a admoestação de amor mútuo. Para ele, "existe uma clara ligação entre Gálatas 5:14 e 6:2".[85] Frank Thielman segue a mesma ideia. Para ele, o resumo que Jesus faz dos mandamentos em relação a amor ao próximo (Mateus 22:39) "era amplamente conhecido entre os cristãos primitivos".[86] F. F. Bruce[87] argumenta que a "lei de Cristo" é a mesma "lei do Espírito" e ambas podem ser chamadas de "lei do amor". Seguindo os Modos de Hays, teríamos a *substituição* de *regras* (modo 01) por um *princípio* (modo 02) – no caso, o princípio do amor.

Para Brian Rosner, "o contexto de Gálatas [6:2] favorece tomar 'a lei de Cristo' como um *comportamento* de acordo com o exemplo de Cristo".[88] Para Michael Gorman a lei de Cristo era "uma espécie de lei viva que serve

---

[83] Em Gundry, 2003, p. 401.
[84] Wright, 2023, 372.
[85] Wright, N. T. *Gálatas*. Rio de Janeiro: Thomas Nelson Brasil, 2023, p. 372.
[86] Thielman, Frank. *Teologia do Novo Testamento*. São Paulo: Vida Nova, 2007, p. 322.
[87] 2003, p. 194-5.
[88] Bruce, F. F. *Paulo: o apóstolo da graça*. São Paulo: Shedd Publicações, 2003, p. 117.

O TEMPLO FALA: DO SÍMBOLO AOS PRINCÍPIOS

como *paradigma* para outros".[89] É o "padrão narrativo do amor em forma de cruz que a verdadeira fé descreve." Assim, "lei" teria o sentido de "padrão normativo". Alinhada a Rosner e Gorman, está a visão de Matthew Ferris:

> Muitos veem "lei de Cristo" como um princípio de abnegação, pois Paulo não está falando de indivíduos que guardam mandamentos (observe que não é guardar, mas cumprir a lei de Cristo), mas da maneira que os crentes se relacionam uns com os outros, e o princípio de autossacrifício que o Senhor Jesus Cristo exemplificou a ponto de morrer. Paulo faz questão de apresentar aos gálatas o *exemplo* do Senhor Jesus e de seu amor pelos pecadores. [90]

Assim, para Ferris, enquanto a lei de Moisés fala de *regras* (modo 01), a lei de Cristo oferece um *paradigma* na pessoa de Jesus Cristo (modo 03).

Seja qual for a natureza da mudança, o fato é que a lei de Cristo, seja como um paradigma comportamental (sacrifício), seja como um princípio (amor) ou novas regras (ensino apostólico), *não pode ser igualada a lei mosaica.*

Vamos à nossa segunda expressão: *tutor*. A classificação paulina da lei como "tutor" *paidagōgos* (Gálatas 3:24) é útil no entendimento da descontinuidade entre Moisés e Jesus. Essa função da lei vigorava *até* a chegada de Cristo. Algumas traduções brasileiras têm interpretado a preposição grega *eis* como "para nos *conduzir* a Cristo" (ARA, ARC, TB), trazendo a ideia de *movimento* em vez de *temporalidade*.

Esse é o texto usado para falar do uso *teológico* da lei. Para Calvino[91], a lei foi dada para mostrar que o homem necessita de Deus e, assim, *conduzi-lo* a Cristo. Contudo, para isso ser verdade, era preciso que, em primeiro lugar, o versículo em questão tratasse da história de um indivíduo, e não de um povo ou da salvação. E, segundo, que a preposição *eis* não tivesse sentido *temporal*.

----

[89] Gorman, Michael. *Lendo Apocalipse com responsabilidade*. Rio de Janeiro: Thomas Nelson Brasil, 2022, p. 355.

[90] Ferris, Matthew E. *If one uses it lawfully*. Eugene: Wipf & Stock, an Imprint of Wipf and Stock Publishers. Edição do Kindle, 2018.

[91] Calvino, João. *As Institutas*. Edição especial com notas para estudo e pesquisa. São Paulo: Cultura Cristã, 2006, p. 122-3.

Há algumas razões para crermos de forma diferente de Calvino. Em primeiro lugar, o contexto da carta aos gálatas claramente é *histórico* e/ou *temporal*. Paulo faz referência a três estágios na história da salvação: a promessa a Abraão; a lei de Moisés; e a fé em Cristo. Paulo não está falando da experiência do *indivíduo*, mas da função da lei na *história* do povo de Deus. A nuança *pessoal* não é o foco de Paulo; seu foco é *corporativo*. Provavelmente, a palavra "nosso" ("a Lei foi o *nosso* tutor até Cristo") faz referência a Paulo e aos seus patrícios judeus, e não a Paulo e aos irmãos da Galácia. O contexto imediato dos versículos 23 e 25 também traz elementos *temporais*: "*antes* que *viesse* a lei" (v. 23); "tendo *vindo*" (v. 25).

Em segundo lugar, a preposição *eis* pode envolver *objetivo* ou *lugar*, com o sentido de "em direção a", "para". Também pode ser um marcador de grau; de objetivo, envolvendo aspectos afetivos e abstratos; de ponto de referência; e, como cremos, de *tempo*, com o sentido de "para", "até", "em".[92] Como o contexto geral e imediato de Gálatas 3:24 é histórico ou temporal, a melhor tradução seria "*até* Cristo" em vez de "*nos conduzir* a Cristo". A NTLH (como a NVI e NVT) entendeu dessa forma: "A lei ficou tomando conta de nós *até* que Cristo viesse".

Em terceiro lugar, a palavra *paidagōgos* pode significar "guia", "guardião", "líder".[93] Como em toda metáfora, devemos buscar o ponto de contato entre a ilustração e o objeto ilustrado. A palavra grega e sua ligação com a palavra portuguesa "pedagogo" podem nos levar a pensar em um professor. O *paidagōgos*, porém, não ensina. Se esse fosse o sentido pretendido, a palavra *didáskalos* teria sido utilizada. *Paidagōgos* era alguém que tomava conta da criança, um tipo de babá.[94] "Era o escravo cujo trabalho consistia em levar e trazer as crianças da escola e garantir que não se envolvessem em nenhuma travessura no caminho".[95] Daí a preferência de Keener[96] e Vincent[97] em traduzir a palavra por "guardião".

---

[92] Bauer, W.; Danker, F. W.; Arndt, W. F.; Gingrich, F. W. *A Greek-English lexicon of the New Testament and other early Christian literature*. 3. ed. Chicago: University of Chicago Press, 2000.

[93] Bauer et al.

[94] Moo, 1983, p. 368.

[95] Wright, 2023, p. 257.

[96] Keener, Craig. *Comentário bíblico em Atos: Novo Testamento*. Belo Horizonte: Atos, 2005, p. 546.

[97] Vicent, Marvin R. *Word studies in the New Testament*. Peabody: Hendrickson, 1985, v. 4, p. 128.

O TEMPLO FALA: DO SÍMBOLO AOS PRINCÍPIOS

A função do *paidagōgos* estava ligada à custódia e à disciplina, e não à educação ou à instrução. Segundo John Barclay, o *paidagōgos* era uma ama que "restringia e disciplinava a criança *até* que ela atingisse a maioridade".[98] Em *Lísis*, Platão[99] revela que o *paidagōgos* controlava os jovens. Na obra, isso é motivo de ironia: um escravo *controlando* seu *mestre*. Aristóteles afirma que nossa parte apelativa deve ser *controlada* pela razão, assim com um menino deve viver sob as ordens de seu tutor (*paidagōgos*).[100] Para Rendall, "a função de uma enfermeira em relação a uma criança aproxima-se mais de *paidagōgos* do que a imagem de um mestre ou de um tutor em seu escritório, pois ela [...] tinha a função de *cuidar* da criança e *salvaguardá*-la".[101] Boice sintetiza bem a questão:

O ponto de Paulo é que a responsabilidade cessou quando a criança entrou na completude de sua posição como filho, tornando-se um adulto reconhecido pelo rito formal da adoção por seu pai. [A expressão] "A Cristo" não deve ser tomada no sentido *espacial*, como se o pedagogo estivesse *conduzindo* a criança a um mestre, como alguns têm sugerido. A referência, como no versículo precedente, é *temporal*.[102]

Dessa forma, a lei guardou o povo *até* a vinda de Cristo. Assim, podemos entender, primeiramente, o limite *temporal* da lei e de sua natureza: guardar ou manter a identidade nacional do povo de Israel. "O ponto da analogia para Paulo não é que a Lei era uma preparação para Cristo. Em vez disso, o foco está no status inferior de alguém que está sob um pedagogo e na natureza temporária de tal situação."[103]

Diante desse entendimento, Matthew Ferris faz uma conexão com o conceito de "lei de Cristo":

[Paulo] atribuiu um propósito à lei no capítulo 3 que a limitou em tempo e propósito. Se a chegada da fé reabilitou a lei mosaica para a vida cristã, ele mina suas restrições anteriores à lei pertencente a uma época diferente, e reverte

---

[98] Barclay, John. M. G. *Obeying the truth*. Vancouver: Regent College Publishing, 2005, p. 107.
[99] Longenecker, 1982, p. 53.
[100] Aristóteles. *Ética a Nicômaco*. São Paulo: Edipro, 2014, p. 141.
[101] Em Nicoll, Robertson (org.). *The expositor's Greek Testament*. Peabody: Hendrickson, 2002, p. 173.
[102] Em Gaebelein, Frank E. (org.). *The expositor's Bible Commentary*. Grand Rapids: Zondervan, 1984, p. 467.
[103] Longenecker, 1982, p. 56.

O HABITAT DA MORALIDADE

sua posição quanto à capacidade da lei de ser um guia útil. Em toda a epístola, Paulo foi negativo quanto à função da lei como regra de vida ou padrão ao qual os gálatas deveriam se referir. Ele advertiu e repreendeu, exortando os gálatas a não aceitarem o jugo da escravidão. Em outras palavras, a consistência determina que vejamos que a lei mosaica, em sua opinião, é inútil para os gálatas. Se ele, agora [Gálatas 6:2], altera essa posição para sugerir que a lei de Moisés é algo que os gálatas deveriam considerar, deixou-os despreparados para tal mudança.[104]

Voltando aos movimentos propostos por Brian Rosner, no primeiro a lei mosaica, como código, é *abandonada*; no segundo, ela é *substituída* pela "lei de Cristo". No terceiro, é *reapropriação*; na reapropriação *como profecia*, "a Lei e os Profetas testificam da mensagem da justiça de Deus, por meio da fé em Jesus Cristo para todos os que creem. Quando se trata desse evangelho, a lei é mantida e a palavra de Deus não falhou".[105] Na reapropriação como *sabedoria*,

a lei foi escrita para nós, cristãos, para nos ensinar como viver. Foi escrita para nossa instrução, e os eventos que registra também foram escritos para nos instruir. Na verdade, toda a lei é útil para o ensino moral, para a repreensão, para a correção e para a educação na justiça.

Em todos os movimentos, fica clara a *transformação*. A instrução apostólica é mais elástica, livre e adaptável. Ela permite a Paulo declarar: "Tornei-me judeu para os judeus [...]. Para os que estão debaixo da Lei, tornei-me como se estivesse sujeito à Lei [...]. Para os que estão sem lei, tornei-me como sem lei (embora não esteja livre da lei de Deus, e sim sob a lei de Cristo)" (1Coríntios 9:20,21). Porém, a instrução é mais exigente no que diz respeito à *aplicabilidade*, pois exige *sensibilidade situacional* e muita *criatividade*.

---

[104]Ferris, 2018 [Kindle, 2047].
[105]Rosner, 2013, p. 222.

CONCLUSÃO

Com John Walton, aumentou a consciência dos limites da busca por "textos prontos", "específicos" ou "mais diretos" no Antigo Testamento. Como vimos, no Novo Testamento não precisamos de Walton para mitigar a ética das regras. As mudanças referidas no capítulo anterior têm potentes implicações legais dentro do povo de Deus. O povo é o mesmo, mas *transformado*. Aos eunucos, serão dados, "dentro de meu templo e dos seus muros, um memorial e um nome melhor do que filhos e filhas, um nome eterno, que não será eliminado" (Isaías 56:5). Aos estrangeiros, "eu trarei ao meu santo monte e lhes darei alegria em minha casa de oração. Seus holocaustos e seus sacrifícios serão aceitos em meu altar; pois a minha casa será chamada casa de oração para todos os povos. Palavra do Soberano Senhor, daquele que reúne os exilados de Israel: 'Reunirei ainda outros àqueles que já foram reunidos'" (Isaías 56:7,8). E "também escolherei alguns deles para serem sacerdotes e levitas" (Isaías 66:21). A lei mosaica foi dada para Israel, porém, agora, vivemos um novo Israel e lemos o Antigo Testamento à luz de Jesus. Do lado de cá da cruz e da ressurreição, o volume do mundo simbólico e dos princípios aumentou.

Encerro este capítulo com algumas considerações. Em primeiro lugar, não existe um tipo de texto nas Escrituras que apresente respostas prontas. Toda declaração bíblica, seja ela um imperativo, seja um mandamento, deve ser vista à luz de uma estrutura maior (p. ex., o gênero literário, o lugar na revelação) e respeitando o momento histórico. Precisamos *do todo*. Em segundo lugar, tudo deve ser visto à luz de Cristo. Tudo precisa ser "cristologizado". Um dos resultados desse exercício no ensino de Paulo foi a *anulação* de elementos que eram marcantes do povo de Deus antes de Cristo, como o templo físico, enquanto outros foram *relativizados*, como a circuncisão e as regras dietéticas. Agora podemos viver "sem lei".

Em muitos momentos, não teremos respostas claras. É isso que queremos, mas não creio que é isso que Deus quer. Queremos listas completas de obrigações prontas para a paz do "item concluído" – o "x" na lista. Pessoas estão constantemente buscando respostas prontas. Não é isso que a Escritura faz, nem é isso que nós deveríamos fazer. Aliás, com o tempo, as "respostas prontas" só diminuíram.

O HABITAT DA MORALIDADE

Isso não seria antinomismo? Geralmente, essa palavra é usada em forma de acusação ou advertência. O destinatário é alertado ou acusado de licenciosidade; na mente de quem admoesta, a solução é a lei. Pela última vez, não é tão simples assim.

Capítulo 6

PROPOSIÇÃO 1: TEMPLO É UM LUGAR DE ENCONTRO (A MORALIDADE BÍBLICA, PORTANTO, É PRIMARIAMENTE RELACIONAL)

> Há uma alegria não concedida aos ímpios, mas àqueles que te servem por puro amor: essa alegria é tu mesmo.
> **Agostinho, Confissões, X.22.32**

> O Senhor faça resplandecer o seu rosto sobre ti.
> **Números 6:25a**

NO CAPÍTULO 1, EXAMINAMOS QUE o impulso comportamental provocado pelo contato com as Escrituras nunca é *ex nihilo*. Toda sorte de imperativos é precedida por um ambiente. Dessa forma, antes de perguntar "O que devemos fazer?", temos de nos perguntar: "Onde estamos?".

A busca por uma resposta nos levou a concluir que estamos no templo, *diante de alguém*. A existência humana no Éden, o centro do lugar sagrado, era marcada por *encontros pessoais*. É aqui que tudo começa e culmina. O ponto de partida da criação, bem como seu destino, são um ser *pessoal*. O caminho entre os dois templos, o de Gênesis e o de Apocalipse, com seus direcionamentos, só tem valor à luz dessa relação interpessoal. Diante do templo, as orientações divinas são, antes de tudo, *pessoais*.

Este capítulo visa alimentar o senso relacional de nossas decisões. Precisamos *pessoalizar* nossas lutas morais. Fazemos isso por *quem*? A *quem* estamos rejeitando? Por amor a *quem* fazemos o que fazemos? De *quem* estamos fugindo? Diante de *quem* agimos? A *quem* queremos agradar?

FUNDAMENTAÇÃO

Seguem dez indicações que revelam uma relação essencial entre o conceito de *templo* e *relacionamento pessoal*. É importante destacar que cada indicação apresenta grande potencial de desdobramento. Isso significa que sua apresentação, a seguir, é resumida.

1. *A estrutura unificadora.* Todos os componentes do nosso habitat e/ou de nossa estrutura unificadora (lugar, atores e orientações) apontam para um encontro e uma vida pessoal e/ou relacional. Se, por um lado, como imagem de Deus, somos reis (em relação à criação); por outro lado, somos corregentes e filhos (em relação a Deus) e pais e irmãos (em relação aos outros). Entre essas relações, uma tem prioridade: a relação com Deus. É ela que explica a relação com nossos semelhantes e com a criação.

2. *O templo de Gênesis e o templo de Apocalipse.* A leitura de Gênesis à luz de Apocalipse 21–22 deixou clara a proximidade entre os conceitos de presença e templo. Templo é, por excelência, *presença pessoal.* O lugar existe primordialmente em função da presença pessoal. Em outras palavras, o valor do lugar está em sua condição de permitir o encontro.

3. *O primeiro impulso moral.* O domínio do ser humano sobre os animais está previsto, desejado e é até mesmo planejado quando Deus se propõe a criá-lo conforme a sua imagem. Antes de receber uma ordem direta, o ser humano é apresentado ao *desejo* de YHWH. O primeiro impulso moral é manifestado como desejo de Deus. Essa forma de apresentação, repetida ao longo de toda a revelação, é, por natureza, um apelo relacional.

4. *A vida no Éden.* Há um consenso entre comentaristas[1] e traduções de que a descrição da vida no Éden revela que Deus passeava *pessoalmente* no Jardim.[2]

5. *O pecado como fuga da face de Deus.* Em Gênesis 3:8, o pecado é apresentado como *distanciamento* da face de Deus. A despeito de a expressão hebraica ser interpretada como "brisa do dia" (NVI, NVT), "viração do dia" (ACF, ARA, ARC), "vento suave da tarde" (NAA, NTLH) ou "tempestade"[3]

---

[1] Veja Hamilton, V. P. *The Book of Genesis.* Grand Rapids: Eerdmans, 1990. p. 192-3; Ross, A. P. *Creation and Blessing: A Guide to the Study and Exposition of Genesis.* Grand Rapids: Baker, 1988. p. 143; Cassuto, U. *From Adam to Noah: A Commentary on the Book of Genesis I-VI 8.* Jerusalém: Magnes, Hebrew University, 1961. p. 150-4; Wenham, G. J. *Genesis 1-15.* Dallas: Word Books, 1987, p. 76; Westermann, C. *Genesis 1-11: A Continental Commentary.* Minneapolis: Fortress Press, 1994, p. 254; Waltke, B. K. *Genesis: A Commentary.* Grand Rapids: Zondervan, 2001, p. 92.

[2] Duval, J. Scott; Hays, J. Daniel. *God's relational presence.* Grand Rapids: Baker, 2019, p. 16.

[3] Esta é a proposta de tradução de Jeffrey J. Niehaus (Niehaus, Jeffrey J. *Deus no Sinai.* São Paulo: Shedd, 2021, p. 151): "Ouvindo o homem e sua mulher *o trovão* do Senhor Deus que ia de um lado a outro no jardim quando soprava o vento da *tempestade,* esconderam-se da presença do Senhor Deus entre as árvores do jardim". Ele destaca "temor" ou "pavor" como uma característica da resposta humana para as teofanias. Essa realidade, contudo, convive em harmonia. Para Meredith Kline (Kline, Meredith G. *Kingdom prologue.* Overland Park: Two Age, 2000, p. 129), estamos aqui diante do "trovão da carruagem teofânica".

PROPOSIÇÃO 1: TEMPLO É UM LUGAR DE ENCONTRO

(apontando para uma teofania de julgamento), a reação dos humanos foi de distanciamento da face de Deus. Nada poderia ser mais pessoal.

6. *O sistema sacrificial.* John Walton denomina o sistema sacrificial entre os pagãos de "a grande simbiose".[4] A ideia é que adoradores e deuses carecem uns dos outros para a manutenção da ordem. Por que, então, YHWH, à luz desse ambiente cognitivo, ainda requer sacrifício? Sobre a relação entre o mundo antigo e o material bíblico, há muito o que dizer.[5] Seja qual for a proposta, todos os estudiosos reconhecem que o autor bíblico, ao lançar mão de categorias e estruturas literárias do Antigo Oriente Próximo (AOP), não estava se submetendo completamente à cultura e tem sua própria colaboração no material. Walton caracteriza bem essa distinção entre a cultura do AOP e o autor bíblico.

Ele [YHWH] ainda tem um templo como residência palaciana, onde está entronizado e de onde controla o cosmo; contudo, nenhuma imagem sua ocupa o centro sagrado. Ele está interessado em manter a ordem, mas não em simplesmente ser mimado. Do lado de fora, tudo parece o mesmo; mas não se engane, tudo é diferente. Na Grande Simbiose do AOP, os sacrifícios e outros rituais mantinham o tipo de relação que se percebia existir entre os humanos e os deuses – nesse caso, uma relação de necessidade mútua. Em Israel, no lugar da Grande Simbiose, encontramos um relacionamento redefinido (pela aliança) como o relacionamento de suserano e vassalo, no qual os homens exibem a glória de Deus e exaltam sua reputação em vez de satisfazer às suas necessidades.[6]

----

[4]Walton, John H.; Walton, J. Harvey. *The lost world of the Torah.* Downers Grove: IVP, 2019, p. 71; em Greer, Jonathan S.; Hilder, John W.; Walton, *John. Behind the scenes of the Old Testament.* Grand Rapids: Baker Academic, 2018, p. 350.

[5]Duas propostas se destacam. Em primeiro lugar, há quem proponha uma relação de *ressignificação.* Podemos ter um empréstimo da *imagem*, mas sem a *teologia* (p. ex., Bruce Waltke). O que fica claro é que o autor bíblico estabelece um *diálogo*, mas não uma *apropriação.* (p. ex., serpente rastejar, imagem e semelhança, jardim secreto, construção em sete dias, descanso como entronização em tempos de paz). Em segundo lugar, há quem defenda uma relação *polêmica* (p. ex., Tremper Longman III), um tipo de diálogo *em correção* com outros relatos da criação (egípcios). Existiam várias narrativas da origem do mundo e da humanidade. Os leitores de Gênesis sabiam disso, e Moisés corrige essas visões usando as mesmas imagens. Longman III (Longman III, Tremper. *Emanuel em nosso lugar.* São Paulo: Cultura Cristã, 2016, p. 29) está certo ao declarar que não devemos ler Gênesis à luz da teoria da evolução ou da ciência moderna, mas à luz das narrativas do AOP. Em terceiro lugar, John Walton (2018) lembra que a mitologia pagã pode ser uma boa *fonte* de informação para o "ambiente cognitivo" – ou seja, entender como os povos do AOP concebiam seu mundo (p. ex., cidade, reis, casamento, sociedade, lei, construção em sete dias). É o criticismo do "ambiente cognitivo".

[6]Walton, 2019, p. 71.

O HABITAT DA MORALIDADE

As ofertas, portanto, eram não tanto uma resposta a ofensas, mas demonstrações de *lealdade* e *submissão* – um tributo. "O foco do sistema sacrificial, portanto, era o relacionamento com Yahweh como seu rei."[7] Ele ainda diz que, no pensamento israelita, "as pessoas não são fruto de um pensamento posterior, criadas com o propósito de suprir as necessidades divinas. [...] Pessoas foram criadas para o relacionamento".[8]

7. *A relação do templo com o Espírito Santo*. No material neotestamentário, o templo é qualificado como sendo "do Espírito". Segundo o apóstolo Paulo, o Espírito é o autor da unidade (Efésios 4:3) do corpo. A linguagem de edificação, tão comum no *corpus* paulino e, hoje, aplicada quase exclusivamente a indivíduos ("Fui muito edificado hoje!"), tem o templo como referência e o Espírito como agente da construção. A distribuição soberana dos dons e o exercício individual da palavra profética são maneiras de edificar-construir o povo-templo (1Coríntios 14:12; Efésios 4:12).

8. *A natureza corporativa do templo*. No Novo Testamento, fica claro que templo são *pessoas*. A pedra angular, o fundamento e as pedras são *pessoas* (Efésios 2:20; 1Pedro 2:5). Somos chamados a viver no templo diante de Deus e diante de pessoas. Essa edificação é estabelecida em uma interação amorosa, na qual atos de bondade, palavras verdadeiras e cheias de graça e a dinâmica do perdão são vivenciados (Efésios 4:24-32).

9. *A natureza pessoal da relação pactual*. Pode-se questionar a presença de uma relação pactual na Criação.[9] O que não se pode negar é a relação entre aliança e templo. A vida no templo é vivida em termos pactuais. Sobre a natureza pessoal e até mesmo sentimental das alianças, as palavras de Michael Horton são valiosas:

O que, muitas vezes, está presente nesses tratados antigos, mas não nas analogias modernas, é o fato de que não se tratavam de meros contratos legais, mas

---

[7] Walton, 2019, p. 72.

[8] Walton em Greer et al., 2018, p. 352.

[9] Para uma defesa completa desse tema, veja Gentry, Peter; Wellum, Stephen. *Kingdom through covenant*. Wheaton: Crossway, 2018, p. 211-58. Para uma abordagem introdutória, em uma apresentação mais acessível, veja Schreiner, Thomas R. *A aliança e o propósito de Deus para o mundo*. São Paulo: Shedd, 2021. Sobre a importância da temática, as palavras de N. T. Wright (2009, p. 45) são suficientes: "Concordo com E. P. Sanders quando afirma que a aliança é o pressuposto oculto da literatura judaica, mesmo que a palavra raramente ocorra".

PROPOSIÇÃO 1: TEMPLO É UM LUGAR DE ENCONTRO

envolviam os sentimentos mais profundos. O grande rei era o pai que adotava os cativos que ele havia libertado da opressão. Consequentemente, ele não era apenas obedecido externamente, mas também amado; não era só temido, mas também reverenciado; não era apenas conhecido como senhor legal do reino, mas também reconhecido abertamente como o soberano por direito. É claro que havia bons e maus suseranos, mas havia uma concordância geral, pelo menos no antigo Oriente Próximo, de que isso constituía um pacto legal.[10]

Thomas Schreiner reforça a diferença entre aliança e contrato: "Os contratos também contêm promessas e obrigações, mas são impessoais e não relacionais. As alianças se diferenciam dos contratos porque as promessas são feitas em um contexto relacional".[11] Em outras palavras, o pacto existe em função da relação.

10. *O tratamento dispensado a Jesus como templo – o templo-pessoa.* A ambivalência entre lugar e pessoa pode ser vista não somente na identificação de Cristo com o templo do Antigo Testamento, mas também na identificação da igreja com Jesus e da igreja com o templo. Essa relação ambivalente entre grupo de pessoas, uma pessoa e o antigo referencial espacial (o templo) reforça, além do aspecto pessoal do templo, sua *primazia*. Asseguramos, ao lado de G. K. Beale, que "em Jesus [...] o lócus do cumprimento das profecias do templo muda do templo arquitetônico para sua *pessoa*".[12]

LUTANDO PELA PRIORIDADE DA RELAÇÃO

Escolhas morais, quer conscientes, quer instintivas, revelam prioridades mentais. Segundo a estrutura unificadora proposta no capítulo 1, o pensar moral vem *depois* da relação e da vocação. Deus estabelece o lugar em que sua presença é desfrutada (relação), deseja que o ser humano domine (relação), ordena o domínio (vocação) e somente *depois* apresenta orientações negativas – o "Não comerás" – que trazem consigo o senso moral de certo e errado. A precedência do lugar-pessoa mostra que quem o segue deve estar a serviço dele.

[10] Horton, Michael. *O Deus da promessa.* São Paulo: Cultura Cristã, 2010, p. 20.
[11] Schreiner, 2021, p. 16.
[12] Beale, G. K. *Deus mora entre nós.* São Paulo: Loyola, 2019, p. 57.

Na prática, há uma batalha pelo elemento mais fundamental em nossas decisões éticas. Diante de bifurcações éticas, temos de priorizar a *relação*. O templo não nos diz apenas que a moralidade é relacional; ele nos diz que é *primariamente* relacional. Em dois momentos nos Evangelhos, as palavras do Senhor Jesus apontam para essa realidade.

No primeiro momento, em um contexto de conflito com os líderes religiosos, Jesus respondeu ao questionamento sobre qual mandamento é o *mais* importante (Marcos 12:28). No segundo momento, em uma porção do Sermão do Monte, Jesus conclui dizendo: "Busquem, pois, em *primeiro* lugar" (Mateus 6:33).

Nesses dois textos, encontramos uma temática em comum: a prioridade da relação. No primeiro, Deus deve ser nosso tesouro maior. Apenas quando o temos como tesouro maior, podemos lidar com os tesouros corruptíveis. No segundo, somente o amor a Deus explica e julga as orientações dadas ao povo de Israel. Essas duas passagens legitimam, pois, a tese de que a primazia é o lugar em que as lutas verdadeiras e legítimas são travadas.

O principal mandamento

Em Marcos 12:28ss, encontramos um mestre da lei questionando Jesus sobre qual é o mandamento mais importante. A versão marcana oferece uma leitura positiva, pois o questionamento nasce do fato de Jesus ter respondido sabiamente ao desafio dos saduceus quanto à ressurreição. Marcos parece informar que nem todo o público de Jesus tinha más intenções. Ou seja, no meio de tantas controvérsias, alguns foram alcançados pelo Mestre. Mateus, por outro lado, apresenta a discussão de maneira negativa. Lá, Jesus é *testado*. Assim como em outras inúmeras passagens paralelas entre os Evangelhos, as discrepâncias se explicam por suas ênfases particulares, que não necessariamente se anulam.

O relato marcano da relação amistosa entre Jesus e o escriba é visto por alguns estudiosos (p. ex., Larry Hurtado) não somente como uma forma de revelar que, em meio às controvérsias, também havia respostas positivas. É, igualmente, uma tentativa de mostrar que, apesar de existirem diferenças entre Jesus e os líderes religiosos, essas diferenças não são absurdas. Ou seja, existia uma

PROPOSIÇÃO I: TEMPLO É UM LUGAR DE ENCONTRO

matriz comum. Não eram grupos completamente alienados. É exatamente essa matriz comum que permite o diálogo positivo da versão marcana.

A pergunta feita pelo mestre da lei apresenta uma construção que chama a atenção: "De todos os mandamentos, qual é o mais importante?". Na expressão "de todos" (gr. πρώτη πάντων, *prōtē pantōn*), o gênero de "todos" é neutro, enquanto "mandamentos" é feminino. Essa dissonância de gêneros tem levado alguns estudiosos a entenderem que não se trata da parte de um todo. Ou seja, o escriba não está questionando qual dos 613 mandamentos dados a Israel é o maior. A questão seria: qual mandamento supera os demais? Ou ainda: qual mandamento alcança a *todos*? Qual mandamento pode ser aplicado a toda a humanidade? De acordo com esse entendimento, o mestre da lei não quer saber somente o mandamento mais *importante*, mas também o mais *abrangente*.

O problema dessa abordagem é a resposta do Senhor Jesus Cristo: "O *mais importante* é este". Isso nos leva a concluir que a pergunta era a respeito do que era mais fundamental dentro da lei, ou seja, uma parte do todo. A pergunta do mestre da lei poderia ser apresentada da seguinte forma: "Que mandamento explica os demais?" ou "Qual mandamento sustenta os demais?" ou, de maneira negativa, "Qual mandamento, se não for entendido e vivido, levará todos os demais à destruição?".

Essa conclusão é reforçada pelo fato de que esse era um questionamento comum nos dias de Jesus. Diante dos 613 mandamentos encontrados no material mosaico, a classificação em positivos e negativos, fortes e fracos etc. era quase inevitável. Uma das lutas dentro do mundo judaico era a busca por uma premissa fundamental, um mandamento básico que amarrasse os demais.

A despeito de o sábio Shammai, contemporâneo de Jesus, considerar essa busca uma "solicitação estúpida",[13] seu julgamento sinaliza que era uma demanda de seus dias. O rabino Hillel, por outro lado, tinha sua proposta: "Não faça ao próximo o que você detesta; essa é a lei toda. *O resto é comentário*". A ideia, portanto, não é tanto o "mais importante", mas o

---

[13]Harrington em Harrington, Daniel J.; Keenan, James F. *Jesus e a ética da virtude*. São Paulo: Loyola, 2006, p. 125.

"principal". A resposta na versão mateana reforça essa proposta. Lá, Jesus diz que a Lei e os Profetas *dependem* desses mandamentos.

Jesus opta por responder ao mestre da lei. Isso revela, além de uma matriz comum, a legitimidade da pergunta, uma vez que o silêncio era um comportamento encontrado nos embates de Jesus, além de amparado pela sabedoria hebraica. Ao responder, Jesus revelava que fazia sentido buscar uma base para todos os mandamentos.

São duas as passagens citadas como resposta: Deuteronômio 6:5 e Levítico 19:18. Amor é o tema comum. Uma passagem tem o foco em Deus; a outra, no próximo. Conclui-se que há uma clara relação entre amor e lei. Segundo Douglas Moo, em Jesus encontramos basicamente dois direcionamentos quando o assunto é lei e amor: amor como *critério* para avaliação da lei, pois é vital para a devida leitura da lei; e amor como a *exigência* central da lei.[14] O texto de Marcos se encaixa no primeiro ponto: "julgamos" nossa interpretação e obediência à lei por meio de nossa disposição integral de amar a Deus.

Pensando em disposição integral, segundo o texto de Deuteronômio, o amor deve ser devotado com a integralidade de mente, coração, força e alma. A análise desses termos, contudo, não deve levar a perder de vista a mensagem. O significado dessas palavras coincide. Assim, a distinção rígida entre elas seria um caminho perigoso. Não se trata de quatro componentes estanques da vida humana, mas da *totalidade* da vida humana. Os termos enfatizam a *integralidade*. Essa disposição plena do ser humano deve ser voltada completamente para Deus.

"O que resta para o próprio ser humano?", pode-se questionar. Resta amar a Deus. Assim, o amor ao próximo e a lida com as orientações só podem ser devidamente considerados quando partimos do elemento fundamental: *o amor a Deus*. Toda disposição amorosa direcionada ao próximo é um desdobramento do amor a Deus.

Antes de seguir para o texto do Sermão do Monte, é importante ressaltar que o apóstolo João faz questão de ensinar que, na relação de amor, Deus deu o primeiro passo (1João 4:19). Ou seja, o amor humano é uma

---

[14]Em Gundry, Stanley (org.). *Lei e o evangelho*. São Paulo: Vida, 2003, p. 385.

PROPOSIÇÃO 1: TEMPLO É UM LUGAR DE ENCONTRO

resposta. Qualquer orientação deve ser precedida pela certeza do interesse amoroso de Deus. Essa certeza é evidenciada pela resposta integral do amor. É apenas nessa relação que podemos entender e julgar nossas ações à luz das orientações divinas.A lida com os mandamentos não começa pelos próprios mandamentos, mas pelo *autor* deles; com uma resposta positiva diante dos seus atos em prol do seu povo. A relação pessoal e amorosa, portanto, tem *prioridade*.

O reino em primeiro lugar

A passagem de Mateus 6:33 faz parte de um dos textos mais emblemáticos dentro da ética de Jesus Cristo: o Sermão do Monte (Mateus 5–7). Em relação à estrutura do sermão, esse verso faz parte de uma porção que tem início em Mateus 6:19. Os versículos de 19 a 24 podem ser divididos em três blocos, que operam na estrutura literária de inclusão: A-B-A.

A: Tesouros celestiais e terrenos (v. 19-21)
B: Olhos e corpo (v. 22,23)
A: Deus e Mamom (v. 24)

No primeiro bloco A, é estabelecido o contraste entre os tesouros celestiais e os terrenos. No último bloco A, seguindo as mesmas direção e temática, o contraste é entre Deus e Mamom. Entre eles, temos o bloco B, um texto obscuro que faz referência aos olhos e ao corpo.[15] Depois dessa seção, os versículos de 25 a 34 trazem uma palavra sobre a ansiedade, e a porção se encerra com a exortação sobre o reino de Deus.

Como, então, relacionar os tesouros (bloco A), olhos e corpo (bloco B), ansiedade (v. 25-32) e a exortação de buscar o reino em primeiro lugar (v. 33)? A resposta está na *estrutura* do texto. A forma pela qual é construído me leva a crer que se trata de uma *repetição de ideias*. São palavras, abordagens e implicações distintas, mas que apontam para o mesmo assunto: a

---

[15]Jonathan Pannington (Pennington, Jonathan. *El Sermón del Monte y el florecimiento humano*. Kevina Road: Proyecto Nehemíes, 2020, p. 284) explica a dificuldade: "[os versos] são ricos em metáforas e jogos de palavras, o que os torna muito difíceis de traduzir". Ele ainda menciona que o elemento poético também dificulta a tradução, "porque cada palavra está carregada de evocações da enciclopédia cultural original".

prioridade da relação com Deus, como o único caminho capaz de integrar céu e terra, interior e exterior.

Consideremos, em primeiro lugar, o *tesouro*, que está presente em toda a porção. Isso está explícito nos versículos 19-21 e implícito na expressão "olhos maus" ou "olhos não generosos" dos versículos 22,23. No versículo 24, ganha contornos mais pessoais quando Deus é contrastado com as riquezas. Ou seja, Deus é o referente para o tesouro celestial em 19-21 e para uma vida na luz em 22,23. Na seção sobre ansiedade, o tesouro terreno é representado por roupas e comida. Na exortação final, aparece na expressão "todas essas coisas", enquanto o melhor tesouro está no reino de Deus e em sua justiça.

Em segundo lugar, temos uma referência ao *mundo interior*, também presente em toda a porção. Essa expressão é representada por "coração", nos versículos 19-21; por "olhos", nos versículos 22,23; por "ódio" e "amor", no versículo 24; e por "preocupação", nos versículos 25-34.

Em terceiro lugar, temos a temática da *integridade*, relacionada aos dois temas anteriores. O texto é marcado por divisões sem sentido ou destrutivas: os tesouros da terra *versus* os tesouros celestiais, Deus *versus* Mamom, comida e vestimenta *versus* o Reino de Deus.

Como relacionar o mundo externo das riquezas com o mundo interior? Seguindo o espírito da literatura sapiencial, o Senhor Jesus apresenta dois caminhos: um tem o poder de integrar e o outro de destruir; um integra interior com exterior, o outro traz trevas e ansiedade. A solução integrativa está na *prioridade* encontrada explicitamente em Mateus 6:33: "Busquem, pois, em *primeiro lugar* o Reino de Deus e a sua justiça, e todas essas coisas lhes serão acrescentadas".

R. T. France informa que a linguagem de prioridade, explícita em 6:33, pode ser percebida de forma implícita nos versículos 19-21 e 24.[16] De todas as conexões levantadas nessa porção, a "prioridade" tem maior poder aglutinador e interpretativo, pois une e esclarece todos os blocos, reforçando a tese de que nosso versículo é o clímax de toda a passagem.

Reconhecida, pois, a onipresença da linguagem de prioridade, entendemos que a relação entre céu e terra, tesouros terrenos e celestiais, não é de

---

[16]France, R. T. *The Gospel of Matthew*. Grand Rapids: Eerdmans, 2007, p. 270.

PROPOSIÇÃO 1: TEMPLO É UM LUGAR DE ENCONTRO

exclusão,[17] mas de *prioridade.* A Bíblia não apresenta uma dicotomia rígida entre céu e terra, como se riqueza no céu fosse pobreza na terra e vice-versa. Muito pelo contrário: elas estão completamente relacionadas. Aliás, o céu se une à terra quando oramos. Hebreus deixa claro que nós temos acesso ao santíssimo lugar. A terra, como criação, é vista de maneira positiva. O dinheiro pode ser uma bênção. O pão de cada dia, a exemplo do dinheiro para comprá-lo, vem das mãos de Deus. Dessa forma, podemos entender que o versículo 19 não proíbe poupar nem investir dinheiro. A formiga em Provérbios é um exemplo não somente porque trabalha, mas também porque armazena (6:6-8).

Como bem nos lembra Scot McKnight, essa passagem "não é sobre a sociedade ideal, nem é uma *teoria econômica*; é sobre adoração e idolatria".[18] A expressão "todas essas coisas" em Mateus 6:33, bem como comida e bebida, não são tesouros que temos a opção de rejeitar. Sem eles, não conseguiríamos nem mesmo viver. Na prescrição de "buscar", encontramos uma sequência na qual as "coisas terrenas" não são descartadas, mas simplesmente colocadas em posição secundária.

A preocupação que Jesus condena é resultado de uma inversão de prioridade, em que "todas essas coisas" — comida, vestes e tesouro terreno — ganham prioridade. Quando o reino não está em primeiro lugar, o resultado é ansiedade, uma vida dúbia e cheia de trevas, em que o perecível é mais valioso do que o eterno.

A declaração de Mateus 6:21 estabelece uma relação profunda entre *tesouro* e *coração* — entre o mundo externo e interno: "Pois onde estiver o seu tesouro, aí também estará o seu coração". Assim como o amor ao próximo é decorrente do amor completamente devoto a Deus, pois todo o ser está comprometido em amar a Deus, assim também a relação com os tesouros terrenos deve *decorrer* do relacionamento com o tesouro celestial. O tesouro referido nesse versículo é ambíguo. Não sabemos onde se encontra. Só o leitor poderá responder. Essa resposta, por sua vez, será a chave para saber onde está o coração.

---

[17] O advérbio πρῶτος (*prótos*, "primeiro") em Mateus (cf. p. ex., Mt 10:2, 12:45; 19:30) não estabelece uma relação de *exclusividade*, mas de *prioridade*. R. T. France (2007, p. 270), ancorado na análise de T. E. Schmidt, assegura que 25 das 26 ocorrências de *prótos* em Mateus indicam *prioridade*.

[18] McKnight, Scot. *Sermon on the Mount.* Grand Rapids: Zondervan, 2013, p. 205.

O que se diz do coração, pode-se dizer dos olhos: "Os olhos são a candeia do corpo. Se os seus olhos forem bons, todo o seu corpo será cheio de luz" (v. 22). Uma das questões que é alvo de grandes discussões é: "Os olhos *recebem* ou *emitem* luz?". Em todos os usos antigos da expressão, a ideia é de que a luz *sai* do olho, e não que o olho a *recebe*. Sou inclinado a crer que os olhos são a porta de saída da alma, e não de entrada. Olho bom reflete uma alma boa. Porém, seja qual for o entendimento (receber ou emitir), os olhos são a janela metafórica entre interior e exterior. Se há escuridão no mundo interior, isso trará trevas para toda a vida, no mundo exterior.

Assim como o coração é o centro da personalidade, pois envolve a mente, as emoções e a vontade (Provérbios 27:19), os olhos afetam todo o corpo. Eles são traduzidos por "bons" (ACF, ARA, ARC, NAA, NTLH, NVI, NVT), mas a palavra grega aqui se refere a "simplicidade" e "sinceridade". Um olho "bom" é um olho "simples", ou seja, não duplicado, não dividido nem dúbio. A visão saudável é "simples" e "focada". Pelo contexto, o olho bom está focado apenas no tesouro celestial, no próprio Deus. O olho "bom" estabelece uma relação positiva com o corpo, com o todo. Uma vida íntegra começa por olhos bons. Sua prioridade é dirigir-se a um único alvo.

O conceito de inteireza ou integridade está presente em vocábulos-chave dentro do Sermão do Monte. Conceitos como perfeição (5:48), bem-aventurança e justiça[19] são muito próximos e reforçam essa análise sobre Mateus 6:33. A justiça desejada nas bem-aventuranças (5:6) é a marca do cidadão do reino. Ela excede a justiça dos fariseus (5:20), pois leva em conta o ser humano "integral" (interno e externo). Justiça é fazer a vontade de Deus de maneira íntegra, perfeita. Apesar de gerar perseguição (5:10), ela deve ser buscada ardentemente.

Não se pode ignorar o fato estatístico de que, em Mateus, a expressão dominante é "reino dos céus", e não "reino de Deus", que é o que aparece em Mateus 6:33. A primeira expressão aparece pouco mais de trinta vezes, enquanto a última tem somente cinco ocorrências. Em que isso implica? Falando sobre a expressão "de Deus", R. T. France assegura que, "em cada caso, parece provável que ele [Mateus] se afaste do uso normal

---

[19]Para uma análise de "justiça" no sermão do monte, veja Pennington, 2020, p. 117-20.

PROPOSIÇÃO 1: TEMPLO É UM LUGAR DE ENCONTRO

[reino dos céus] porque o contexto requer uma referência *mais pessoal* ao próprio Deus, em vez de uma linguagem mais oblíqua de sua autoridade celestial".[20] Essa ênfase na natureza pessoal é reforçada pelo paralelo entre "tesouro" e "Deus".

Em suma, assim como o amor a Deus explica e julga todas as suas orientações, nossa vida só terá harmonia quando colocarmos nossa relação pessoal com Deus em primeiro lugar. Se retirarmos o elemento "prioridade", todo o ensinamento de Jesus perde o sentido. Sua ênfase nesse aspecto certamente revela em nós uma tendência contrária, ou seja, de priorizar a nós mesmos. Nossas prioridades produzem efeitos completamente diferentes, mas se encaixam em apenas duas categorias: trevas e luz.

A luta pela dianteira

Os textos de Marcos e Mateus, antes analisados, revelam que podemos nos perder em nossas prioridades. A ordem de Jesus em Mateus 6:33 mostra onde a verdadeira luta deve ser travada e onde o desgaste da busca vale a pena. Sua orientação pressupõe uma inclinação natural à *substituição*. Seja qual for o candidato a segundo lugar, a luta nunca estará lá. O primeiro lugar é o único a ser considerado, e é somente lá que as verdadeiras substituições acontecem.

No âmbito da ética, podemos assegurar que, se negligenciarmos a prioridade de sua natureza relacional – a relação pessoal com Deus –, estaremos perdidos, priorizando questões de *utilidade* e *resultado* (olhando para a situação) e/ou *sentimentais* (olhando para dentro de nós mesmos) ou, pior, priorizando questões *morais* (olhando para os imperativos ou proibições). Embora as questões morais sejam valiosas, via de regra, não se apresentarão impassíveis, nem se contentarão com a medalha de prata; antes, lutarão para assumir a dianteira – o que, infelizmente, costuma acontecer.

A vitória corriqueira da utilidade, dos sentimentos e do certo e errado justifica a defesa da contemplação e da prioridade do lugar. O lugar, vale lembrar, é a habitação de uma pessoa. É a presença de YHWH, junto conosco, sua imagem, que faz do lugar um templo.

---
[20]France, 2007, p. 271.

183

O HABITAT DA MORALIDADE

Não são apenas as mentalidades utilitária, sentimental ou moralista que representam uma ameaça à prioridade do templo-presença. A carta aos hebreus revela que a missão de Jesus envolvia levar muitos filhos à glória (2:10), ou seja, levá-los para onde nossos primeiros pais almejaram estar: na cidade celestial, diante do trono, da presença.

Ao longo da carta, o autor argumenta em prol da superioridade de Jesus. Ele exorta seus leitores a ouvirem, olharem, pensarem e desfrutarem a obra de Cristo, pois não há escapatória para quem a negligencia. Mas o que os levou a pensar em um caminho substituto? Nos momentos da carta em que o elemento situacional é revelado – principalmente nos capítulos 10, 12 –, somos levados a crer que o sofrimento repetido e o medo decorrente explicam.

Certamente, essas são explicações autênticas. Porém, a carta não nos deixa somente com esse esclarecimento. As exortações para se aproximar do trono da graça revelam que o sofrimento produziu distanciamento. O movimento de *aproximação* é um movimento de *volta*. Algo se havia perdido – *o desfrute da presença*. O fato é que o desejo de *substituição* e de *fuga da presença* não é localizado. É um comportamento da velha humanidade. Esse foi o comportamento paradigmático do nosso representante – "esconderam-se Adão e sua mulher da presença ["face" em hebraico] do Senhor Deus" (Gn 3:8b). Aqueles irmãos precisavam entender que a força necessária para a vida não estava em alimentos cerimoniais (13:9), mas no *trono-presença* (4:16). Lá, e somente lá, a graça da misericórdia para os momentos de necessidade seria derramada.

Nas exortações em 4:16 e 10:19,22, o autor constrói uma grande inclusão, não apenas deixando cristalina a importância do tema da *aproximação*, mas também o tomando como a *única solução*. Ele declara: "*Aproximemo*-nos do trono da graça com toda a confiança..." (4:16) e "*Aproximemo*-nos de Deus com um coração sincero e com plena convicção de fé" (10:22).

Em Hebreus 12:22-24, somos apresentados a uma verdade chocante:

Mas vocês chegaram ao monte Sião, à Jerusalém celestial, à cidade do Deus vivo. Chegaram aos milhares de milhares de anjos em alegre reunião, à igreja dos

PROPOSIÇÃO 1: TEMPLO É UM LUGAR DE ENCONTRO

primogênitos, cujos nomes estão escritos nos céus. Vocês chegaram a Deus, juiz de todos os homens, aos espíritos dos justos aperfeiçoados, a Jesus, mediador de uma nova aliança, e ao sangue aspergido, que fala melhor do que o sangue de Abel.

Aqui, as categorias *pessoa* e *lugar* se confundem. Começa por lugar (Sião, Jerusalém) e, depois, passa para seres pessoais (anjos, igreja, justos, Deus e Jesus), em uma crescente gloriosa com Deus e Jesus como *clímax*. A inversão de prioridade ou fuga da presença, portanto, não é uma *troca* inofensiva; é a própria essência do pecado – distanciamento, idolatria, autonomia. É dar as costas a uma pessoa; é rejeitar um relacionamento.

APELOS ÉTICOS-RELACIONAIS

Voltemos aos Modos de Hays. Relembrando: eles partem do específico para o geral. A *regra* carece de *princípios*, *paradigmas* e *mundos* simbólicos. Os três últimos são o contexto para a regra. Em alguns momentos nas Escrituras, a orientação encontrará explicação nos princípios. O autor bíblico apelará e argumentará, por exemplo, que determinado comportamento é equivocado por não ser amoroso. Nesse caso, o amor (princípio) é a régua. Ainda assim, esse princípio carece de um "mundo simbólico" para fazer sentido.

Em outros casos, como o divórcio, "é particularmente digno de nota que nenhum dos nossos textos apela para o *amor* como um princípio que determina se um casamento deve ser revogado".[21] São poucos os paradigmas. O apelo de Jesus em Mateus 19 a Gênesis é um apelo ao mundo simbólico. Só assim, a proibição de divórcio faz sentido.

Ao longo das Escrituras, apelos relacionais são apresentados como o fundamento de determinados comportamentos. Tomemos como exemplo a passagem clássica contra a imoralidade sexual:

Quanto ao mais, irmãos, já os instruímos acerca de como viver a fim de agradar a Deus e, de fato, assim vocês estão procedendo. Agora lhes pedimos e exortamos no Senhor Jesus que cresçam nisso cada vez mais. Pois vocês conhecem os mandamentos que lhes demos pela autoridade do Senhor Jesus.

---

[21]Hays, Richard B. *The moral vision of the New Testament*. New York: HarperCollins, 1996, p. 367.

A vontade de Deus é que vocês sejam santificados: abstenham-se da imoralidade sexual. Cada um saiba controlar seu próprio corpo de maneira santa e honrosa, não dominado pela paixão de desejos desenfreados, como os pagãos que desconhecem a Deus. Nesse assunto, ninguém prejudique seu irmão nem dele se aproveite. O Senhor castigará todas essas práticas, como já lhes dissemos e asseguramos. Porque Deus não nos chamou para a impureza, mas para a santidade. Portanto, aquele que rejeita estas coisas não está rejeitando o homem, mas a Deus, que lhes dá o seu Espírito Santo (1Tessalonicenses 4:1-8).

Expressões como "agradar a Deus", "a vontade de Deus é", "pagãos que desconhecem a Deus" e "aquele que rejeita estas coisas não está rejeitando o homem, mas a Deus" mostram que a base apelativa para o comportamento sexual esperado não é primariamente funcional, mas relacional, ou seja, pessoal. Isso não se evidencia no tratamento isolado das palavras "agradar", "vontade", "desconhecer" e "rejeitar", mas no entendimento de que elas, juntas, apontam para o mundo das relações pessoais. Em Romanos 8:8, Gálatas 1:10, Filipenses 4:18 e 1Tessalonicenses 2:4, encontramos a ideia de agradar a Deus como um determinante do ministério de Paulo.

Os resultados psicológicos e práticos de uma vida sem controle sexual são inquestionáveis e fortalecem a argumentação em prol da santidade da vida sexual. Contudo, dependendo de como essas informações são apresentadas, podem assumir a dianteira, sufocando o caráter pessoal da ética. Esse não é o objetivo do apóstolo Paulo. Para quem não conhece a Deus ou não tem uma vida na presença de Deus, a argumentação e o apelo paulino tornam-se completamente estéreis.

Isso pode explicar a dificuldade tão comum que os cristãos têm de aplicar o discurso ético. Não são poucos os que apelam a questões utilitárias e/ou sentimentais para justificar a ética cristã. A confusão entre evangelismo e moralismo é outro equívoco quanto ao lugar da linguagem ética no discurso cristão. Para muitos, evangelismo e moralismo são exatamente a mesma coisa. Ou seja, se "falta templo", falta priorizar a relação pessoal sobre questões utilitárias e sentimentais.

PROPOSIÇÃO 1: TEMPLO É UM LUGAR DE ENCONTRO

A resposta ao apelo utilitário e sentimental pode, a princípio, até mesmo ser afirmativa. Pessoas podem seguir uma agenda ética porque ela *faz sentido*. Faz sentido manter-se sexualmente puro, faz sentido ter filhos, faz sentido ser fiel ao cônjuge ou à comunidade... A questão é: e quando não fizer sentido? Apelos éticos bíblicos essenciais, como tomar a cruz, serão considerados uma loucura completa. Sem uma relação pessoal prévia – o lugar *antes* do ser e da instrução –, muitas instruções serão, se não abolidas, no mínimo silenciadas. Sem a pessoa no cenário, muitas orientações não farão sentido; outras parecerão inúteis; outras ainda serão eliminadas diante de nossos sentimentos e afeições. A ética bíblica é para filhos, corregentes e adoradores. E algumas orientações só serão bem recebidas por pessoas com espírito de filiação, senso de missão e postura de submissão e alegria.

Pensemos em Provérbios. Uma leitura rápida e descuidada pode nos levar a concluir que estamos diante de inúmeros conselhos que parecem fundamentados única e exclusivamente nos resultados. Tomemos como exemplo o alerta dado ao jovem para não se envolver com uma mulher adúltera. A explicação de evitar tal comportamento é a seguinte: "pois o ciúme desperta a fúria do marido, que não terá misericórdia quando se vingar. Não aceitará nenhuma compensação; os melhores presentes não o acalmarão" (6:34,35). Há três capítulos (5–7) e mais de sessenta versículos em que o pai alerta o filho dos efeitos que o contato com a mulher adúltera causarão. Nada mais utilitário.

Poderíamos citar outros inúmeros exemplos no livro que seguem exatamente o mesmo espírito: considere os resultados de suas decisões. No entanto, não podemos esquecer que o autor declara, de maneira didática e direta, que existe um fundamento na sabedoria. Em suas palavras: "O princípio da sabedoria é o temor do Senhor". Nada mais pessoal. Em suma, as instruções têm valor *depois* do lugar-pessoa. Deus e nossa relação com ele devem estar no princípio. Caso contrário, não há sabedoria.

A teologia do discipulado, ou seja, do processo de seguir os passos de Cristo, é um exemplo neotestamentário em que somente a relação pessoal justifica e explica determinado comportamento ou instrução. Ser discípulo é seguir uma pessoa.

O HABITAT DA MORALIDADE

Um dos textos clássicos sobre essa temática é Lucas 14:25-35. Essa passagem ensina que seguir Jesus não é resultado de uma decisão emocional, fruto de um entusiasmo irrefletido como o da multidão que ia atrás de Cristo. O discipulado é, antes, resultado de uma avaliação consciente de valores. A ausência dessa avaliação gera vergonha. O custo precisa ser levado em consideração. Na matemática do discipulado, o valor supremo é o próprio Senhor Jesus Cristo. Tudo deve ser medido por ele. Seu valor é ressaltado ao considerar que o amor que lhe é devido é tão alto que, em comparação, o amor devido às pessoas mais próximas pareceria "ódio".[22] Jesus deve se interpor entre nós e as demais pessoas e coisas.

Em seu clássico *Discipulado*, Dietrich Bonhoeffer expressou com perfeição a prioridade (mediação) de Cristo em relação a tudo:

O ser humano chamado não pode ocultar-se atrás de pai e mãe, mulher e filhos, povo e história. Cristo quer que o ser humano fique só, que nada mais enxergue senão aquele que o chamou. [...] Cristo libertou o ser humano de sua relação imediata com o mundo e o transportou para uma relação imediata consigo mesmo. [...] Com sua encarnação, Cristo colocou-se entre mim e as circunstâncias do mundo. Já não posso recuar: ele está de permeio. Privou a pessoa que foi chamada da relação imediata com tais circunstâncias. Ele quer ser mediador, e tudo deve se processar através dele. *Ele é o Mediador*, e isso não somente entre Deus e os seres humanos, mas também entre ser humano e ser humano, e entre o ser humano e a realidade. [...] já não existem para seus discípulos quaisquer relações imediatas naturais históricas ou empíricas. Entre pai e filho, marido e mulher, entre o indivíduo e o povo, ergue-se Cristo, o Mediador [...] A mais amável tentativa de compreensão,

---

[22] "Odiar" ou "amar menos"? As versões ACF, ARC, TB, AVC e ARA traduzem o verbo μισέω (*miséo*) como "aborrecer". Já a NVI, NVT, AS21, NTLH e a NLT seguiram o caminho da comparação, optando pelo sentido de "amar menos". A edição católica Claretiana e a TNM traduzem literalmente por "odiar". Alguns acreditam que a questão do ódio se explica apelando ao semitismo (p. ex., R. H. Stein). Em sua versão do texto, Mateus teria optado por apresentar o conceito e não as *exatas* palavras. Outros apelam para o hebraico (p. ex., Howard Marshall), lembrando que a palavra hebraica *siànē'* tem o sentido de "deixar de lado", "abandonar". Isso seria reforçado pelo paralelo entre *miséo* ("ódio", Lucas 14:26) e ἀποτάσσω (*apotassó*, "renunciar", Lucas 14:33). Assim, a palavra traduzida como "ódio" no texto lucano não teria caráter psicológico nem sentimental, mas de decisão de renúncia. Outra forma de entender o ódio é vê-lo como recurso retórico. Jesus estaria afirmando "que o amor que o discípulo tem por ele deve ser tão grande que o melhor amor terrestre é ódio em comparação" (Morris, Leon, 1983, p. 222). Seja qual for o entendimento do verbo *miséo*, o propósito é ressaltar o valor de Cristo diante de qualquer outro relacionamento. Tudo é deixado de lado.

a psicologia mais sofisticada, a franqueza mais natural não conduz ao outro; não há qualquer relação imediata entre as almas.[23]

Para Bonhoeffer, portanto, nossa relação com toda a realidade, para além da relação com as pessoas, é mediada, não por um conceito, mas por uma pessoa que tem nome, história e ensino. Referindo-nos aos Modos de Hays, estaríamos diante de um *paradigma* – Jesus como modelo –, porém o que o teólogo alemão corretamente propõe vai além: Jesus é mediador. Dessa forma, ele seria, junto com o templo, o mundo simbólico pelo qual enxergamos a realidade.

UM ENCONTRO INTENCIONAL: O VALOR DO MUNDO INTERNO

Um dos elementos essenciais nas relações ou nos encontros são as intenções. Como vimos nas palavras de Jesus e na tônica do Sermão do Monte, o relacionamento que Deus deseja exige a presença da pessoa inteira. Logo, a moralidade bíblica passa obrigatoriamente pelas intenções.

Vamos ao dia a dia. O exercício diário e cotidiano da moral cristã não difere muito do que encontramos em outras propostas comportamentais. Comemos, trabalhamos e compramos os mesmos itens nos mesmos lugares que o pior dos pagãos. Dividimos corredores de supermercados, piscinas de clubes, salas de aula e de cinema – em alguns casos, até a mesma mesa e a mesma cama. Parte dessa coincidência comportamental se explica pela natureza ampla e adaptativa do evangelho e do reino (cf. Romanos 14:17; 1Coríntios 9:22).

Outra explicação está no fato de que Deus não quer mudar primariamente comportamentos, mas, sim, revelar quais intenções deveriam impulsioná-los de forma consciente. Deus quer que, além de trabalharmos, façamos isso com consciência das intenções, discernindo sua presença significativa, sua revelação e seu plano cósmico.

Um dos resultados dessa percepção é que nossos questionamentos éticos começarão pelas intenções: para o quê? Qual é o objetivo de? Para quem? Essa é uma postura mais positiva, pois há um plano a ser

---

[23]Bonhoeffer, Dietrich. *Discipulado*. São Leopoldo: Sinodal, 2004, p. 51-4.

concretizado, e raramente passará pela mentalidade infantil e passiva do comportamento permitido: Posso fazer isso? Posso? Posso?

A exemplo dos demais encontros pessoais, o encontro oferecido pelo templo precisa ser intencional e consciente. Assim, no cristianismo, atos e intenções vivem em uma relação simbiótica de honra mútua, em que a ausência de um macula o outro. São muitas as passagens que revelam a importância de nossa disposição interna. Visando corrigir o uso dos dons na igreja de Corinto, por exemplo, o apóstolo Paulo mostra que somos capazes de usar as aptidões de Deus sem amor — um dos grandes "princípios pessoais" da ética bíblica.

Uma das maneiras de revelar o valor do mundo interior das intenções é combatendo pecados que operam basicamente aí. A luta contra a hipocrisia, por exemplo, mostra que a demonstração externa de bondade não é satisfatória.

No entendimento popular, o problema da hipocrisia está na falta de compatibilidade entre a expressão da vida externa e a realidade da vida interna.

À luz desse entendimento, muitos buscam estabelecer sincronia exata entre esses dois mundos com a manifestação de uma transparência irreal, ingênua e desnecessária. Irreal, porque não vai acontecer; ninguém revela tudo a ninguém — os loucos, talvez. Ingênuo, porque existem pessoas que acreditam em transparência total. Desnecessário, porque não somos *obrigados* a buscar essa sincronia. Ter um mundo interior não revelado não é o mesmo que ser hipócrita.

Qual seria, então, o sentido mais básico de hipocrisia? A hipocrisia está no direcionamento do olhar do coração: o hipócrita está sempre olhando para a plateia. É ela quem conduz e justifica todas as suas escolhas. Pior: o aplauso é a recompensa que ele busca. Assim, um dos grandes prejuízos da hipocrisia, combatido pelo Senhor Jesus, é que ela é pobre em expectativa e rouba o verdadeiro desfrute e a premiação que se encontra no interior das obras de justiça.

Cristo alerta seus discípulos para esse grande mal mostrando que o exercício da piedade cristã não é desinteressado. Jesus garante: depois que nossa mão se dirigir ao necessitado, que nossa boca se abrir para falar com

PROPOSIÇÃO 1: TEMPLO É UM LUGAR DE ENCONTRO

nosso Pai, ou que guardarmos jejum, há premiação certa. Quem dá esmolas, ora e jejua deve esperar, sim, uma recompensa. Somos instigados por Jesus a trocar o entulho malcheiroso que vem da plateia — a premiação dos hipócritas — e dirigir o olhar do nosso coração para as coisas do alto. Essa é a premiação que não pode ser roubada, nem será alvo das traças. Por tudo que foi exposto acima, você sabe muito bem que prêmio é esse.

Sem sair do mundo das intenções, vamos ao mundo das palavras: palavras e intenções. A teoria dos atos da fala nos ensinou que falar é também fazer,[24] ressaltando que todo ato comunicativo é interpessoal. Não há como separar linguagem de pessoalidade. Assim, a questão não é somente o que falamos, mas o que fazemos a alguém *enquanto* falamos.

Responder, contradizer, retrucar, refutar ou reagir a comportamentos e ideias tolas e pecaminosas têm seus perigos. Um deles é tornar-se semelhante a quem se responde (Provérbios 26:4). É raro encontrar alguém combatendo as grosserias na internet sem que ele mesma, em algum momento, seja igualmente grosseira, ainda que de forma inconsciente. Quem nunca viu alguém discorrendo sobre a importância da unidade da igreja e da humildade sem perceber o ar esnobe de sua exposição? Nada mais contraditório. É mais do que comum ver pessoas combatendo o legalismo com um espírito legalista. Precisamos entender que a linha que divide o dogmatismo da certeza, a arrogância da convicção, a grosseria da exortação, o amor do egoísmo, o deboche do sarcasmo profético não está restrita apenas ao que se diz, mas estende-se ao que se faz enquanto se diz. E isso envolve nossa disposição interna.

Voltando ao legalismo. Um dos grandes desafios em condenar o legalismo é ignorar que estamos lidando com uma inclinação humana cheia de nuances. Assim, podemos nos ver combatendo o legalismo com outras

---

[24]A maior parte das teorias da fala reconhece três dimensões ou aspectos da linguagem: (1) ato *locutório*, locucionário ou sentencial, que é a dimensão linguística propriamente dita (p. ex. sons, palavras). (2) Ato *ilocucionário* ou ilocutório, que é o que se faz enquanto se diz algo. É o aspecto *essencial* do ato comunicativo. (3) *Perlocução*, que é o efeito produzido por algo que foi dito. A boa comunicação entende essas distinções. Segundo Kevin Vanhoozer (Vanhoozer, Kevin J. *O drama da doutrina*. São Paulo: Vida Nova, 2016, p. 204): "A contribuição mais importante da filosofia do ato de fala é ajudar a nos libertar da tendência de *reduzir* o significado à *referência* ou dar atenção *exclusiva* ao *conteúdo proposicional* da Escritura". Em outro momento Vanhoozer diz: "comunicação envolve mais do que a codificação linguística [...] estudar a linguagem à parte do estudo do que os usuários da linguagem fazem com ela é um empreendimento sem futuro". Segundo Wolterstorff (2023, p. 74), ancorado na teoria dos atos do discurso, "existem muitas maneiras de dizer coisas *sem ser por meio da produção de sons pelo aparato vocal ou pela inscrição de marcas com os membros corporais*".

formas de legalismo. O fato é que somos inclinados a transformar percepções, preferências, experiências e escrúpulos pessoais em leis rígidas e perpétuas. Amamos legislar (deformar) a sabedoria. Algumas lutas contra o legalismo podem soar piedosas, mas são meras imposições de preferências, em que o reino pessoal, e não o de Deus, tem a palavra final. É legalismo contra legalismo. A quem você está respondendo-reagindo-retrucando em nome do evangelho de Jesus Cristo? É possível que você seja mais parecido com seu adversário do que imagina. Essa é uma preocupação de quem leva a sério as relações pessoais.

E o que dizer da intenção dos outros? A sensibilidade ao mundo do coração e das intenções tem como efeito um olhar mais disciplinado para nós mesmos. Porém, ela não para aí. Ela está interessada, ainda que em menor escala, na intenção dos outros. Isso se explica no fato de as relações estarem interessadas na pessoa *toda*.

Tomemos como exemplo a figura de Judas e a prática do aconselhamento. Iscariotes nos ensina que traidores podem ficar tristes, arrasados e abalados, mas ainda permanecer na exata condição que os levou a chorar. Ou seja, sem qualquer sinal de mudança de espírito. Triste, mas ainda traidor; arrasado, mas ainda traidor; digno de compaixão, mas ainda traidor; cheio de lágrimas, mas ainda traidor. Lágrimas sem arrependimento.

Calvino, falando de Judas, exorta-nos a não darmos voltas de um lado para o outro; mas suportar e encarar a condenação. E diz:

> Mas aqui está o teste pelo qual podemos saber se estamos verdadeiramente arrependidos ou não. É quando, de nossa própria e livre vontade, buscamos completo acordo com Deus e não fugimos quando somos julgados por ele, de fato, desde que ele nos receba em misericórdia. Isso é o que ele fará depois que nos declararmos culpados.[25]

Como conselheiros, precisamos acolher os que sofrem e chorar com os que choram. Contudo, não podemos nos contentar com ações externas. Não podemos esquecer que há tristezas e tristezas: as de Pedro, que se

---

[25] Estandarte de Cristo. "Pedro e Judas, por João Calvino". Disponível em: https://oestandartedecristo.com/pedro-e-judas-por-joao-calvino/. Acesso em: 16 jul. 2024.

arrependeu, e as de Judas, que permaneceu o mesmo. Se quisermos amar a pessoa toda, precisamos olhar e ouvir a pessoa *toda* (cf. 2Coríntios 7:8-13).

A realidade e a importância do mundo do coração nos deixam em alerta quanto a romantização, patologização e glamourização da tristeza. Sabemos muito bem que ela pode ser, mas que não é necessariamente, apenas um sinal do "Judas renascido", como diz Calvino. Sem atos sólidos de arrependimento, com os frutos condizentes, a tristeza é só o amor-próprio se debatendo enquanto busca misericórdia e apoio dos seres humanos, e não o perdão divino. Isso é hipocrisia em essência.

A FACE ESQUECIDA, OU PROMOVENDO O ENCONTRO

Por ser pessoal, nossa ética nunca será devidamente apreciada "pelos de fora", como diz Paulo. Quando tomada como um todo, será escândalo e loucura. O contraste entre a Nova Jerusalém e a Babilônia em Apocalipse reforça isso. Nesse sentido, nossa ética será sempre exilada. Isso, obviamente, tem implicações na tarefa evangelística e apologética.

São imensos os limites de uma ética solta, sem o mundo simbólico, como ferramenta apologética. Não é suficiente reconhecer que existe um senso de justiça que não se explica nem é satisfeito por apelos culturais. É negativo demais. Carecemos do impulso positivo e pessoal do encontro, de uma voz pessoal autoritativa que nos diga o que devemos fazer. Isso não quer dizer que a moralidade esteja presa à igreja, mas os da igreja precisam entender a realidade da moral fragmentada "dos de fora". Caso contrário, a igreja pode se ver perdida em sua missão, esquecendo-se de todo o mundo simbólico que explica sua existência. A relativa paz da convivência com pessoas de moralidades compatíveis pode nos cegar e fazer esquecer de que somos agentes do encontro. Não podemos descansar até levar "os de fora" ao templo.

Com G. K. Beale, afirmamos: "a vida do templo é agora encontrada em Cristo".[26] Na relação com os incrédulos, precisamos mostrar que sua maior carência é por uma pessoa. Jesus é nosso templo. É em sua pessoa que nos encontramos.

---

[26] Beale, 2019, p. 61.

Na biografia de Eugene H. Peterson, Winn Collier fala da experiência do pastor norte-americano ao se reunir com um grupo de líderes religiosos a fim de ajudar pessoas em suas crises de saúde mental, uma realidade já crescente em seus dias. Em suas palavras:

> Ele [Peterson] começou a observar dentro de si um "complexo latente de messias", que produzia o desejo de identificar problemas emocionais nos membros de sua congregação e, em seguida, resolvê-los de forma eficiente. Essas experiências ensinaram Eugene a dar valor à psiquiatria e à terapia (um apreço que ele nunca perdeu), mas ele teve de lidar com algumas dificuldades ao perceber que era pastor, e não terapeuta. "Aqueles dois anos de encontros às terças [...] deixaram claro o que eu não era: a ideia não era tratar outros primeiramente como se fossem problemas. A ideia era [...] chamá-los para adorar a Deus". Adoração era o chamado. Adoração era o trabalho.[27]

No afã de resolver questões existenciais ou, no caso específico deste livro, questões éticas, pode-se perder o mais importante: Deus. A vida diante dele e com ele. A proatividade ministerial pode ser um sinal de depreciação do valor da presença. A mensagem por trás da correria pode ser a seguinte: "Estar diante de Deus não é suficiente".

Em pouco mais de vinte anos na vida pastoral, testemunhei e acompanhei alguns processos de disciplina eclesiástica, como, por exemplo, de excomunhão. Vi pessoas trocarem a fé pela indiferença; outras, pela "liberdade", mas a esmagadora maioria dos casos envolvia um relacionamento pessoal: uma pessoa assumira a dianteira. Usando a linguagem de Paulo em 1Tessalonicenses 4, Deus fora rejeitado, substituído. Uma pessoa por outra, um templo por outro, uma cidade por outra, um rei por outro. Jesus não era mais o mediador entre a pessoa e a realidade. Um rival pessoal vencera. *Alguém* conquistara o primeiro lugar.

No entanto, quando olho para os anseios da minha alma e escuto o clamor do coração daqueles que me cercam, vejo carências de várias naturezas: existencial, moral, relacional, vocacional... Ao acionarmos conceitos,

---

[27]Collier, 2022, p. 125.

ideias, proposições, práticas, recursos, riquezas, reconhecimento, prazeres, enfim, fica clara a insuficiência de todos, pois o vazio sempre está perto. Nossas necessidades mais profundas não apontam para conceitos, práticas, posses ou prazeres, mas para um ser pessoal — para uma relação com um ser de grandeza divina, com uma perfeição que não se distancia; com o amor e a graça que nos enchem de força e transformam; que nos ilumina e revela quem somos, dando-nos senso histórico; que é poderoso e, ao mesmo tempo, servo; que encarna a justiça e a misericórdia.

Nossa alma só se aquieta e é impulsionada para a vida quando nos encontramos com a pessoa de Jesus Cristo, em uma relação de fé que nos leva a negar a nós mesmos e segui-lo. O vazio se vai e ficamos com ele todos os dias, até a consumação dos séculos. Alguém pode dizer: "Mas essas palavras não são conceitos, ideias?". Sim, mas só farão sentido no encontro. Aí é com você. Só posso chegar até aqui. Achegue-se ao trono e obtenha graça e misericórdia. Entre no templo! Viva o encontro!

A PRESENÇA NO MEIO DO POVO

Uma coisa fica patente em nossa leitura de Romanos: Cristo não será revelado sem a igreja. E isso aponta para um problema potencial como uma declaração simples como a de Harink [...] de que "Jesus Cristo é o apocalipse para Paulo". Por mais gloriosa e necessária que seja essa verdade no contexto apropriado, se falada isoladamente da igreja, "Jesus Cristo" ameaça se tornar uma abstração vazia. O que ou quem é Jesus Cristo? O que ou quem é esse apocalipse? A resposta de Paulo é: olhe para a igreja. Só aí aprendemos o que significa dizer que Cristo é o apocalipse.[28]

"Não sei o que fulano vê na igreja." Declaração relativamente comum. Infelizmente, não surpreende que tal discurso tenha sua origem na boca dos que se autodenominam cristãos. Em geral, são pessoas que estão ligadas de maneira formal a uma igreja local, têm certo nível de compromisso, mas não olham a igreja como algo de que se orgulhem; elas a veem como

---

[28] Miller, Colin D. *The practice of the body of Christ: human agency in Pauline theology after MacIntyre.* Eugene: Wipf and Stock. 2014. Ed. digital, p. 205.

uma espécie de "realidade suportável". Aceitável, sofrível, mas não empolgante. Diante do convite "Vamos para o culto?", as respostas dessas pessoas são "Pode ser", "Talvez", "É importante, né?", e não "Claro", "Amo", "Não vejo a hora".

Sim, Paulo nos orienta a *suportar* uns aos outros (Efésios 4:2), e isso revela que as relações dentro do corpo envolvem certo grau de esforço emocional (v. 3). Contudo, "suportar" não é o mesmo que distanciamento indiferente com vistas a uma aproximação unicamente física e formal. A unidade do Espírito não é mantida dessa forma. Além disso, essa unidade não deve ser apenas mantida, mas também *desfrutada*. "Dele todo o corpo, ajustado e unido pelo auxílio de todas as juntas, cresce e edifica-se a si mesmo em amor, na medida em que cada parte realiza a sua função" (Efésios 4:16).

A declaração de Miller, citada anteriormente, pode ser ratificada por certa dose de entendimento da teologia da presença de Deus na comunidade reunida, do plano divino de construir um povo para si, da necessidade do outro para cumprir nossa vocação, do poder da palavra pregada, entre outras coisas. Mas me limito aqui a simplesmente aconselhar: aproxime-se. Algumas realidades precisam ser experienciadas, tocadas. Qualquer distância compromete o julgamento.

Se você tocasse nas vidas envolvidas em sua igreja, certamente testemunharia coisas que exigiriam de você não somente o esforço de suportar, mas também de confrontar — o que está longe de ser empolgante. Isso, porém, não é tudo; por isso não é um retrato justo. Se você tocasse nas vidas dos que fazem parte de sua igreja, entenderia e não julgaria por que aquela criança grita no louvor; se alegraria com o casal recém-reconciliado que louva de mãos dadas e se entreolha enquanto ambos cantam as verdades eternas; se surpreenderia com a coragem do adolescente que é ridicularizado por sua fé na escola; seria arrebatado pela persistência dos que vencem a idade, a distância e a rejeição dos familiares para se reunir com seus irmãos diante da Palavra eterna; choraria ao testemunhar o irmão diagnosticado erguendo as mãos no louvor enquanto derrama lágrimas de gratidão, mesmo sem a cura tão desejada; se deleitaria com os primeiros passos de um filho que veio ao mundo pelas palavras incessantes de oração da igreja; se

PROPOSIÇÃO 1: TEMPLO É UM LUGAR DE ENCONTRO

surpreenderia com a evolução da leitura travada de um adulto que, só agora, deu seus primeiros passos no mundo das letras; agradeceria aos membros do louvor que, mesmo com filhos e uma agenda apertada no trabalho, escolheram ensaiar durante a semana, aos professores das crianças e todos que tornam aquela reunião possível; perceberia que pessoas de classes sociais díspares não levam em conta o saldo bancário em suas relações.

Se você se aproximasse, se tocasse, diria como o incrédulo diante do poder da palavra profética: "Deus realmente está entre vocês" (1Coríntios 14:25c). O que fulano vê na igreja? Ele vê Deus operando, ele vê a eternidade no presente. Ele desfruta a presença no meio do povo.

CONCLUSÃO

A teologia do templo-presença nos leva a concluir que a sólida e inquestionável doutrina da onipresença divina, infelizmente, nem sempre é aplicada da maneira devida. Sim, Deus está presente em todos os lugares. Não há o que questionar. Ele está presente tanto nos esquemas dos corruptos como nas reuniões em que seu nome é louvado. Contudo, a Escritura não nos autoriza a entender que essa presença se apresenta sempre da mesma maneira. É exatamente essa diferença de presenças que pode ser sufocada na aplicação da onipresença. Alguns estudiosos classificam a presença de Deus com expressões como "especial", "imediata", "pactual-judicial" ou "direta"; ou simplesmente escolhem outro substantivo representativo, como "habitação". É uma tentativa legítima de reconhecer essa distinção fundamental entre presenças.

Ilustremos com o "salmo da onipresença", o Salmo 139. Qual é a natureza da presença referida no versículo 7? Onipresença? Tenho dúvida. O salmista nos diz que a presença divina o guiará e o susterá (v. 10). Em muitos momentos, "presença" é o equivalente a cuidado, interesse e relação pessoal. Por isso, podemos falar da tristeza da ausência divina, mesmo Deus sendo onipresente.

Somente o entendimento dessas distinções nos capacitará a compreender os pedidos dos salmistas pela presença, ou face, divina, a fuga do homem de sua face (presença), bem como apreciar declarações como

O HABITAT DA MORALIDADE

"afastem-se de mim" (Mateus 7:23); "Eu lhes digo que aqui está o que é maior do que o templo" (Mateus 12:6) e "Não vi templo algum na cidade" (Apocalipse 21:22); "aproximemo-nos do trono da graça" (Hebreus 4:16); "vocês chegaram ao monte Sião, a Jerusalém celestial" (Hebreus 12:22).

"Deus está aqui", você pode dizer. É verdade. Por tudo que vimos, a pergunta que se impõe é: Como? Como Pai? Como Senhor? Como amigo? Como Rei? Como um conceito? Como ideia? Uma abstração filosófica? Diante de *quem* você toma suas decisões? Diante *do que* você vive? Descoi*si*fique e *pessoa*lize.

Capítulo 7

PROPOSIÇÃO 2: A PRIMEIRA ORIENTAÇÃO NO TEMPLO FOI MISSIONAL (A MORALIDADE BÍBLICA, PORTANTO, É ATIVA POR NATUREZA)

> O projeto de Deus sempre foi por meio dos seres humanos para todo o mundo.
> **N. T. Wright**[1]

> Pureza de coração é desejar uma só coisa.
> **Sören Kierkegaard**

"POSSO...?" NÃO SEI DIZER QUANTAS VEZES fui convocado a responder a perguntas iniciadas exatamente dessa forma. Muitas delas derivavam de curiosidade e sinceridade, mas, na esmagadora maioria dos casos, provinham de corações equivocados e perdidos. Ficava claro que a mola propulsora era o entendimento errôneo de liberdade e a completa ausência de senso vocacional ou de direção.

As perguntas não eram produtos de uma consciência missional ou de um coração peregrino, que sabe para onde está indo e tem questionamentos que emergem *da* caminhada e *pela* caminhada. Também não vinham de uma testemunha que aponta para além de si mesma; tampouco do olhar fixo de um discípulo que fita seu mestre. Os questionadores estavam mais para clientes curiosos e desejosos de conhecer as opções disponíveis. Se desnudássemos suas perguntas, encontraríamos algo como: "Posso...? Estou avaliando o que pode ser mais confortável para mim". Ou ainda "Posso...? Estou em busca de validar os desejos do meu coração".

Além do papel de clientes, os questionadores dos incontáveis "possos" também se encaixariam muito bem na imagem de *atores* que carecem dos aplausos e da aprovação dos outros. Nesse caso, por trás das perguntas,

---
[1]Wright, N. T. *Eu creio, e agora?* Viçosa: Ultimato, 2012, p. 96.

veríamos algo como: "Posso...? Não quero que as pessoas me reprovem". Ou "Posso...? Não sei viver sem aprovação social". Ou ainda "Posso...? Quero ser alvo das atenções". Em suma, o onipresente "Posso?..." manifesta em que medida alguém se encontra perdido em si mesmo e em sua liberdade.

É preciso gerar uma troca de mentalidade. Abandonar (ou "despir", usando a linguagem paulina) o espírito carente dos atores e ensimesmado dos clientes, e assumir (ou "vestir") um coração missional, peregrino, de discípulo e testemunha – um coração ativo e com senso de direção. Em outras palavras, trocar o "Posso...?"[2] de quem não sabe para onde vai e está perdido em si mesmo pelo "O que devo?" de quem sabe onde está, tem o olhar voltado para fora de si, sabe para onde vai e no que deve se tornar.

FUNDAMENTAÇÃO

O fundamento teológico de maior peso em que se baseia este capítulo é o fato incontestável de que as coisas não estão prontas. Essa realidade inacabada, ao contrário do que muitos pensam, não encontra explicação somente no pecado, mas na própria criação, como apresentada em Gênesis. O "muito bom" no relato do final do sexto dia não significa "tudo está resolvido". Três indícios constroem essa conclusão, conforme veremos a seguir.

1. A ordem de domínio

Como observamos no capítulo 1, a semântica dos verbos de Gênesis 1:28 (dominar, subjugar, frutificar, encher) leva à compreensão de que a humanidade estava diante de um trabalho desafiador e "inacabado", ou em processo. Ela, portanto, não aparece como mera mantenedora do jardim, mas tem a missão de estender o Éden a toda a terra.[3] Michael Morales une missão com *habitação*:

O enredo fundamental do Pentateuco (e da história da redenção) é com frequência perdido precisamente pelo fato de não discernir o objetivo último da criação, ou seja, *que a humanidade habite com Deus*. [...] tudo o mais derivado do relato da

---

[2] Não se trata de uma rejeição ao "Posso?". É uma pergunta legítima. Porém, só tem valor em meio a um conjunto de outros questionamentos que nascem de um coração que tem interesse em cumprir a missão.
[3] Heiser, Michael. *Sobrenatural*. Vitória: Base, 2021, p. 33; Wright, 2012, p. 83.

criação – todo "mandato", "comissão", e assim por diante – deve estar subordinado a esse fim principal da humanidade. Em outras palavras, a criação manifesta o propósito de Deus, os mesmos propósito e promessa encontrados no cerne da aliança com seu povo (ou seja, aquela na qual ele seria o Deus deles, eles seriam o seu povo e ele iria habitar com eles).[4]

Em outras palavras, a habitação de Deus com a humanidade explica e justifica a missão do ser humano.

Ao escolher o verbo "dominar" para expressar seu desejo e ordem, Deus dizia à humanidade: "Ainda há muito o que fazer", "Não será fácil", "Haverá resistência e dor". Há um mundo resistente a ser dominado – domesticado. "O ser humano não foi criado para observar o mundo com passividade, mas para uma tarefa épica, um empreendimento mundial".[5] Nas palavras de John Walton:

Se as pessoas tinham de encher a terra, devemos concluir que a intenção não era permanecer no jardim em uma situação estática. [...] Talvez devêssemos supor que era esperado que as pessoas ampliassem o jardim à medida que fossem sujeitando e dominando.[6]

A ética cristã, portanto, é a resposta a um imperativo categórico com senso de movimento histórico. A primeira ordem não é uma proibição, mas uma missão, portanto é ativa por natureza. Nosso primeiro impulso moral é direcionado ao outro e ao mundo.

2. A realidade estrutural da "não ordem"[7]

No relato de Gênesis 1–2, dentro do "muito bom" (1:31) existe um mundo *fora do jardim*, ou uma realidade "não jardim": animais selvagens e escuridão.

----

[4] Morales, Michael. *Quem subirá ou monte santo do Senhor?* São Paulo: Cultura Cristã, 2022, p. 38.
[5] Hamilton, James. *O trabalho e o nosso serviço no Senhor.* São Paulo: Shedd, 2021, p. 22.
[6] Walton, John H. *Genesis.* Grand Rapids: Zondervan, 2001, p. 186.
[7] Terminologia tomada de John Walton (Walton, John H. *The lost world of Adam and Eve.* Downers Grove: IVP, 2015, p. 149-52). Para J. Levenson (1994, p. 123, 128): "Deus não aniquilou o caos primordial. Ele apenas o limitou. O mesmo vale para a outra realidade não criada, a escuridão. A luz, que é a primeira criação de Deus, não bane as trevas. Em vez disso, alterna com ela: 'houve tarde e houve manhã' em cada um dos seis dias da criação. [...] Gênesis 1:1–2:3 [...] não é sobre o banimento do mal, mas sobre seu controle". Apesar das diferenças entre os dois eruditos, o ponto comum a ser destacado é que algo não foi finalizado no relato da criação de Gênesis; Levenson chama isso de "mal", e Walton chama de "não ordem".

Em suma, um mundo a ser *dominado* (o que implica dor) e *transformado*. A não ordem existe *antes* da ordem e da desordem. Por isso, não é má, mas, ainda assim, não é boa em termos funcionais e criacionais. Essa realidade estrutural persistiu depois da ordem e com a chegada da desordem. Trata-se de uma realidade perigosa, porém não maligna, que nos lembra de que estamos em um *processo*.

Isso posto, os desdobramentos de entender a atual *estrutura criacional* em três realidades *simultâneas* (não ordem, ordem e desordem), e não apenas em duas realidades morais (bem e mal), são incomensuráveis, pois estamos lidando com a estrutura do universo.

Seguem duas implicações para ilustrar a importância de reconhecer a realidade da não ordem. Em primeiro lugar, ela mitiga a jurisdição do pecado. Boa parte do que chamaríamos de mal ou pecado é simplesmente a realidade da não ordem dentro de um *processo* que nos levará e culminará no novo céu e na nova terra. Em outras palavras, nem tudo o que machuca ou causa dor, ou que é esteticamente estranho, como os lagartos, ou agressivo, como os ursos, é fruto do pecado. Os vírus, por exemplo, não são maus, em termos criacionais, assim como aranhas, escorpiões e granizo. Trata-se de uma realidade que ainda não foi plenamente submetida à ordem. Não é ordem nem desordem; é *não ordem*.

Em segundo lugar, a realidade da não ordem permite não considerar as coisas naturais como essencialmente melhores, em termos funcionais, do que as obras da mão humana. Em outras palavras, de um lado, ela dessacraliza o "natural"; do outro, valoriza atos de intervenção na criação (p. ex., tecnologia). Um exemplo rápido: ficar uma semana em um hotel cinco estrelas *não é essencialmente inferior* a passar a noite na mata amazônica com toda a *naturalidade* de mosquitos, serpentes, formigas e umidade, somada à *ausência* de qualquer interferência nessa *naturalidade pura*, como mosquiteiros, botas, barracas resistentes, repelentes e remédios. Em suma, tomar o natural como essencialmente bom e melhor seria o mesmo que tirar da boca a maciez do pão e trocar pela secura do trigo.

Por fim, não encontramos na realidade da não ordem (parte da criação) a solidez necessária para nossas conclusões éticas. Muitos dos apelos da

PROPOSIÇÃO 2: A PRIMEIRA ORIENTAÇÃO NO TEMPLO FOI MISSIONAL

literatura sapiencial à criação são ilustrações. Ou seja, ela não é o ponto de partida. A solidez não está na criação de forma *geral*, mas no centro da ordem, no jardim. Assim, para fim de ilustração, quando Cristo apela para "o princípio", em sua argumentação sobre o divórcio em Mateus 19:18, seu olhar está no casal representante *no jardim*, e não em *toda a criação*. O jardim é o padrão sólido na lida com a criação. As implicações são incontáveis. Somente como exemplo, podemos assegurar que o comportamento animal não é padrão.

3. A realidade escatológica dos novos céus e nova terra

Thomas Schreiner afirma que "a antiga criação antevê e aponta para diante, para a nova criação".[8] O templo final significa que o alvo da criação não foi alcançado ainda em seus primeiros momentos.

Mas a vocação-missão de Gênesis seria a mesma da igreja no Novo Testamento? A crença na unidade das Escrituras me impulsiona a responder automaticamente com um alto e forte "Sim", e também a ter a harmonização do material bíblico como alvo, diante dos desafios decorrentes da resposta afirmativa.

A diversidade do conteúdo bíblico, por outro lado, nos lembra que é preciso pensar ou depurar mais a resposta, bem como entender melhor como se dá a dinâmica dessa unidade pressuposta. Dentro de nossas limitações, o que posso assegurar é que, mesmo em meio à diversidade, nada alterou o alvo primário da criação: o mundo ser tomado pela glória de Deus. Israel, sacerdotes, profetas, reis, Escritura e outras instituições existiram para realizar o *mesmo* plano. "O propósito de Deus ao criar os seres humanos para governar o mundo para Deus será cumprido em Jesus Cristo e em todos aqueles que pertencem a ele."[9]

G. K. Beale é perfeito em seu ensinamento:

O mandato de Gênesis 1:28 é repetido ao longo de todo o AT (geralmente na forma de uma promessa), por exemplo: Gênesis 9:1,6,7; 12:2; 17:2,6,8; 22:17,18; 26:3,4,24;

---

[8]Schreiner, Thomas R. *A aliança e o propósito de Deus para o mundo*. São Paulo: Shedd, 2021, p. 24.
[9]Schreiner, 2021, p. 142.

28:3,4; 35:11,12; 47:27; Êxodo 1:7; Levítico 26:9; Salmos 107:38; Isaías 51:2; Jeremias 3:16; 23:3; Ezequiel 36:10,11,29,30; a maioria contém o par de palavras "crescer e multiplicar" (cf. tb. 1Crônicas 29:10-12).[10]

Em meio às variações e diversidades, podemos assegurar que o ser humano é sempre o meio; o mundo, por sua vez, é sempre o fim. Assim, a ordem de anunciar o reino de Cristo, o ministério da reconciliação e a vida pulsante da comunidade são desdobramentos explícitos da ordem de domínio.

As palavras de N. T. Wright podem ajudar:

A vocação real e sacerdotal de todos os seres humanos, ao que parece, consiste no seguinte: ser a interface entre Deus e a sua criação, levando a ordem sábia e generosa dele até o mundo e dando voz articulada ao louvor alegre e grato da criação ao Criador.[11]

TEMPLO E NOVA HUMANIDADE

O segundo fundamento deste capítulo é a relação estreita entre o templo e a nova criação, ou a nova humanidade, no Novo Testamento,[12] e como ambos são apresentados como não consumados.

Em Efésios 2, Paulo revela o fato de que Deus está construindo um povo — a nova humanidade (v. 15) ou a família de Deus (v. 19). As metáforas se confundem, resultando em uma ambivalência que honra a complexidade das referências, pois essa mesma humanidade é denominada de "família" (povo da mesma casa), e essa casa é construída ou edificada para se tornar um santuário. Toda essa construção gira em torno de Jesus. Ele é a pedra angular.

Em 2Coríntios, Paulo denomina a unidade desse povo em construção de "reconciliação". Ao lançar mão de Isaías 49, o apóstolo vê essa reconciliação

---

[10]Beale, G. K. *O templo e a missão da igreja*. São Paulo: Vida Nova, 2021, p. 275.

[11]Wright, 2012, p. 88.

[12]N. T. Wright (Wright, N. T. *Paulo e a fidelidade de Deus*. São Paulo: Paulus, 2021b, p. 2189, grifo na citação) reforça o valor da temática do templo na teologia paulina: "[A] combinação de resgate da escravidão e da teologia do novo templo caracteriza o pensamento de Paulo o tempo todo".

PROPOSIÇÃO 2: A PRIMEIRA ORIENTAÇÃO NO TEMPLO FOI MISSIONAL

como obra do Servo.[13] Essa obra, por sua vez, acontece por meio do evangelho, é vivida em reconciliação e é denominada de "nova criação".

Esse povo-casa-templo-nova criação em construção é, como em Gênesis 1:26, "cooperador de Deus" (2Coríntios 6:1). A reunião do povo se realiza por um "ministério", ou seja, um serviço: o ministério da reconciliação (5:18). Nele, seres humanos, como "vasos de barro" (4:7), anunciam a mensagem que gera a unidade do Espírito – a nova humanidade. Algo radicalmente novo: a "terceira raça", uma nova entidade coletiva.[14]

A identificação da obra do Servo com a da igreja se manifesta claramente em Atos 13:47. Lá, encontramos a seguinte declaração do apóstolo Paulo: "Pois assim o Senhor nos ordenou: 'Eu fiz de você luz para os gentios, para que você leve a salvação até aos confins da terra'". Paulo toma as palavras de Isaías 49 referentes à missão do Servo e as aplica a si mesmo e a Barnabé. A missão do Servo de unir pessoas formando seu povo é a missão do apóstolo naquele momento e, posteriormente, da igreja. Assim, é a missão do Servo que legitima a nossa missão. A obra do Servo é a nossa obra.

Em síntese, há muito o que fazer. Enxergar-se no mundo, como em um lugar sagrado, e enxergar-se no templo-igreja é enxergar-se em uma

---

[13] A identidade do Servo tem suas dificuldades. Em Isaías 49:3, ele é denominado de "Israel". Contudo, os atos do Servo não fazem sentido se aplicados a Israel. Como, por exemplo, Israel poderia unir Israel? (v. 5; Kaiser, em Bock, Darrell L.; Glaser, Mitch. *O servo sofredor*. São Paulo: Cultura Cristã, 2015, p. 75). Para I. Howard Marshall (Marshall, I. Howard. *Atos*. São Paulo: Vida Nova, 1982, p. 291), ele "deve ser identificado como uma pessoa ou um grupo de pessoas dentro de Israel". Uma solução é ver o termo como ambivalente. Segundo Childs (Childs, B. S. *Isaiah: a commentary*. Louisville: Westminster John Knox Press, 2001, p. 384), "a palavra também pode funcionar como predicativo: você é meu servo; você agora é Israel. Se assim for, o servo não está simplesmente sendo incorporado a uma entidade corporativa por meio de alguma teoria, como a 'personalidade corporativa' (H. W. Robinson). Pelo contrário, algo novo aconteceu naquele momento ('mas agora'), que não acontecia anteriormente". Para John Oswalt (Oswalt, John. *Isaías*. São Paulo: Cultura Cristã, 2011, p. 359), "Israel" não é usado como um nome, mas como função. Assim, esse "Servo se destina a funcionar como Israel" – uma pessoa dentro de Israel, algo novo e funcional, mas não uma identidade. Os autores do Novo Testamento viram uma referência ao indivíduo, o verdadeiro Israel.

[14] A expressão aparece logo cedo na história da igreja (p. ex., Clemente de Alexandria). Segundo N. T. Wright (2021b, v. 3, p. 2293), o contexto dessa expressão e de outras semelhantes é a adoração. Os cristãos são diferentes dos judeus e dos gregos. Atualmente a expressão é fortemente rejeitada por alguns estudiosos, que a consideram antijudaica (p. ex., Rudolph, 2018, p. 211). N. T. Wright (2021b, v. 3, p. 2293-4, 2297) responde: "o verdadeiro 'antijudaísmo é *negar* aos judeus um lugar na companhia messiânica da família global de Abraão. [...] Paulo promovia, se não a expressão 'terceira raça', pelo menos algo perto disso. [...] a própria ideia de terceira raça pressupõe *uma maneira profundamente judaica de ver o mundo*. Ninguém mais dividia o mundo em 'judeus' e 'gregos', ou 'judeus' e 'gregos'. [...] só se fala com essa 'terceira raça' quando se começa com essa dualidade básica". Segundo Michael Bird (Bird, Michael F. *An anomalous Jew*. Grand Rapids: Eerdmans, 2016, p. 54), à luz de 1Coríntios 10:32 e do "nós" que diferencia judeus e gentios em 1Coríntios 1:18-24 e Romanos 9:24, "parece difícil evitar a conclusão que Paulo concebeu os crentes em Cristo como [...] uma terceira raça".

obra não finalizada. Somos chamados a mantê-la (Efésios 4:3) e ampliá-la (Atos 13:47). Somos chamados à atividade. Sem orgulho, claro, pois sabemos quem traz o crescimento (1Coríntios 3:6,7).

A VIDA ENTRE TEMPLOS: O ESFORÇO

Vivemos entre Gênesis e Apocalipse, entre a inauguração do primeiro templo e sua ampliação consumada. Na vida entre templos, a busca pela extensão do jardim pode sugerir, mas não exige, que chegaremos ao alvo em uma progressão contínua, em que lutas e obstáculos serão mitigados com o passar do tempo. No entanto, qualquer que seja o avanço experimentado ou almejado, o Novo Testamento nos assegura que a solução vem somente com a ressurreição dos mortos e o julgamento e a presença de Deus tomando toda a criação de maneira escatológica.

A vida no templo é definida por luta intensa, vigilância, oração e dependência do Espírito Santo. Essa realidade acompanhará todas as gerações do povo de Deus. Qualquer que seja o progresso experimentado, ele acontece em meio a lutas constantes. Não haverá geração na igreja que não experimente incontáveis e persistentes ameaças internas e externas: inveja, divisão, acusações falsas, poderes políticos, econômicos e espirituais. "Há um verdadeiro mistério a respeito de quanto progresso podemos esperar ver antes de Jesus voltar."[15] O que não é misterioso é que, mesmo sem a solução, e vivendo em progressão, somos chamados à vida na nova era, da nova criação e do templo, a fim de revelar a sabedoria de Deus (Efésios 3:10).

Podemos dizer com Jürgen Moltmann, "o etos cristão antecipa a vinda universal de Deus nas possibilidades da história".[16] Não há espaço para espectadores passivos diante do conjunto de exortações ancoradas na verdade teológica do novo tempo e do novo templo, e na pessoa e obra de Jesus.

São muitos os indicativos de que a vida no templo não está finalizada e de que, além disso, as habilidades para se vivenciar a caminhada cristã não se dão de maneira automática nem mágica. Uma rápida apreciação vocabular no Novo Testamento não deixará dúvida dessa realidade. Verbos

---

[15]Corbett, Steve; Fikkert, Brian. *Quando ajudar machuca*. Brasília: Editora 371, 2019, p. 104.
[16]Moltmann, Jürgen. *Ética da esperança*. São Paulo: Vozes, 2012, p. 18.

PROPOSIÇÃO 2: A PRIMEIRA ORIENTAÇÃO NO TEMPLO FOI MISSIONAL

imperativos como "andar", "suportar", "esforçar", "mortificar" e "edificar", e substantivos como "paciência", "gentileza" e "humildade" são somente alguns exemplos. O olhar para os confins da terra, da grande comissão em Mateus 28, deixa claro que falta muito a ser feito em nós e através de nós.

As metáforas reforçam que nossa caminhada exige dedicação e esforço. Paulo se compara a um atleta disciplinado e autocontrolado (1Coríntios 9:27). Com o domínio próprio (Gálatas 5:23), essas virtudes mostram que o suor é o prefácio de muitos desfrutes. Outra metáfora ativa é a peregrinação. Muito usada equivocadamente para fundamentar uma visão de mundo que rejeita as coisas terrenas ("Esse não é o nosso lugar", dizem), essa metáfora, na verdade, nos ensina que sabemos para onde vamos, mas que o tempo ainda não chegou e que é necessário andar, perseverar. Existe um intervalo entre a promessa e a bênção, entre a missão e o cumprimento. Esse intervalo é denominado, tanto no Antigo como no Novo Testamento, de "andar". Nada mais ativo.

As palavras de Paulo, de que "a perseverança [produz] um caráter aprovado" (Romanos 5:4), representam bem isso. O templo está em construção. É necessário muito esforço (Efésios 4:3).[17] Nossa ética é, então, ativa, pois sabemos o que queremos, para onde vamos, em que devemos nos tornar, e temos orientações suficientes que nos capacitam a viver à luz do alvo.

A relação entre ética e esforço visando a um alvo específico nos faz lembrar da ética das virtudes ligada ao filósofo Aristóteles em sua obra *Ética a Nicômaco*.[18] Realmente existe coincidência. A justaposição de algumas virtudes (p. ex., temperança, sinceridade) é um ponto de contato. Mais importante ainda é a

-----

[17] Segundo Bratcher e Nida (Bratcher, R. G.; Nida, E. A. *A handbook on Paul's Letter to the Ephesians.* New York: United Bible Societies, 1993, p. 94): "O versículo 3 é uma injunção, regida pelo particípio grego 'fazer um esforço sincero, fazer o melhor que puder, esforçar-se'. O verbo tem um elemento de urgência [...] de pressa, de uma sensação de crise. 'Faça o seu melhor' pode ser expresso como 'faça o que puder' ou 'faça com todas as suas forças' ou 'use todas as suas forças para...'".

[18] O interesse pela relação entre a ética das virtudes e o Novo Testamento ainda é tímido entre os protestantes. Algumas explicações para esse distanciamento podem ser a aversão de Lutero às virtudes e a ênfase reformada na soberania divina e na humanidade como essencialmente tomada pelo pecado. Ênfases podem nos cegar para aspectos que, mesmo não negados teoricamente, são resistidos instintivamente. Algumas obras sobre o tema são (veja dados completos na bibliografia): *Eu creio. E agora?*, de N. T. Wright; *Jesus e a ética da virtude*, de Daniel Harrington; *The Christian Case for Virtue Ethics*, de Joseph J. Kotva Jr;. e *Spiritual Fitness*, de Graham Tomlin. Como bem coloca Colin Miller (Miller, Colin D. *The practice of the body of Christ: human agency in Pauline theology after MacIntyre.* Eugene: Wipf and Stock. 2014. Ed. digital, p. 2): "A ética da virtude, embora um nome um tanto impróprio, é, porém, um 'campo' que cresceu nos últimos trinta anos ou mais, em grande parte após a publicação de *Depois da virtude*, de Alasdair MacIntyre".

O HABITAT DA MORALIDADE

estrutura básica (alvo → esforço → segunda natureza), que é essencialmente a mesma. Ou seja, em ambas as visões, a vida humana é vista como uma narrativa.

Em Efésios 4, por exemplo, Paulo fala que nosso "andar" (v. 1; palavra de conotação ética e ativa) deve ser de acordo com a vocação, visando à medida da plenitude de Cristo (v. 13), nosso alvo. Esse andar, por sua vez, é marcado tanto pela ação criativa de Deus (2:10) como por muito "esforço" (4:3), pelo qual vestimos "roupas novas", a saber, bons hábitos.

Essas semelhanças, porém, não podem nos cegar para as divergências. Alasdair MacIntyre, grande representante da ética das virtudes, declara:

O Novo Testamento, além de louvar virtudes das quais Aristóteles nada sabe — fé, esperança e caridade — e nada dizer acerca de virtudes como a *phronêsis*, vital a Aristóteles, ainda louva como virtude pelo menos uma qualidade que Aristóteles parece considerar um dos vícios relativos à magnanimidade, a saber, a *humildade*. [...] Aristóteles decerto não teria admirado Jesus e teria se horrorizado com São Paulo.[19]

As divergências são tamanhas que nos permitem reconhecer apenas uma associação, mas jamais igualdade. Podemos até reconhecer proximidade entre Paulo e Aristóteles, contanto que também reconheçamos a distância. Se, por um lado, há um alvo que leva ao desenvolvimento de bons hábitos[20] (a segunda natureza), a ser alcançado com esforço, uma vez que existem forças contrárias (p. ex., pecado, carne, vícios), por outro lado, a visão bíblica é mais corporativa, e não uma vida heroica isolada, e valoriza a humildade. O diagnóstico do problema humano, por exemplo, é mais profundo nas Escrituras, e a vida virtuosa encontra explicação na graça de Deus, não em uma capacidade interna. Além disso, a ética bíblica não tem como *alvo* a felicidade (a *eudaimonia* de Aristóteles), mas a bênção da presença de Deus.

----

[19] MacIntyre, Alasdair. *Depois da virtude*. São Paulo: Vide, 2021, p. 271, 273-4.
[20] Segundo alguns estudiosos, como David J. Downs (em Green, Joel B. (org.). *The New Testament and ethics*. Grand Rapids: Baker Academic, 2011, p. 110-1), há listas formais de vícios e virtudes em todo o Novo Testamento. Seguem alguns textos que, em geral, são vistos como representantes desse gênero literário: virtudes: Mateus 5:3-11; 1Coríntios 13:4-7; 2Coríntios 6:6,7a; Gálatas 5:22,23; Efésios 4:2,3,31–5:2,9; Filipenses 4:8; Colossenses 3:12; 1Timóteo 3:2-4,8-12; 4:12; 6:11,18; 2Timóteo 2:22-25; 3:10; Tito 1:8; 2:2-10; Hebreus 7:26; Tiago 3:17; 1Pedro 3:8; 2Pedro 1:5-7. Vícios: Mateus 15:19; Marcos 7:21,22; Lucas 18:11; Romanos 1:29-31; 13:13; 1Coríntios 5:10,11; 6:9,10; 2Coríntios 12:20,21; Gálatas 5:19-21; Efésios 4:31; 5:3-5; Colossenses 3:5-9; 1Timóteo 1:9,10; 6:4,5; 2Timóteo 3:2-4; Tito 1:7; 3:3; 1Pedro 2:1; 4:3,15; Apocalipse 9:21; 21:8; 22:15.

PROPOSIÇÃO 2: A PRIMEIRA ORIENTAÇÃO NO TEMPLO FOI MISSIONAL

Destacadas as distinções, voltemos às semelhanças. MacIntyre, depois de revelar as distinções entre Jesus, Paulo e Aristóteles, reconhece que a "estrutura lógica e conceitual é a mesma".[21] Ou seja, tanto para o Novo Testamento como para Aristóteles, "uma virtude é [...] uma qualidade cujo exercício conduz à realização do *telos* [finalidade] humano". Além disso, "em ambos os casos, o conceito de virtude é um conceito secundário".[22] Contudo, nosso foco está na natureza *ativa* e *esforçada* da virtude.

Segundo N. T. Wright,

virtude é o que acontece quando alguém fez mil pequenas escolhas que exigem esforço e concentração para fazer uma coisa boa e certa, mas que não "vem naturalmente" – e, na milésima primeira vez, quando é realmente importante, se pega fazendo o que é necessário "automaticamente", como dizemos. [...] virtude é o que acontece quando decisões sábias e corajosas se tornam a "segunda natureza".[23]

As palavras-chave aqui são: esforço, disciplina, exercício, prática, transformação, desenvolvimento, trabalho duro, segunda natureza, tempo, aprendizado, luta, compromisso, e a lista segue. A palavra que escolhi para representar esse mundo de vocábulos foi "esforço". Ou seja, a luta pela expansão do templo (nosso *telos*) é uma estrada oposta à da ética emocional ou exclusivamente espontânea. N. T. Wright está certíssimo quando assegura que uma proposta moral fundamentada na espontaneidade não pode ser levada a sério.[24]

A mentalidade teológica ativa é muito bem representada nas palavras que sumarizam a essência do Sermão do Monte: "Assim, em tudo, façam aos outros o que vocês querem que eles lhes façam; pois esta é a Lei e os Profetas"[25] (Mateus 7:12).

---

[21] MacIntyre, 2021, p. 274.

[22] N. T. Wright (2012, p. 85) é perfeito quando lida com a prioridade dessa vocação-missão: "Que lugar e que papel terão os seres humanos neste novo mundo? Só depois de responder a essa questão começaremos a entender as virtudes que formam nosso caráter no presente". Na mesma obra, ele diz: "Quanto mais específicas forem as escolhas que consideramos éticas, mais elas serão um subproduto da vocação maior de carregar e refletir a imagem de Deus" (p. 80). E ainda: "a questão do conteúdo, de saber o que fazer, não se confina a dilema éticos específicos, mas se transforma em vocação para toda vida do indivíduo" (p. 78).

[23] Wright, 2012, p. 31-2.

[24] Wright, 2012, p. 85.

[25] A expressão "Lei e Profetas" é alvo de muitas disputas. Douglas Moo (em Gundry, 2003, p. 382) crê que, no linguajar específico de Mateus, essa é uma referência aos "mandamentos" do Antigo Testamento, e não ao Antigo Testamento com um todo. Carson (Carson, D. A. *O comentário de Mateus*. São Paulo: Shedd, 2010, p. 177) e France (2007, p. 181) entendem como uma referência à Bíblia hebraica como um todo. Mais importante para entender a estrutura do sermão é conectar essa declaração com a unidade textual que começa em 5:17, formando assim uma inclusão.

Essa declaração de Jesus se contrapõe às versões de outras religiões pelo fato de ser positiva. A maioria dos estudiosos julgam, ainda que com certa cautela, que a abordagem positiva teve origem nessa declaração de Cristo revelando uma marca distintiva em sua ética.

Os pensamentos também se dividem quanto a esse aspecto positivo ser a marca distintiva da declaração de Cristo. Scot McKnight, por exemplo, crê que não devemos insistir na distinção de uma leitura negativa ("não faça aos outros") de uma positiva ("façam").[26] Para ele, elas são "equivalentes".[27]

John Stott, por outro lado, crê que "há uma enorme diferença entre o aforismo negativo [...] e a iniciativa positiva".[28] D. A. Carson entende que a forma afirmativa "penetra muito mais fundo na alma".[29] Ele acrescenta: "Ela não dá licença para me refugiar em um mundo no qual não ofendo ninguém, mas também não faço nada de bom a ninguém". Em seu comentário de Mateus, ele fecha a questão ao argumentar que "os bodes da passagem de 25:31-46 seriam inocentados na forma negativa da regra, mas não sob a forma atribuída a Jesus".[30]

Além da ênfase positiva das palavras de Jesus, é importante para o nosso raciocínio o fato de que a famosa "regra de ouro" está fundamentada na misericórdia de Deus (observe o "Assim" que abre a declaração de Cristo).[31]

---

[26] McKnight, 2013, p. 251.

[27] Outros estudiosos entendem que, da perspectiva cristã, mandamentos negativos implicam ação positiva. O ponto em questão, porém, é que a declaração positiva é uma síntese de todo o sermão.

[28] Stott, John. *A mensagem do Sermão do Monte*. São Paulo: ABU, 2007, p. 201.

[29] Carson, D. A. *O sermão do monte*. São Paulo: Vida Nova, 2018, p. 126.

[30] Carson, 2010, p. 228.

[31] Essa discussão fica por conta da relação entre tal declaração e o texto que a precede. Há quem entenda que, com ela, Jesus conclui Mateus 7:7-11 (devemos agir *como Deus*); outros entendem que ela está relacionada com os versículos 1-6, sendo uma resposta positiva ou uma solução à declaração negativa de "não julgar" (p. ex., Willard, 2021, p. 279); ou ainda, que ela finaliza todo o sermão do monte (p. ex., Tasker, R. V. G. *Mateus*. São Paulo: Vida Nova, 1980, p. 65; Carson, 2010, p. 228; Nolland, John. *The Gospel of Matthew*. Grand Rapids: Eerdmans; Paternoster, 2005, p. 328-89; Morris, Leon. *The Gospel according to Matthew*. Grand Rapids: Eerdmans; InterVarsity, 1992, p. 172). Para aqueles que tomam a declaração como um arremate de todo o sermão, a expressão "Lei e Profetas" e o conteúdo de natureza aforística são grandes indicativos. O texto, porém, não nos obriga a fazer uma escolha. A relação entre o v. 12 e a passagem imediata (v. 7-11) é muito clara. Ambos estão lidando com o doar e o fazer. A conjunção οὖν (portanto) está presente nos versículos 11 e 12, o que pode ser compreendido como duas implicações, uma emergindo da outra. A primeira aplicação seria: se os pais maus fazem o bem, imagine o Pai celeste. A segunda aplicação seria: devemos agir de maneira semelhante ao Pai. A expressão "Lei e Profetas" mostra que essa máxima está na essência da ética bíblica e, por conseguinte, do próprio sermão do monte. Assim, a regra de ouro "brota" da ação de Deus e revela-se mais ampla. Quanto à relação com os versículos 1-6, quando pensamos que, ao longo de todo sermão, o Senhor Jesus está sempre propondo inúmeras soluções, faz sentido tomar a regra de ouro não somente como um arremate da grande porção que a precede, mas também como uma solução para a inclinação de julgamento no versículo 1.

PROPOSIÇÃO 2: A PRIMEIRA ORIENTAÇÃO NO TEMPLO FOI MISSIONAL

Como bem assinala Michael Westmoreland-White, "Deus não apenas retribui; Deus toma a iniciativa".[32] Assim como Deus opera de maneira ativa e não somente reativa, nós também somos chamados a reproduzir esse mesmo espírito. "Esse tipo de interesse dinâmico, ativo, pelas pessoas resume a Lei e os Profetas."[33] Em outras palavras, se o Sermão do Monte é a essência da ética de Jesus, há uma quintessência: o espírito ativo e interessado no outro.

Por fim, ainda pensando no espírito ativo do Sermão do Monte, como argumentamos no capítulo anterior, Mateus 6:33 é o ápice da perícope de 6:19-34. Nele, encontramos a ordem de buscar a Deus, seu reino e sua justiça, como a solução que integra o mundo interno com o externo. Fico com as palavras de John Stott sobre a ordem de "buscar".

> Há algo inerentemente impróprio em ter pequenas ambições para Deus. Como podemos nos contentar em que ele adquira só mais um pouquinho de honra no mundo? Não. Quando percebemos que Deus é Rei, então desejamos vê-lo coroado de glória e honra, no lugar a que tem direito, que é o lugar supremo. Então, tornamo-nos ambiciosos pela propagação do seu reino e da sua justiça por toda parte.[34]

A ONIPRESENÇA DA PASSIVIDADE

O caminho do domínio é o caminho da atividade, do esforço, da disciplina e do interesse no outro e no mundo; nesse caminho, não nos vemos como meros receptores, mas como instrumentos da bênção. No entanto, a cultura individualista e ensimesmada segue em direção contrária, tendo como uma de suas filhas mais queridas e atuantes a passividade. É isso mesmo: a *passividade atuante*. A explicação está na direção tomada: trata-se de passividade em relação ao outro e ao mundo, nunca a si próprio. Como bem observa o apóstolo Paulo "Nunca ninguém odiou a própria carne" (Efésios 5:29). Além disso, quando estávamos mortos, ainda "andávamos" (Efésios 2:2).

A despeito do que foi argumentado até aqui, podemos assegurar que a passividade e sua irmã gêmea, a abstração (ações ou ideais sem

[32] Em Green, 2011, p. 95.
[33] Mounce, Robert H. *Mateus*. São Paulo: Vida, 1996, p. 75.
[34] Stott, 2007, p. 181.

conexão com a realidade), estão em todos os lugares. Elas transitam em nosso meio com certa facilidade, uma vez que conseguem se fantasiar de virtude e, pior, não lhes faltam apoio teológico e, principalmente, apoio cultural.

Em *Quando ajudar machuca*, Steve Corbett e Brian Fikkert revelam que, depois de solicitar a milhares de cristãos evangélicos, em diversos contextos, a responder à pergunta "Por que Jesus veio a terra?", obtiveram a seguinte resposta: "Jesus veio para morrer na cruz e nos salvar de nossos pecados para podermos ir para o céu".[35]

Apesar de não ser errada, a resposta revela-se extremamente pobre. Ela pode justificar o individualismo ("Jesus veio por causa dos *meus* pecados") e a passividade ("para ir ao céu"). Falta senso de estabelecimento do reino *por meio de nós* — o que realmente encontramos nos relatos sinóticos como a missão de Cristo. A resposta obtida por Corbett e Fikkert aponta para uma visão majoritária em que a santificação significa, basicamente, "encaixar-se em um padrão" no qual as ordens divinas são mais como testes nos quais devemos ser aprovados do que como tarefas que devemos cumprir. Não há um espírito ativo envolvido em um projeto ou uma narrativa. Essa visão encara o crente como objeto da transformação divina, mas não necessariamente (pelo menos não é a ênfase) como um *agente de transformação*.

Enquanto "os de fora" são *ativos* para com os outros em seus ressentimentos na busca pelo reino sem o Rei, a tendência revelada na pesquisa é que a igreja é inclinada à passividade de querer o Rei e não realizar nem viver o reino — uma religiosidade individualista e passiva com fundamentação teológica, uma passividade justificada. Assim, de um lado, temos a atividade ressentida do reino sem o Rei e, do outro, a passividade piedosa de quem adora o Rei sem vida do reino.

Essa passividade justificada pode ser encontrada em diferentes lugares: planejamento familiar, aconselhamento, uso das finanças, exercício do direito de voto. Como todo pecado, apresenta-se como virtude, mas, ainda assim, com a revelação, sua malignidade é identificável.

---

[35]Cobertt; Fikkert 2019, p. 51.

PROPOSIÇÃO 2: A PRIMEIRA ORIENTAÇÃO NO TEMPLO FOI MISSIONAL

A seguir, alertamos para a onipresença dessa atitude. Espero que isso realce a importância da proposição que intitula este capítulo, ao mesmo tempo que ajusta nossa alma para a direção e a atitude certas.

A passividade ativa de rejeitar a bênção

A postura passiva biblicamente "fundamentada" pode ser ilustrada com a questão de ter filhos. De um lado, estão aqueles que *exigem* que casais tenham filhos, apontando para o mandamento de multiplicação e julgando a prosperidade e a santidade de todas as famílias por essa lente única; do outro lado, estão os que tratam o ato de ter filhos como uma opção que pode ser descartada. Como meu foco neste capítulo é a atividade, me dedicarei, por enquanto, ao segundo grupo.

Tratar a procriação como um privilégio (bênção) que pode ser rejeitado, e não como uma obrigação, tem sua parcela de verdade. Jeremias, como os irmãos de Corinto, foram aconselhados a não se casarem, por causa dos problemas de seus dias (1Coríntios 7:26). Além disso, o celibato e a vida futura mostram que o casamento e os filhos não são absolutos. Assim, de um lado, temos um *telos* – encher a terra da glória de Deus – que explica e justifica o nascimento de crianças; do outro, a possibilidade circunstancial de não tê-las. A mentalidade clientelista, porém, obliterando complementa o elemento circunstancial que transforma a atividade esperada em possibilidade, só verá a procriação como uma alternativa, e sacrificará o aspecto ativo e positivo da missão, optando pelo caminho mais fácil.

Quando colocamos a questão diante da natureza relacional, a coisa só piora, pois nós vemos, por trás de cada mandamento, exortação, orientação e privilégios oferecidos, um Ser pessoal cheio de amor e interesse, com as mãos estendidas. Tratar a procriação como uma não obrigação, mas simplesmente como um privilégio passivo de rejeição, não diminui o peso de negar o privilégio. Sim, nós podemos dizer "não" a um privilégio, a uma não obrigação. Contudo, ainda é um "não" direcionado às mãos estendidas do Criador. É uma rejeição ativa.

É preciso que o "não" se justifique pela missão. A escolha de não ter filhos precisa ser "positivada" ao trocar esse grande privilégio por outro que siga o mesmo propósito e *telos*. Um casal que escolhe não ter filhos, portanto, precisa oferecer razões honrosas, ativas, que expliquem devidamente a negação à bênção. Para isso, é necessário transformar seu "não" em "sim". É preciso transformar a rejeição em doação, o desvio em novo caminho, o não fazer em realizar, a comida em jejum, o sexo em oração, o *posso* em *devo*, a passividade em atividade.

Essa positividade deve estar ligada ao compromisso da bênção rejeitada. No caso específico de Gênesis 1:28, isso seria a capacidade de viver para algo além de si mesmo – para a terra, para o templo de Deus. As perguntas são: Pelo que você *trocou* sua fertilidade? Por que disse "não"? Que "sim" explica e justifica seu "não"? Como seu "não" é, na verdade, um "sim" ao *telos* – um "sim" à missão? Diante desses questionamentos, as velhas desculpas de que o mundo está muito perigoso e de que é oneroso ter um filho não sobrevivem. Antes, só revelam para onde toda atividade está direcionada: para dentro de si.

À luz da proposição ético-teológica que intitula este capítulo, escolher não ter filhos pode ser, sim, uma expressão de infantilidade, mentalidade simplista, egoísmo e até mesmo de irresponsabilidade. Nossas escolhas comportamentais não podem ser reduzidas a obrigações, seguindo uma abordagem negativa, despersonificada e fria do "posso ou não posso?" ou do "sou obrigado ou não?".

Liberdade financeira e generosidade passiva

A passividade justificada não está somente nas famílias, mas também no bolso – a parte mais resistente às transformações da alma humana. Ela maculou um comportamento ativo por natureza: a generosidade. A passividade piedosa criou uma forma de generosidade. Trata-se da ajuda indireta, em que os papéis de doador e consumidor são realizados pelo mesmo indivíduo ao mesmo tempo.

Tomar um refrigerante pode, sim, ajudar famílias inteiras. A cadeia dos envolvidos (vendedor, comerciante, caminhoneiro etc.) e a dinâmica financeira necessária para que eu tenha a sensação do gás na boca não deixam dúvidas de que o consumo pode ajudar. Contudo, não posso confundir essa

PROPOSIÇÃO 2: A PRIMEIRA ORIENTAÇÃO NO TEMPLO FOI MISSIONAL

ajuda com o conceito bíblico-teológico de generosidade. Generosidade é a divisão material resultante da satisfação em Deus, e espera pelo "lucro imaterial e virtuoso". A natureza do que foi doado e o retorno esperado sugerem se nossos atos são realmente generosos ou não. Quer contribuir? Que este seja seu único motivo: contribuir (Romanos 12:8). Se consumimos enquanto ajudamos é porque Mamom ainda está dando as cartas. As dores resultantes dessa postura são comparadas por Paulo ao autoempalamento (1Timóteo 6:10). Apenas uma metáfora? Certamente. Mas tenha cuidado com o "apenas", pois a imagem não foi escolhida arbitrariamente. A avareza machuca mesmo.

Ainda no mundo inalcançável do bolso: em Ezequiel 26–28, o apetite voraz por lucro é condenado fortemente por YHWH. A condenação de Tiro ensina que o mundo dos negócios (a riqueza comercial de Tiro, no capítulo 27) pode nos cegar para o próximo (cf. 26:2), levando-nos a ver em tudo, até mesmo na desgraça de nosso semelhante, uma oportunidade para lucrar.

Creio que podemos defender o livre-mercado. Mas, antes de tudo, devemos nos ver como agentes do reino e ministros da reconciliação. E somente o evangelho e sua ética da doação podem qualificar devidamente essa tal liberdade. Isso não me impediria, como cristão, de lucrar, por exemplo, caso fosse um médico ou o proprietário de uma farmácia, pois o lucro não é o objetivo da minha vida e vocação. Para o cristão, o verdadeiro mandamento de Deus não é encontrado na lei do mercado. O mundo do livre-mercado deve ser visto como um mundo de possibilidades – possibilidades de amar. Nossa liberdade não é somente *de*, mas *para*. Ela é ativa e missional. Livres para amar.

Aqui vale uma palavra sobre sistemas. Quer na ajuda pelo consumo, quer na liberdade de mercado, a passividade tem um grande aliado nos sistemas, sejam quais forem suas propostas político-econômicas. Em primeiro lugar, uma explicação para essa "parceria" é o fato de que sistemas, como ideais, são impessoais. Pessoalidade, por sua vez, rima com proximidade, e essa, com atividade. Passividade, por outro lado, ama a impessoalidade das ideias e dos sistemas. Em segundo lugar, os sistemas são insuficientes. Exatamente por sua impessoalidade e distância, nenhum sistema político-econômico-social atende a todas as necessidades do mundo real. Em

215

qualquer sistema, haverá o grupo dos esquecidos. E é exatamente para esse grupo que nosso olhar deve estar direcionado.[36]

Passividade no discurso

A ameaça da passividade também pode ser vista no empobrecimento do nosso discurso. A ajuda ao necessitado (seja qual for a natureza da carência) é uma marca da vida do Reino. Boa vontade, entretanto, está bem longe de ser o suficiente. São muitas as ameaças ao exercício do amor.

Novamente, acionamos Brian Fikkert e Steve Corbett em *Quando ajudar machuca*. Eles nos alertam para o *paternalismo* (fazer pelo outro o que ele mesmo pode e deve fazer por si) e o *senso de divindade* (ver a si mesmo como ajudador somente, não como ajudado enquanto ajuda). Quero acrescentar um terceiro elemento: a *vitimização*. Sobre esse último, evoco as palavras de Theodore Dalrymple:

> Ver vítimas em todos os lugares é o *Zeitgeist*, é o que licencia as pessoas para que se comportem como quiserem e depois se sintam virtuosas. A virtude não se manifesta no comportamento, sempre tão entediante e difícil de controlar, e sim na atitude perante a vítima. Essa visão da virtude é sentimental e insensível, enjoativa e brutal: implica que aqueles que *não são* vítimas não merecem nossa empatia ou compreensão, só nossa condenação. [...] Nosso mote filosófico não é *Penso, logo existo*, e sim, *Ele sofre, logo é vítima*.[37]

Quando esses três elementos se encontram, temos uma mistura bombástica cujos resultados são incomensuráveis. Queremos considerar alguns:

- *Cansaço de compaixão*: o ajudador fará tudo, e isso se tornará exaustivo;

---

[36]No Salmo 72, encontramos o desejo do salmista pelo rei justo (v. 1,2), de reinado próspero (v. 3-7), eterno (v. 5) e universal (v. 8-11; 17). A justiça exercida pelo rei é destacada pelo seu cuidado aos esquecidos (v. 12). Esse rei, que une a aliança abraâmica e a davídica, afunila o canal de bênção de uma *nação* para uma *pessoa* (v. 17) enquanto o alarga para incluir todos que estão nele pela fé. Esses compartilham do seu gênio, atuam em seu reinado e revelam que o conhecem (cf. Jeremias 22:16) quando inclinam o coração aos esquecidos.

[37]Dalrymple, Theodore. *Evasivas admiráveis*. São Paulo: É Realizações, 2017, p. 80,44.

PROPOSIÇÃO 2: A PRIMEIRA ORIENTAÇÃO NO TEMPLO FOI MISSIONAL

- *Perda do senso de responsabilidade*: o ajudado sempre esperará do outro, pois ele é uma vítima;
- *Mudanças superficiais*: os desafios duros, desconfortáveis e necessários serão evitados por comiseração, e as mudanças se revelarão insuficientes para as demandas da alma.

No encontro entre o *paternalismo* e o *vitimismo* — a passividade irresponsável —, tem-se o empobrecimento do discurso. Todas as repreensões, advertências, exortações e palavras de acusação foram eliminadas, pois a "vítima" as tomará como injustas, insensíveis e desnecessárias. Sobrarão somente as palavras de apoio e o silêncio aprovador. A questão é que, em muitos momentos da vida, precisamos de repreensão para passar a um novo estágio. Somos peregrinos e carecemos que nosso discurso tenha poder de impulsão. Tapinhas nas costas nem sempre nos levam para a frente; muito pelo contrário.

Quando, pois, aplicar tais elementos ao nosso discurso? Ora, seria uma completa loucura e irresponsabilidade declarar *exatamente* quando usar uma repreensão ou uma palavra de consolo. Isso exige um olhar amoroso e uma sensibilidade que são desenvolvidos na caminhada, na prática constante. Meu ponto é que não podemos negar que nossa alma carece de toda complexidade de gêneros discursivos que encontramos nas santas Palavras (repreensões, advertências, exortações, consolo), e não é possível negligenciar algum deles sem prejuízo para nossa alma. Ter a compreensão da linha histórica das ações do aconselhado, fazer um passeio no parque, ouvir pessoas com os mesmos problemas, tomar um calmante, fazer uma viagem, mergulhar na piscina ou comprar um cachorro, tudo isso tem seu valor, mas nunca será suficiente. Aliás, coitado do cachorro!

Democracia: o poder passivo do povo

Política é assunto dos mais delicados. Uma palavra errada nessa matéria e tudo se perde. Exatamente por isso pensei em retirar essa ilustração. Contudo, quando pensamos nas temáticas envolvidas e no potencial de aprendizado, encarar o assunto faz mais sentido.

217

O HABITAT DA MORALIDADE

Comecemos pelo óbvio: o cristão não tem um candidato para chamar de "seu". Ele já tem seu Rei. Todas as propostas de solução devem ser vistas com certo ceticismo, pois são analisadas à luz da volta de Cristo – a solução final.

O exercício do poder governamental pode trazer efeitos positivos incontestáveis e dignos de gratidão. A proteção de inocentes, a mitigação de crimes e as melhorias estruturais que facilitam a vida social são alguns bons exemplos. Paulo nos ensina a nos beneficiar de tudo isso para exercermos uma vida piedosa (1Timóteo 2:2).

Há uma glória que se impõe nesse exercício de poder. E é exatamente aqui que mora o perigo, pois muitos confundem o exercício desse poder com o avanço do reino de Deus, transmutando gratidão em ilusão. Foi exatamente essa glória – a glória do exercício de poder – que os discípulos desejaram, ao pedirem ao Senhor um lugar de destaque na manifestação de sua glória. A resposta do Senhor foi: "Vocês não sabem o que estão pedindo" (Mateus 20:22) e "Não será assim entre vocês" (v. 26). Sobre aquele que preparara o caminho para a chegada do seu reino, ele já havia dito: "O que foram ver? Um homem vestido de roupas finas? Ora, os que vestem roupas esplêndidas e se entregam ao luxo estão nos palácios" (Lucas 7:25). O reino de Deus tem uma matriz de glória completamente diferente. Ela é revelada no servir, no doar. A transformação que desejamos – transformação que revela o movimento do reino – não nasce de imposições governamentais, mas da doação que encontra seu padrão na cruz. Nosso Rei é Servo, e nossas vestes são de pelo de camelo.

O ser humano pode quebrar, gritar, queimar, matar, espancar, criar leis, estabelecer poder policial, instruir, ter conhecimento, eleger; mas *mudanças reais*, de natureza cósmica, estrutural e dignas de um novo mundo – de uma nova criação – são *unicamente* aquelas realizadas por Deus em seu Filho, na operação do seu Santo Espírito, mediante a mensagem da boa notícia da morte e da ressurreição – do novo mundo inaugurado. As primícias desse novo mundo brotaram na rocha de um túmulo úmido e impuro há dois mil anos. Essa nova vida está à disposição daqueles que, atraídos pelo amor da cruz e confiantes nele, veem pensamentos perversos e maldades

218

PROPOSIÇÃO 2: A PRIMEIRA ORIENTAÇÃO NO TEMPLO FOI MISSIONAL

não apenas nos outros, mas principalmente em si mesmos. Arrependidos, revelam que estão unidos à ressurreição primeira, vivendo em outro e, realmente, diferente mundo.

Os plantadores da semente da vida do novo mundo não acreditam, nem são iludidos pela ideia de que quebrar, gritar, queimar, matar —quaisquer outros atos reputados e justificados como necessários – são instrumentos de mudança real. Toda novidade que não vem do alto, do mundo da luz, é uma versão requentada do velho mundo adâmico.

Em suma, não há mudança real fora da ressurreição, fora da mensagem do evangelho apresentado em amor sacrificial. Quando o novo mundo da ressurreição está diante dos nossos olhos, não acreditamos em novas eleições, novas políticas, novas resoluções, novas leis. No entanto, não podemos confundir ceticismo quanto às mudanças fora do evangelho com passividade. Vou ilustrar com as eleições de 2022. Entre os vários números apresentados no primeiro turno, um me chamou a atenção: o de abstenções e anulações. Foram quase 32 milhões de abstenções. Junto com brancos e nulos, que tiveram índices menores do que 2018, foram 38 milhões. Esses números foram mais que determinantes, e não podem ser ignorados como um fenômeno social.

As razões para tal comportamento, é óbvio, variam. Um número enorme de idosos com dificuldade de locomoção explica a quase metade das ausências nas urnas em 2018. Ainda assim, o peso das abstenções e anulações é gigantesco. Certamente, no meio dessa multidão, existia um grupo de cristãos cansados e indiferentes. Amargurados? Muito provavelmente. O cansaço era mais que compreensível. As mentiras, a corrupção por todos os lados, a hipocrisia, os clichês, os dados manipulados, a demagogia, os discursos repetitivos, os jogos de interesses explícitos, o espírito maniqueísta (hoje chamado de "polarização") e o uso indevido do nome de Jesus ou da religião, todos em doses cavalares, explicariam e justificariam a exaustão. Realmente não tinha como se empolgar.

Esse quadro caótico tinha um lado positivo: direcionava nosso olhar para o reino por alimentar um pessimismo sadio. Por outro lado, quanto à indiferença ou à amargura, filhas do cansaço, bem, essas vão de encontro à proposta deste capítulo. O problema se agrava quando elas ganham ares de espiritualidade – o que, infelizmente, é mais comum do que se imagina.

O problema da indiferença (em qualquer área) consiste em ser ela mesma uma negação da essência da ética cristã. A ética bíblica é missiovocacional e, por isso, essencialmente ativa. A indiferença, por outro lado, é o exato oposto do amor. Soma-se a isso o fato de que nos foi dado um poder-privilégio-responsabilidade gigantesco que tem, sim, uma relação direta com nossa missão-vocação-ética: a "vida tranquila" do apóstolo Paulo. Não podemos ser indiferentes ao que se impõe. A nós, foi dada uma escolha. Aliás, fomos literalmente convocados a um julgamento. Nosso cansaço e suas filhas não podem nos cegar. O elefante está na sala. Não adianta virar o rosto. Não dá para ignorar o cheiro.

Pode-se questionar que não votar é, sim, uma escolha ativa. "Rejeição é uma ação", podem protestar. Ou seja, além da indiferença e da amargura, nós temos a rejeição consciente como opção. Realmente isso faz sentido. A princípio, entendo que, em si, a abstenção ou anulação do voto pode, sim, mesmo que raramente, ser uma opção legítima, ativa, consciente e amorosa. Em suma, condizente com a ética cristã. Contudo, a balança tem de equilibrar, em igualdade, o "peso dos candidatos" – o que, venhamos e convenhamos, é algo *extremamente raro*. Igualdade é um tipo de mosca branca da realidade. Ora, nem os sinônimos são idênticos: palavras têm fonética, etimologia, efeitos afetivos e referenciais distintos. A igualdade é rara, e isso se aplica aos males que viveremos e às opções que temos.

Em geral, duas opções não são iguais e, por isso, a abstenção e/ou anulação revelam-se uma escolha cansada e instintiva. Pecaminosa? Não necessariamente. Sábia? É questionável. A narrativa da polarização é simplista, pois *iguala* norte e sul ao ver tudo pelos extremos, perdendo de vista nuances relevantes, e está longe de ser um bom guia para nossas escolhas morais.

A vida não é uma escolha entre preto e branco. Boa parte de nossas decisões se darão em uma realidade em tons de cinza. Se você se encontra na mesma situação, ou seja, se está cansado de toda essa discussão, precisa reconhecer que o cansaço-instinto não é um bom conselheiro, e que a consciência (conforme Paulo a utiliza em Romanos 14–15), apesar de importante,

PROPOSIÇÃO 2: A PRIMEIRA ORIENTAÇÃO NO TEMPLO FOI MISSIONAL

por não poder ser ignorada, não deve dar a última palavra em nossas escolhas. Discordo de colegas pastores que vêm entregando suas ovelhas à própria consciência. A consciência tem a palavra final em situações emergenciais ou imediatas, mas nas escolhas em que há tempo para reflexão, o incentivo à meditação controlada pela revelação é o melhor caminho.

O desafio que emerge da "segunda natureza" de N. T. Wright (Jonathan Haidt chamaria de "intuição moral") é levar esse cenário caótico e conturbado a uma meditação dolorosa, porém ativa. Não podemos deixar o instinto-consciência ter a palavra final quando temos tempo para refletir. O exercício correto de escolhas bem pensadas nos preparará para as emergenciais.

REDES SOCIAIS: ABSTRAÇÃO ATIVA E ATIVISMO FANTASMAGÓRICO

A passividade nem sempre se apresenta no "não fazer": não ter filhos, não falar o que se deve, não votar ou não doar. Por mais paradoxal que seja, existe uma passividade ativa, um ativismo fantasmagórico ou ainda uma abstração ativa. As palavras de Brett McCracken podem esclarecer:

> Uma das maiores fontes de insensatez no mundo de hoje é que estamos cada vez mais vivendo uma vida desencarnada no espaço etéreo – puxados para todos os lados e firmados em lugar nenhum. As redes sociais são um chicote de atenção. Em um minuto, somos atraídos para um drama acontecendo em Washington, D.C. No minuto seguinte, vemos a foto de um amigo de Fiji, seguida por uma manchete sobre agitação política em Hong Kong, e assim por diante. Saltamos de "lugar" para "lugar" sem realmente estar em lugar nenhum, muito menos no lugar real que habitamos. Perdidos em intermináveis queixas no Twitter e nas controvérsias insípidas que alimentam a vida na internet, negligenciamos a população local e questões tangíveis em nosso próprio quintal.[38]

Observe que a referida "vida desencarnada" é completamente passiva. Como bem observado por Brett McCracken, o preço dessa "abstração

---

[38] McCracken, Brett. *A pirâmide da sabedoria*. Rio de Janeiro: Thomas Nelson Brasil, 2023, p. 116.

ativa" ou desse "ativismo fantasmagórico" é alto, pois podemos negligenciar a população local (próxima) com seus problemas tangíveis e mensuráveis ao mesmo tempo que fazemos barulho. É a mistura perigosa de ativismo e "vida desencarnada". Ou seja, podemos ser fantasmas digitais, como diz McCracken, mas, ainda assim, nos manter distantes e barulhentos. Em suma, a abstração das redes sociais pode ser um tipo de cortina de fumaça que encobre nossa negligência para com a realidade, ao mesmo tempo que nos mantém em paz, por causa do nosso interesse distanciado. É o novo "vá em paz" que Tiago critica (Tiago 2:15-16).

Pensemos especificamente no aborto. Sem sombra de dúvida, o combate ao aborto por meio de uma argumentação filosófica bem estruturada e de engajamento político é uma forma autêntica e preciosa de valorizarmos a vida. Tal comportamento deve ser alimentado e louvado. Seus defensores devem ser reconhecidos e honrados. Contudo, está longe de ser a única maneira de se valorizar a vida. Aliás, é possível lutar pela vida (nos termos colocados acima) quando se escolhe não ter filhos, pois posso fazer isso por razões nada sacrificiais ou missionais. Argumentações ou campanhas do tipo "hashtag" podem ser mecanismos para esconder abstrações, obras fantasmagóricas. O que A. D. Sertillanges chamou de "ciência puramente livresca"[39] – a que sofre o mal da abstração – pode ser dito dessa realidade. Sertillanges ainda nos lembra que a realidade não permite uma separação tão rigorosa entre vida contemplativa (teórica) e vida ativa.[40]

Existe um mundo de possibilidades práticas impostas pela vida real que é deixado de lado enquanto se "luta" pelas crianças intrauterinas. Um caminho mais óbvio, porém, que exige uma proximidade comprometedora demais, é experimentar ativamente o valor da vida humana nas madrugadas sujas e famintas, no abraço assustado e confiante, no balbuciar desconexo, nas risadas inesperadas e fáceis, no olhar dependente e encantador por trás das grades do berço, no deitar exausto da cabeça no ombro, na expectativa de a febre baixar, no ajudar a se levantar, no beijo babado, nos banhos espalhafatosos, no ressonar suave e no choro enigmático... Em outras palavras,

---

[39] Sertillanges, A. D. *A vida intelectual*. Campinas: Kirion, 2019, p. 71.
[40] Sertillanges, 2019, p. 70.

PROPOSIÇÃO 2: A PRIMEIRA ORIENTAÇÃO NO TEMPLO FOI MISSIONAL

lutar pela vida também envolve ter filhos ou adotar crianças reais, vivas e abandonadas.

Ainda no mundo digital: o que dizer dos mestres da internet? Isso existe? Bem, em primeiro lugar, posso assegurar que tenho crescido muito com homens e mulheres que conheço única e exclusivamente pelas redes. São incontáveis nomes. Sou sincera e extremamente grato a Deus por eles.

Em segundo lugar, seguindo a teoria dos atos da fala, Kevin Vanhoozer lembra: "Usamos a linguagem para realizar mais do que apenas descrever os estados das coisas. Nenhum de nós crê que o único ponto da linguagem é referir ou representar. Afirmamos que a linguagem é transformadora e também informativa".[41] Em outras palavras, o discurso é um ato e podemos ser objetos de transformação por meio dele, o que certamente inclui as redes sociais. Não negamos o poder dos *atos* do discurso; antes, entendemos que existe o fenômeno combatido pelas Escrituras: amar somente de palavra e de boca, mas não em ação e verdade (1João 3:18).

Meu ceticismo quanto à autenticidade das relações virtuais não me permite apresentar qualquer deslumbre (comportamento comum e, em geral, alimentado pelo sistema e pelo formato das redes) quanto à vida de qualquer "produtor de conteúdo". Nenhum deles. O motivo é simples: não conhecemos pessoas pela internet. Absolutamente ninguém. Tudo nas redes (e isso me inclui, óbvio) tem níveis de artificialidade. Em alguns casos, alto grau de falsidade, pois muitos dominam o marketing pessoal (a chancela cultural da hipocrisia). Quem nunca conheceu uma pessoa antissocial e mal-educada, do tipo "carreira solo", que defende a vida em comunhão e é o próprio Jesus na internet?

Eugene Peterson está certo ao assegurar que "os aspectos públicos e, consequentemente, menos pessoais de nossa vida podem ser simulados com igual facilidade".[42] Em outro momento, diz: "É possível simular com facilidade aquilo que é aparente no trabalho pastoral, que consiste em atender às expectativas das pessoas. É possível ser pastor sem sê-lo". Se há

---

[41]Vanhoozer, Kevin J. *Teologia primeira*. São Paulo: Vida Nova, 2016b, p. 205.
[42]Peterson, 2000, p. 6, 9.

potencial de engano na vida que tem elementos de pessoalidade, imagine na vida distante das telas?

Para ser direto: sem uma vida compartilhada em doação, qualquer ministério deve ser visto, a princípio, sob suspeição. Essa suspeição, por sua vez, precisa de tempo de vivência (cf. 1Timóteo 5:22-25) para ser superada (daí a importância das instituições, principalmente da igreja local, pois nem todos sobrevivem a ela). O qualificador do ministério de Paulo não foi exclusivamente o partilhar de conhecimento, pois qualquer um poderia fazer isso, principalmente diante de uma câmera, mas apresentar sua vida como doação. Nas palavras do próprio apóstolo, "decidimos dar-lhes *não somente* o evangelho de Deus, mas também a *nossa própria vida*" (1Tessalonicenses 2:8). Vida compartilhada e tempo: sem isso, não conhecemos ninguém. Podemos aprender? Certamente, com seus riscos e limites, pois alguns conhecimentos necessitam de proximidade testemunhal. Devemos ser gratos? Sem dúvida. Mas, por favor, sem fascínios nem deslumbres infantis.

OS INÚMEROS CHAMADOS AO LONGO DA ÚNICA CAMINHADA

Há um chamado que se desdobra em incontáveis chamados.

Temos um longo caminho pela frente, e não há espaço para a passividade. *Somos chamados a nos unir pela mesma vocação.* Casamento, por exemplo, é a união ou o reencontro de partes que se correspondem. É a lealdade primária que supera todas as relações humanas. Filhos, pais, irmãos e amigos são "pequenos" diante da "outra parte idônea". O que explica, justifica e, por conseguinte, mantém a saúde dessa relação é a vocação que a precede, bem como a realidade para a qual ela, simbolicamente, aponta. A perfeição no ajuste das partes — o encaixe perfeito — advém de algo maior que a própria união: a vocação do Criador. Homem e mulher precisam ouvir a mesma ordem e seguir o mesmo plano. Papéis distintos em uma missão única.

Antes de se casar, portanto, a pessoa deve perguntar ao candidato ou à candidata à correspondência: "De onde você vem? Para onde vai? Qual é seu sonho? Qual é seu chamado? Qual é sua missão? Qual é sua vocação?".

PROPOSIÇÃO 2: A PRIMEIRA ORIENTAÇÃO NO TEMPLO FOI MISSIONAL

É assim que a correspondência se revela e a união é reconhecida como o reencontro do que faltava.

Temos um longo caminho pela frente e não há espaço para a passividade. *Somos chamados a viver a vida comum do lar.* A vivência familiar é, sem dúvida, o maior instrumento para fortalecer o exercício da prática amorosa. É a grande escola do amor. Ela exige convívio próximo e ininterrupto. Não existe a opção do distanciamento temporário, como em outras relações humanas. Depois de ajudar os necessitados (p. ex., pobres, moradores de rua, presos), sempre voltamos para casa – para a mesma mesa, para a mesma cama. Ninguém dá um tempo na família! Os filhos (note o plural) nos ensinam que devemos amar o desconhecido – o que se aplica ao cônjuge, claro! Quem, afinal, realmente conhece o parceiro escolhido? – e o diferente, pois filhos são completamente opostos (Jacó e Esaú que o digam!); e nos ensinam a fazê-lo sem agendamento. Febres e fezes não são como as estações do ano. Ninguém agenda um tombo, nem prevê o número de pontos.

A bênção de ter filho é a bênção de servir aos outros em perseverança. Não há nada de imediato e espontâneo nisso. Não se engane com as imagens fofas dos primeiros passos. Certamente são bênçãos. Devemos responder a isso em *re*ações de graças; contudo, ainda não é a bênção filial. Parricidas e filhos mimados passaram pelos mesmos processos. Filhos são bênçãos depois de um longo processo de sofrimento e doação amorosa à próxima geração. Nosso contentamento é o do pintor sujo, do pedreiro suado, do músico cansado, do escritor fatigado, do ator exaurido, do atleta moído. Não é a alegria do cliente, do espectador, do ouvinte, do leitor, do consumidor. É necessário ter um senso escatológico para desfrutar essa alegria.

Os que optam por fugir do próprio lar revelam completa inaptidão para amar "os de fora". Desrespeitam a cadeia prioritária dos amores: casa, igreja e os de fora. Podem até tentar (e creio que vão tentar), porém sem sucesso. Em muitos casos, as atitudes amorosas direcionadas aos "de fora" serão tentativas de preencher a lacuna da família abandonada, do caminho necessário atalhado. Ao saber da situação das viúvas em Éfeso, o apóstolo Paulo orientou Timóteo que as verdadeiras viúvas eram aquelas que não tinham familiares para ajudá-las. No caso específico dessas, a igreja auxiliaria, impulsionando o amor familiar, e não invertendo a ordem, ao usurpar, assim, a prioridade do dever amoroso dos consanguíneos. Quer saber como amar? Comece em casa e fuja dos atalhos. Quer ajudar o próximo? Comece arrumando a sua cama.

Temos um longo caminho pela frente e não há espaço para passividade. *Somos chamados a testemunhar.* Uma coisa que aprendi com o livro de Apocalipse é que a igreja pode sofrer todos os tipos de provações e privações possíveis, mas nunca deixa de testemunhar. Eis o que ela é: o candelabro de Deus. Ela recebe asas de livramento e as águas do inimigo são engolidas pelas fendas abertas pelo Senhor (Apocalipse 12:14-17). Diante das perseguições e dos sofrimentos previstos pelo Senhor Jesus no Sermão do Monte das Oliveiras, sua palavra de consolo foi "não fiquem preocupados com o que vão dizer. Digam tão somente o que lhes for dado naquela hora, pois não serão vocês que estarão falando, mas o Espírito Santo" (Marcos 13:11).

No meio de tantas demandas e preocupações legítimas da vida, o silêncio nunca é uma opção. Precisamos gritar ao mundo que ele está em agonia, que existe uma eternidade adiante, que o Cordeiro está no trono, que o preço foi pago, que não somos inocentes, que algo está errado, mas que não precisa ser assim sempre. Deixe que os conselhos práticos fiquem com os médicos e as autoridades de cada área. Não se perca com tantas informações a ponto de se calar sobre Cristo. Fale, cante, pregue, declare, anuncie e grite ao mundo, pois é isto que somos: testemunhas do Cordeiro.

Temos um longo caminho pela frente e não há espaço para passividade. *Somos chamados a iluminar o mundo.* O candelabro desse novo mundo chama-se igreja. É aí que vivem as realidades eternas. É a comunidade escatológica. Lá as cores, os gêneros, as etnias, as línguas não separam. No entanto, não são esquecidas e muito menos rejeitadas; antes, essas diferenças realçam a beleza multiforme e harmônica do povo que vem das mãos do Servo. Que o mundo olhe para a igreja e contemple a sabedoria do Senhor! (Efésios 3:10ss).

Vivamos as realidades do novo mundo. Nosso coração é como o de Sônia em *Crime e Castigo*: "possui fontes infinitas de vida para o coração do outro". Dostoiévski lembra o apóstolo João, quando nos ensina, por meio

PROPOSIÇÃO 2: A PRIMEIRA ORIENTAÇÃO NO TEMPLO FOI MISSIONAL

desse romance, que só aprende amar quem é amado. Ame, porque o amor é a fonte de vida do novo mundo, e a única forma de mudar o velho é vivendo o novo. E, como bem observa C. S. Lewis: "Não perca tempo se preocupando se você 'ama' seu vizinho; aja como se o amasse. Assim que fazemos isso, descobrimos um dos grandes segredos. Quando você começa a se comportar como se amasse alguém, vai acabar amando mesmo".[43]

Temos um longo caminho pela frente e não há espaço para a passividade. *Somos chamados a entender as ordens divinas pela prática.* Significado fora do texto? Pode isso? Há confusão e desacordos no mundo da teoria interpretativa sobre o que se pretende dizer com "significado". Sem rodeio argumentativo e sem complexidade: por "significado", especificamente na interpretação textual, refiro-me ao ato de acessar a um mundo, sendo direcionado pelo texto. Esse acesso, por sua vez, está mais para uma caminhada contemplativa, na qual sentimos as pedras enquanto palmilhamos a trilha, do que para maratonar séries no sofá, comendo pipoca. Requer graus de envolvimento. Dessa forma, apesar de reconhecer e fazer uma certa distinção entre "significado" e "aplicação", entendo a relação entre os dois como de subconjunto. Algo como a relação entre "assento" e "cadeira", em que "cadeira" seria a aplicação; "assento", o significado.

Estabelecidos os parâmetros terminológicos que tenho em mente, vamos ao ponto: creio que muitos textos nos impulsionam para fora deles mesmos, como se clamassem ao leitor a fechar o livro, proibindo qualquer tipo de estagnação interpretativa complexa. Um exemplo de chamado para "fora do texto" são as metáforas e as ambiguidades textuais. Depois de lutar com o texto, o intérprete, diante das imprecisões, é impulsionado a outros. Porém, existe um "chamado de saída" ainda mais acentuado.

São textos que nos levam para fora de si ao se apresentarem como uma junção entre silêncio teórico e apelo.

Pensemos na declaração de Paulo em Atos 20:35, citando Jesus: "Há maior felicidade em dar do que em receber". Não sei você, mas eu fico esperando uma explicação, uma declaração direta que justifique a aplicação do princípio apresentado; que me impulsione a dar. Mas nada. É como se o

---

[43]Lewis, C. S. *Cristianismo puro e simples*. Rio de Janeiro: Thomas Nelson Brasil, 2017b, p. 177.

texto gritasse, diante da ausência de explicação: "Experimente e saberá!" ou "Saia do sofá e caminhe atrás do significado".

Segundo Lakoff, "a essência da metáfora é entender e experimentar uma coisa em termos de outra".[44] Se isso for verdade, e creio que é, metáforas são um convite a um envolvimento direto e cru com a vida concreta. É esse envolvimento que aplaca o saber apenas abstrato e produz o verdadeiro entendimento: o encarnado. Por isso, toque, coma, beba, suba, caia, pule, prove, ore, leia, mergulhe, beije, corra, abrace, chore, sorria, grite, transpire...

Temos um longo caminho pela frente e não há espaço para a passividade. *Somos chamados a...* Fique à vontade para completar, você mesmo, a frase.

CONCLUSÃO

Diante das repetidas vezes em que a palavra "ativa" apareceu, podemos ficar cansados só de pensar nos desafios práticos que emergem da missionalidade de nosso chamado. Certamente o cansaço é um efeito colateral garantido para todos os que estão envolvidos na construção do grande templo de Deus. Porém, essa não é uma exclusividade do povo. É algo que compartilhamos com o Servo.

Em Isaías 49:4, em uma espécie de autobiografia, o Servo declara: "Tenho me afadigado". Alguns estudiosos procuram um momento específico do ministério de Cristo em que a declaração do Servo se cumpra. Há quem veja seu cumprimento na repreensão cansada de Jesus ("Até quando?") diante da incapacidade dos seus discípulos de entender sua mensagem (Marcos 8:17,21). Outros o veem no abandono por parte de seu grupo (Marcos 14:27), na agonia do Getsêmani e, por fim, na cruz do Calvário. Não creio que o texto exija enquadrar essa declaração em um único momento do ministério de Jesus. E, ainda que você entenda assim, o fato incontestável e importante para nosso raciocínio é que o Servo se diz cansado por uma causa que se mostra fútil. Em suas próprias palavras: "Tenho gastado minha força em vão e para nada".

A obra e a missão do Servo são as nossas também. A cruz não só nos diz o que Deus fez por nós em Cristo, mas também como devemos responder

---

[44]Lakoff, 2003, p. 5.

PROPOSIÇÃO 2: A PRIMEIRA ORIENTAÇÃO NO TEMPLO FOI MISSIONAL

em gratidão a esse ato sacrificial: servindo como ele. A cruz é o exemplo máximo do serviço que marca o reino de Cristo (Marcos 10:45). Deus, em seu ato sacrificial, é o exemplo a ser seguido. Devemos viver em amor "*como também* Cristo nos amou e se *entregou* por nós como oferta e sacrifício de aroma agradável a Deus" (Efésios 5:2). Segundo Pedro (1Pedro 2:21), Cristo sofreu em nosso lugar, ou seja, para nosso benefício, mas também "deixou exemplo". Seus passos sacrificais e doadores devem ser imitados.

Essa relação próxima entre nós e o Servo, na qual suas palavras são as nossas (Atos 13:47), e em que devemos viver o espírito de seus atos (Filipenses 2:5), implica fazer o que ele fez, e também que o cansaço e o senso de futilidade que sentiu nos acompanharão no cumprimento da missão única e comum.

Não quero findar este capítulo chamando-o para agir como um servo, peregrino ou discípulo que responde ao chamado enquanto espera o cansaço e uma vida com senso de futilidade. Seria desanimador. A realidade do cansaço da inutilidade é evocada como uma dose de realidade. Ao mesmo tempo que é importante revelá-la, também reconhecemos que isso não é suficiente. Voltemos ao texto de Isaías 49.

É interessante observar que, no mesmo verso em que o Servo revela sua fraqueza e senso de futilidade, ele declara: "Contudo, o que me é devido está na mão do Senhor, e a minha recompensa está com o meu *Deus*" (v. 4). No versículo seguinte, ele diz: "meu Deus tem sido a minha força". Seria um quadro de oscilação e instabilidade entre confiança e incredulidade? Essa não seria a forma correta entender a relação entre o senso de futilidade e a declaração de confiança. Uma solução seria crer que não existe incompatibilidade entre ambos.[45] Outra solução, que não a anterior, seria entender que o Servo dirige seu olhar em primeiro lugar ao *processo* da missão (origem do cansaço e desânimo) e, depois, para o *final* (origem da confiança).

A origem do desânimo é o que Alec Motyer chamou de "primeiro pensamento".[46] Primeiro, mas não o último ou o determinante. Pedro diz que Cristo, "quando insultado, não revidava; quando sofria, não fazia ameaças,

----
[45] Oswalt, 2011, p. 361.
[46] Motyer, J. Alec. *O comentário de Isaías*. São Paulo: Shedd, 2016, p. 516.

mas entregava-se àquele que julga com justiça" (1Pedro 2:23). O autor de Hebreus revela que Jesus, "pela alegria que lhe fora proposta, suportou a cruz, desprezando a vergonha, e assentou-se à direita do trono de Deus" (12:2). Ambos, a alegria proposta e o julgamento justos, estão no futuro – no que poderíamos chamar de "segundo pensamento".

O Servo nos ensina que o cansaço e o senso de futilidade farão parte da nossa peregrinação e de nosso discipulado. No mundo agitado em que estar atarefado é sinônimo de status, é comum vermos irmãos combatendo o cansaço em si. Contudo, o cansaço é simplesmente inevitável. Não é uma questão de cansaço *versus* descanso; mas de descanso em meio ao cansaço certo.

É olhando para a frente, para o julgamento certo e para a alegria proposta (a vocação cumprida), que veremos que se trata do cansaço que vale a pena. Viver para si, olhar para si, certamente, nos movimentará e nos afadigará. Existem cansaços e cansaços. O Servo diz: "Sou honrado aos olhos do Senhor". Seu cansaço é fruto do chamado de Deus? É honrado aos olhos do Senhor? Então, vale a pena. Ele lhe dará força e descanso.

Capítulo 8

PROPOSIÇÃO 3: O TEMPLO ESCATOLÓGICO É CONSTRUÍDO POR ESCOLHAS QUE PRIORIZAM O POVO (A MORALIDADE BÍBLICA, PORTANTO, É CORPORATIVA)

Somos membros uns dos outros.
Romanos 12:5

A igreja primitiva se destacava como uma
comunidade familiar cuja lealdade para os
membros sobrepujava todas as demais lealdades.
N. T. Wright[1]

O ato divino de "tabernacular" na terra não se dá à parte de seu povo.
Peter T. O'Brien[2]

A liberdade pessoal, por mais importante que seja
para Paulo, não é o *summum bonum* da vida cristã.
Gordon Fee[3]

ENQUANTO AMADURECIA AS IDEIAS para a produção deste capítulo, recebi a mensagem de um membro da igreja, declarando que não caminhará mais junto de nossa comunidade. Essa é uma das tristezas que vivenciamos em uma igreja local: as rupturas relacionais por motivos não honrosos. Testemunhar pessoas escolhendo não viver mais na comunidade é sempre algo doloroso. Nos meus vinte e poucos anos de ministério, testemunhei alguns abandonos e posso garantir: nunca é fácil. A tristeza se impõe de forma tirânica. De pronto, a razão para essa tristeza inevitável e implacável é que se trata de um tipo de rejeição. A tristeza é mais intensa para pastores

---

[1]Wright, N. T. *O Novo Testamento e o povo de Deus*. Rio de Janeiro: Thomas Nelson Brasil, 2022, p. 592.
[2]O'Brien apud Reid, Daniel G. (org.). *Dicionário teológico do Novo Testamento*. São Paulo: Vida Nova, 2012, p. 643.
[3]Fee, Gordon. *The First Epistle to the Corinthians*. Grand Rapids: Eerdmans, 1998, p. 478.

O HABITAT DA MORALIDADE

e líderes, porque ganha contornos pessoais e vocacionais. Conscientes ou não, os líderes tomam essas rejeições como uma negação de todos os esforços e sacrifícios inerentes ao seu ministério.

Uma das certezas da caminhada ministerial é que nos separamos com extrema facilidade. Com tristeza, trago à memória colegas de ministério, congregações, membros da igreja local e instituições de ensino que ficaram pelo caminho ao longo dessas duas décadas. Certamente essa não é a melhor maneira de ganhar sua atenção, leitor. Contudo, apelo à sua paciência e à sua confiança. Declarações de natureza negativa têm seu valor.

Tamanha tristeza não encontra explicação somente na experiência pessoal e instintiva da rejeição pessoal e ministerial; ela ganha contornos mais profundos, portanto menos pessoais, quando constatamos que a permanência de muitas pessoas em determinada igreja local não encontra sua principal explicação na vocação de Cristo (Efésios 4:1). Cristo, o reino, o plano eterno, o povo em construção, tudo isso se encontra em segundo plano. Ou seja, não é determinante para uma pessoa a permanecer ou não em uma igreja local. Infelizmente, a palavra final é outra. Essa reflexão menos pessoal nos alerta para o fato de que o maior rejeitado não é o pastor nem a igreja local em suas particularidades, mas o próprio Senhor Jesus e seu plano de edificação do seu povo – a igreja. É nessa rejeição que nossa tristeza deve encontrar lugar.

Voltemos, pois, às rupturas nas igrejas locais. Espectro político, vacinas, exercício dos dons, papel da ciência, comida, bebida, tabagismo, liturgia, escatologia são alguns exemplos que me vêm rapidamente à mente quando penso nos conflitos que testemunhei ou fui forçado a vivenciar. A realidade turbulenta das divisões de opinião, contudo, não é exclusividade de nossos dias e não podemos descansar colocando tudo na conta de algum fenômeno histórico-social atual, como a polarização. Logo nas primeiras páginas do livro de Atos dos Apóstolos, o povo de Deus vivencia dificuldades em suas relações domésticas. O mesmo pode ser dito sobre as cartas paulinas. Nelas, encontramos tanto argumentações e apelos em favor da unidade como combates fervorosos contra divisões. As circunstâncias no primeiro século eram as mais variadas: viúvas esquecidas por questões étnicas, ricos com as

PROPOSIÇÃO 3: O TEMPLO ESCATOLÓGICO É CONSTRUÍDO POR ESCOLHAS QUE PRIORIZAM O POVO

melhores posições nas reuniões, preferência e desprezo de certas lideranças, tratamento diferenciado para certos dias e dietas restritivas são alguns assuntos que geravam tensão nas relações ou até mesmo conflitos e divisões. O que não se pode negar é que, seja numa igreja do subúrbio de uma capital brasileira do século 21, seja numa comunidade romana do primeiro século, a história da igreja e a teologia do Novo Testamento nos alertam: a inclinação a rupturas estará sempre latente dentro do povo de Deus.

Elementos específicos de nossos dias, como individualismo, consumismo, relações líquidas, ênfase na salvação como uma experiência essencialmente individual e o fenômeno das bolhas cada vez menores das redes sociais realçam essa inclinação; contudo, eles adicionam outro fator: a chancela cultural. Separamo-nos e nem mesmo lamentamos por isso. Não sabemos nem mesmo o que está envolvido. É natural; é cultural. Trocamos de igrejas, rejeitamos comunidades, desprezamos lideranças no mesmo espírito com que descartamos produtos e coisas. Enquanto isso, nossa consciência, fundamental em decisões éticas, torna-se, a cada dia, mais insensível e afônica em seus protestos contra essas rupturas.

Sem entrar no mérito das tensões, os conflitos e as rupturas dos nossos dias são maiores, mais intensos ou mais danosos do que os do primeiro século, creio que, a despeito das particularidades de cada geração, o caminho a ser seguido é exatamente o mesmo: necessitamos solidificar a verdade de que Deus está construindo, por meio do seu Espírito, um povo – a nova humanidade – cuja identidade não se encontra em etnia, classe social, gosto pessoal, expressão cultural nem gênero, mas no Messias de Israel, e que a manutenção da sua unidade gloriosa exigirá o esforço constante de todos os seus membros.

Este capítulo, portanto, visa desenvolver uma consciência corporativa segundo a qual todas as escolhas passam obrigatoriamente pela contemplação prévia que seus efeitos e/ou desdobramentos terão na igreja de Jesus e em sua manifestação mais palpável: a dinâmica na vida da igreja local. Isso se dará por argumentação e aplicações da verdade de que a igreja de Jesus, como os demais povos, é formada e edificada por escolhas morais e relacionais. Não se trata apenas de agir em benefício da igreja ou de manifestar

O HABITAT DA MORALIDADE

o lado positivo da igreja. Nossas escolhas não são meros adornos na grande construção de Deus, mas seus tijolos e argamassa.

FUNDAMENTAÇÃO

Vimos, no capítulo anterior, que a ética é ativa. O mundo é um lugar sagrado e o templo-igreja se trata de uma construção não finalizada. Somos chamados, portanto, a mantê-la (Efésios 4:3) e ampliá-la (Atos 13:47). Aqui, seguiremos o "espírito ativo", mas com o foco nas relações no corpo. A construção do povo de Deus se dá por escolhas sacrificiais que beneficiam as relações, a vida e a dinâmica pacífica dos membros de um corpo saudável.

A fundamentação de nossa proposição é dupla:[4]

1. A vida em corpo ou em edificação é uma das bases éticas no Novo Testamento. Junto com a perspectiva escatológica da nova criação, e a cruz como paradigma de obediência e ato de justiça que elimina a culpa, a consciência corporativa ou comunal é constantemente acionada pelos autores do Novo Testamento antes de seus apelos éticos que visam ao bem das relações na igreja. Ela é que explica e justifica certas exigências dos autores bíblicos. Em outras palavras, o raciocínio ético de um cristão, implícita ou explicitamente, passa por compreender nosso momento histórico (nova criação), pelo ato de amor sacrificial de Cristo como modelo de ação e paz de alma e pela comunidade como local da expressão do poder e da sabedoria do Senhor. Os três temas são amplos e, como bem nos lembra Richard B. Hays, estão intimamente ligados.[5] Contudo, o foco deste capítulo é o último elemento: a construção do povo redimido.

2. O entendimento do conceito teológico de edificação traz consigo a temática do "templo como uma construção inacabada" e a relação entre os membros do corpo como essencial para a "colocação dos tijolos".

---

[4]A argumentação poderia ser enriquecida, além das duas considerações alistadas, com a análise de passagens como Hebreus 13:15,16. Nesse texto, a vida em comunhão é chamada de "sacrifício", um termo do mundo do templo. Ou seja, nossa vida de cuidado e amor para com o outro é um ato de adoração "no santuário".

[5]Hays, Richard B. *The moral vision of the New Testament*. New York: HarperCollins, 1996, p. 36.

PROPOSIÇÃO 3: O TEMPLO ESCATOLÓGICO É CONSTRUÍDO POR ESCOLHAS QUE PRIORIZAM O POVO

PAULO E O TEMPLO

O véu do templo foi rasgado (Marcos 15:38); nosso altar está fora do acampamento (Hebreus 13:12); o templo, seus sacrifícios e toda a linguagem de adoração foram transformados em metáfora; e nossa vida é vista como sacrifício vivo e libação (Romanos 12; Filipenses 2:17). Isso não significa uma ruptura total com o mundo do Antigo Testamento; muito pelo contrário. As metáforas não foram retiradas de uma realidade atemporal. O Antigo Testamento e sua narrativa deram aos primeiros cristãos toda a sua estrutura de pensamento. Assim, os pontos de contato entre o templo do Antigo Testamento e o do Novo Testamento são estabelecidos pelo *primeiro* Testamento. A simbologia (o aspecto papável) foi transformada, mas sua essência perdura. Ou seja, não somos semelhantes ao templo ou a um templo qualquer. Nós somos o templo. Toda a carga teológica do templo, apresentada nos capítulos anteriores, é vivida realmente na igreja como povo e no cristão como indivíduo.

Nesta porção, quero apresentar a contribuição de Paulo para a temática do templo. As quatro passagens mais explícitas do *corpus* paulino sobre o templo-presença são 1Coríntios 3:16; 6:19; 2Coríntios 6:16 e Efésios 2:21,22.

Existem outras passagens que lidam com a temática de forma mais conceitual. A presença de Cristo na ceia do Senhor, o conceito de habitação, o poder da voz profética na mente do incrédulo (1Coríntios 14:25), os dons do Espírito, Cristo como cumprimento de todas as promessas do Antigo Testamento (o retorno ao templo), pessoas como pilares (Tiago, Pedro e João), a realidade da nova aliança e a doutrina multifacetada de união com Cristo — o *"em* Cristo" paulino — são exemplos conceituais do tema da presença de Deus e do templo na teologia paulina. Assim, tudo que será discorrido a seguir será um simples e mero vislumbre da amplitude e do esplendor do tema do templo na mente de Paulo. Ficaremos, porém, com o panorama das quatro passagens.

Nelas, o tema do templo está a serviço de outros dois temas que revelam o caráter da igreja de Cristo: unidade e santidade. 1Coríntios 3:16 e Efésios 2:21,22 enfatizam a unidade, e 1Coríntios 6:19 e 2Coríntios 6:16, a santidade com o sentido de "separação".

1Coríntios 3:16

A igreja de Corinto mostrava divergência de opinião em vários assuntos: sexo (caps. 5–7), comida sacrificada a ídolos (caps. 8–10), dinâmica das reuniões (cap. 11) e dons do Espírito (caps. 12–14). Boa parte da argumentação da carta visa mitigar essas divergências. O capítulo 3 está dentro da porção (caps. 1–4) que lida com as divergências causadas por preferências de liderança ou em nome da sabedoria.

Paulo argumenta que esse comportamento não faz sentido diante do entendimento, dado pelo Espírito, nem do crescimento, proporcionado por Deus, e não pelos seus instrumentos. As pessoas em seus ministérios são lavradores. Não podem gerar crescimento. Os coríntios deveriam estar voltados para o Autor do crescimento, e não para seus servos.

A partir de 3:9, a metáfora muda. As pessoas de Deus não são mais lavradores, mas *construtores*. Um edifício é introduzido no texto, e não é genérico; trata-se claramente de um templo. Sabemos que a relação entre templo e jardim no Antigo Testamento é muito próxima. Essa proximidade leva G. K. Beale a concluir que a mudança de metáfora no texto de Paulo "talvez não seja tão radical quanto geralmente se pensa".[6] Seja qual for a natureza da metáfora da lavoura, não se pode questionar que a metáfora da construção é, sem dúvida, uma referência ao templo.

O texto de 1Coríntios 3:16 diz: "Vocês não sabem?". Essa indagação é usada dez vezes na carta (5:6; 6:2,3,9,15,16,19; 9:13,24). Gordon Fee entende que pode ser mais do que um recurso retórico. Seria uma ironia ou um sarcasmo, uma vez que os coríntios se orgulhavam do conhecimento que tinham.[7] Douglas Estes afirma que Paulo está perguntando o que eles deveriam saber.[8] Thiselton, não longe de Estes, entende que não se trata de uma nova doutrina, mas um princípio ou axioma.[9] Creio que as propostas não se anulam. Gordon Fee está certo sobre a ironia. Contudo, ela não é identificada na expressão, mas na repetição, uma vez que se trata de dez ocorrências. Em suma, é fundamental a verdade teológica de que a igreja

[6] Beale, G. K. *O templo e a missão da igreja*. São Paulo: Vida Nova, 2021, p. 260.
[7] Fee, 1987, p. 146.
[8] Estes, Douglas. *Questions and rhetoric in the Greek New Testament*. Grand Rapids: Zondervan, 2017. Ed. digital, p. 5170-1.
[9] Thiselton, A. C. *The First Epistle to the Corinthians*. Grand Rapids: Eerdmans, 2000, p. 316.

PROPOSIÇÃO 3: O TEMPLO ESCATOLÓGICO É CONSTRUÍDO POR ESCOLHAS QUE PRIORIZAM O POVO

é templo – todos devem saber. Em outra obra, Gordon Fee diz: "Não há, em todo Novo Testamento, uma palavra mais importante com referência à natureza da igreja local do que esta [de que a igreja é o templo de Deus]!".[10]

Esse mesmo texto bíblico contribui para nossa argumentação de duas formas. Em primeiro lugar, trata-se de uma "passagem completa", afirmando que o edifício são as pessoas (v. 9,16); que o alicerce da construção é Jesus Cristo (v. 11) e, por fim, que o tipo de construção é sagrado: um santuário (v. 16,17). Temos, pois, três grandes elementos: a construção, o material usado (pessoas em unidade) e o tipo de construção (templo). A correção do espírito faccioso, portanto, passa pelo entendimento de quem a igreja é: templo de Deus (mundo simbólico).

Em segundo lugar, a passagem faz referência à *destruição*. Dos inúmeros subtemas decorrentes dessa riquíssima passagem, "destruição" trata da natureza e, principalmente, da importância do nosso papel na construção. Ela é uma advertência que visa levar os leitores a verem a vida individual à luz do corpo.

Em 1Coríntios 8:11, como aqui, a "destruição" se contrapõe à construção. Em Romanos 14, encontramos o mesmo par (cf. v. 19,20). São muitas as perguntas que emergem do tema: quem é destruído? Paulo está se referindo à morte física dos crentes? Havia falsos crentes dentro da igreja, ou eram os "de fora" que tentavam destruir a comunidade?

Pelo contexto imediato, sou inclinado a pensar que Paulo se refere aos membros da comunidade coríntia. O apóstolo afirmara que havia salvação para os que não construíssem com materiais nobres (3:12-15). Em 3:17 ele se volta para os que podem destruir a igreja. Deus tem um plano para esses também.

A palavra grega tem o significado geral de "destruir", mas, às vezes, tem o sentido mais restrito de "corromper (moralmente)"; "arruinar (financeiramente)" ou "seduzir (sexualmente)". Nenhum desses três significados se encaixa é possível na segunda cláusula, pois Deus é o sujeito da frase; mas o significado das duas cláusulas pode muito bem ser "Se alguém corromper o templo de Deus, Deus o destruirá".[11]

---

[10] Fee, Gordon. *Paulo, o Espírito e o povo de Deus*. Campinas: United Press, 1997, p. 21.
[11] Ellingworth, Paul; Hatton, Howard A. *A handbook on Paul's First Letter to the Corinthians*. New York: United Bible Societies, 1995, p. 81.

O HABITAT DA MORALIDADE

Paulo tem em mente todos os cristãos ou somente os ministros?[12] Quando acontecerá essa destruição? No futuro imediato? Na vida após a morte?

Creio que o texto bíblico não responde a estas questões. Portanto, elas não deveriam ocupar nossa mente ou ser objeto de nossa preocupação. Aliás, creio que a elas podem nos desviar da intenção do apóstolo.

Paulo está advertindo sobre o "tipo de material" usado na construção do santuário de Deus. Ele deseja uma análise do material, não uma análise detalhada e mórbida da destruição envolvida. A destruição à qual o apóstolo se refere é a fase final do processo iniciado pelas divisões e pela "sabedoria" dos coríntios.

Os "se alguém" de 3:12,14,15 podem dizer respeito apenas aos "construtores" ou "cooperadores" referidos nos versos 5-9. "Em última análise, é claro, isso inclui todos os crentes, mas tem particular relevância, seguindo tão de perto os v. 5-9, para aqueles com responsabilidades de ensino/liderança".[13] Quanto aos "se alguém" dos versos 17 e 18, "O todo é dirigido à igreja. Se for necessária uma distinção entre o "qualquer um" dessa passagem e o dos v. 10-15, o foco aqui seria mais especificamente naqueles poucos que parecem ser os principais impulsionadores das atuais disputas".[14]

A ilustração de Paulo é de uma grande construção. Ele foi o responsável pelo alicerce, outros edificam, e outros danificam. Os últimos, Deus os danificará. No meio de tantas questões sem respostas, o que fica claro é que existem duas formas de destruir o templo: seguindo a sabedoria do mundo e gerando divisões por razões não genuínas. Existem rupturas genuínas, então? Não é o tópico aqui, mas os capítulos 5 e 6, e as análises de 2Coríntios 6, deixam bem claro que sim.

Aprendemos que os prejuízos causados à igreja serão punidos de acordo com a sua importância; em especial, pelo fato de ela ser o templo de Deus. Se não temos certeza sobre o tipo de destruição que Paulo tem em mente, podemos perguntar: como o templo do Senhor pode ser destruído ou danificado? Com impureza? Com falsas obras? Com divisões? Uma vez

---

[12]Schreiner, Thomas R. *Teologia de Paulo*. São Paulo: Vida Nova, 2015, p. 264; Cerfaux, L. *O cristão na teologia de Paulo*. São Paulo: Teológica, 2003, p. 291.

[13]Fee, Gordon. *The First Epistle to the Corinthians*. Grand Rapids: Eerdmans, 1998, p. 144.

[14]Fee, 1998, p. 148.

PROPOSIÇÃO 3: O TEMPLO ESCATOLÓGICO É CONSTRUÍDO POR ESCOLHAS QUE PRIORIZAM O POVO

que tudo o que Paulo fala até o capítulo 4 está envolto pelo tema da divisão, somos inclinados em direção a ela.

Findo essa porção com as precisas palavras L. Cerfaux: "O privilégio de santidade inviolável que cabia ao templo de Jerusalém pertence doravante à comunidade".[15] Lutemos, pois, pela unidade.

Efésios 2

Efésios 2:11-22 inicia uma nova porção na carta, porém completamente ancorada no trecho anterior,[16] que se refere à obra de Deus na igreja, intermediada por Cristo e pelo Espírito. Essa obra traz mudanças radicais, sinalizadas por expressões temporais como "anteriormente" (v. 11; 2:3), "naquela época" (v. 12), "agora" (v. 13; 2:2) e "antes" (v. 13). Entre o passado e o presente, encontramos o Cristo ressurreto como agente de profundas transformações. Deus está unindo todas as coisas por meio de Jesus (1:10).

Nos versículos 14 a 16, Paulo lista cinco atos de Jesus Cristo que não são aleatórios ou desconectados, mas são desdobramentos de sua obra na cruz. A declaração "ele é a nossa paz"[17] (v. 14) sintetiza perfeitamente as ações de Cristo. Jesus criou (v. 15; κτίζω, *ktizó*) uma nova humanidade. Essa nova humanidade, porém, não é *ex nihilo*; ela tem um *contexto* (p. ex., promessas, alianças) e é *distinta* de Israel, pois a parede que separava judeus de gentios foi destruída (v. 15). Nessa nova humanidade, judeus e gentios são um só corpo (v. 16). Como fez o Servo de Isaías 49, Jesus os *reconciliou*. Assim, a igreja é uma antecipação do povo escatológico. Todos esses atos (cinco ao todo) não são aleatórios ou desconectados; eles podem ser considerados um ato único decorrente da cruz.É interessante observar que, no capítulo 1, Paulo faz referência à reconciliação cósmica de tudo

---

[15] Cerfaux, 2003, p. 290.

[16] "Portanto" (v. 11; Διό, *dio*). Segundo Mathewson e Emig (Mathewson, David L.; Emig, Elodie Ballantine. *Intermediate Greek grammar*. Grand Rapids: Baker Academic, 2016, p. 374): "Essa conjunção inferencial introduz uma conclusão e talvez seja um pouco mais forte que οὖν [*oun* "então; portanto", cf. v. 19]".

[17] A declaração "ele é a nossa paz" é vista por alguns estudiosos como o título do trecho de 2:11-22. Seria uma referência à *pax* romana ou ao *shalom* hebraico? Minha inclinação é sempre referências dessa natureza ancoradas no mundo do Antigo Testamento. Paulo está constantemente lançando mão das Escrituras hebraicas, revelando continuidade com elas. Além disso, fica clara a relação entre essa passagem e Isaías 57:19, em que há uma referência à "proximidade" e "paz" (enfatizada pela repetição) como aqui. A palavra "paz" aparece quatro vezes. Porém, a ênfase no conceito está nas duas vezes de "inimizade" (seu oposto).

em Cristo (v. 10). Segundo Paulo, essa é a "vontade de Deus". O Cristo do capítulo 1 é cósmico. Seu plano envolve toda a criação, não somente a igreja. Apenas nele a igreja tem acesso às bênçãos espirituais *nas regiões celestiais*.

Considerando isso, as palavras sobre *unidade* do capítulo 2 e 4 são desdobramentos do que foi exposto no capítulo 1. Ou seja, o novo mundo marcado pela união já começou. A ressurreição é uma manifestação desse novo tempo. Somos feitura de Deus *dessa nova criação* e da *nova humanidade* (v. 10).

Essa nova criação é marcada pela paz que implica acesso a Deus (v. 17,18). A unidade cósmica já pode e deve ser vista, experimentada e mantida na vida da igreja. Dentro da igreja, não existem categorias que rompam ou afastem os relacionamentos, criando "estrangeiros" ou "forasteiros". Algumas categorias não cabem nessa casa. "Em Cristo" e na nova humanidade, todos são concidadãos e membros da mesma família de Deus.

Novamente, encontramos uma construção em que Jesus é a pedra principal, as pessoas são as demais pedras e o edifício é sagrado – um santuário. Assim como o trecho de 1Coríntios 3:16, essa é uma passagem completa, com a mesma ênfase na unidade.

Uma das grandes colaborações desse texto de Efésios para o tema do nosso capítulo é que os conceitos de nova humanidade e unidade cósmica se fundem aos conceitos de família e templo. O mundo simbólico do templo não pode ser esquecido sem muito prejuízo para a grande construção de Deus, a nova humanidade (2:11). Efésios nos ajuda a entender que certas palavras podem prejudicar a *edificação* (4:29) e que, por outro lado, os dons foram dados para a *edificação* (4:12). A partir de Efésios 2, ficam claros na carta o que está sendo construído e que tipo de edifício está em jogo.

1Coríntios 6:19 e 2Coríntios 6:16

Embora 1Coríntios 6 fale da imoralidade sexual (v. 18) e 2Coríntios 6 determine os limites na relação com os incrédulos (v. 14), ambas as passagens apresentam uma função em comum: são aplicações comportamentais que

PROPOSIÇÃO 3: O TEMPLO ESCATOLÓGICO É CONSTRUÍDO POR ESCOLHAS QUE PRIORIZAM O POVO

usam o mundo simbólico do templo como fundamento. Nisso residem a força e o papel dessas passagens para a nossa argumentação.

Muito do que poderíamos falar sobre elas já está presente na introdução dessa segunda parte quando tratamos de passagens que nos autorizam a retirar orientações morais do conceito de templo. Nossa primeira observação foi que passagens desses tipo manifestam explicitamente uma dependência do templo. Essa dependência, porém, pode ser vista de maneira indireta nos conceitos de afastamento ou separação, claramente atrelados ao conceito de pureza do templo. Somos um templo, mas não um templo genérico. Somos um templo que encontra sentido em templos *específicos* que nos antecederam, portanto existimos com *continuidades*. Uma delas é a exigência de separação por santidade.

Em 1Coríntios 6:19, temos a ordem "Fujam"; em 2Coríntios 6:16, temos um mundo de vocábulos que trabalha em prol da separação (p. ex., "desigual", "comum", "comunhão", "harmonia", "acordo", "saiam do meio deles"). Que tipo de separação Paulo tem mente? Por toda a teologia bíblica, e por passagens diretas como 1Coríntios 5:10, fica claro que essa ruptura não é absoluta. As perguntas retóricas no versículo 12 nos direcionam para o mundo do templo. Assim como em 1Coríntios 8–10, Paulo tem em mente o mundo da idolatria. Na primeira carta, ele mostrou, por meio do exemplo de Israel, que o contato com a idolatria é extremamente perigoso, pois é tentar a Deus (10:9). O conhecimento de que Deus era único havia levado muitos a templos pagãos (8:4-6). Paulo lembra que templos pagãos não são lugares neutros, pois envolvem comunhão com os demônios (10:20). A orientação é direta e clara: "Fujam da idolatria" (10:14).

O texto de 1Coríntios 3:16,17 fala da ideia de presença ou habitação de Deus – no caso, do Espírito Santo – em tons corporativos.[18] A passagem de 1 Coríntios 6.19,20 traz um acréscimo e/ou enriquecimento: a presença não se dá somente no meio do povo, mas no *indivíduo*. Essa conclusão não deriva da gramática, mas do contexto, que claramente lida com o estilo de vida pessoal. A ideia de que a presença do Espírito Santo tem implicações

---

[18]Fee (1987, p. 147) e Ellingworth; Hatton (1995, p. 80) entendem a expressão "em vós" (ἐν ὑμῖν, *em hymin*) de maneira corporativa. Teríamos algo do tipo "vive em seu meio" ou "entre vocês".

de santidade para o corpo ia ao encontro do pensamento coríntio sobre a relação entre o corpo e Deus.

A declaração "vocês não são de si mesmos" (v. 19) deixa uma pergunta: implica que o cristão é templo (v. 19) ou que foi comprado (v. 20)? É a metáfora do templo ou da escravidão que explica o fato de o cristão não ser de si mesmo? A segunda opção, o "ter sido comprado", apresenta-se mais cabível por dois motivos:

1. É precedida por uma conjunção explicativa (ausente na NVI). A metáfora da escravidão pode ser uma ratificação, e não a única explicação do fato de não pertencermos a nós mesmos. A declaração "vocês não são de si mesmos" seria um tipo de dobradiça do texto;
2. Os conceitos de "escravidão" e "propriedade" são próximos. Isso, porém, também é verdadeiro para o templo: a presença do Espírito Santo em nós significa que não somos de nós mesmos.

Algumas traduções em inglês (NIV, NRSV, REB, NJB) separam o "vocês não são de si mesmos" do conteúdo anterior ao acrescentar um ponto de interrogação depois de "que lhes foi dado por Deus". A única versão em português que segue essa proposta é a NVT: "Vocês não sabem que seu corpo é o templo do Espírito Santo, que habita em vocês e lhes foi dado por Deus? Vocês não pertencem a si mesmos, *pois* foram comprados". Observe a separação da declaração anterior e a presença da conjunção explicativa. As demais traduções brasileiras, em sua maior parte ancoradas nas edições gregas *United Bible Societies* (4ª edição), *Novum Testamentum Graece* (27ª e 28ª edições) e o *Textus Majoritarius*, seguem com a interrogação no *final* do versículo 19, conectando, assim, o sermos templo com o fato de não sermos de nós mesmos.

Ficamos com a síntese de H. B. Swete:

A lição geral é clara: vocês são o santuário consagrado de Deus, por meio da habitação do Espírito, e são, portanto, comparativamente santos; tomem cuidado para que a relação com o Espírito Santo não seja a ruína de vocês [...] O corpo foi

PROPOSIÇÃO 3: O TEMPLO ESCATOLÓGICO É CONSTRUÍDO POR ESCOLHAS QUE PRIORIZAM O POVO

santificado; que cumpra seu propósito de trazer glória a Deus, a quem pertence o templo.[19]

Essas passagens de 1 e 2Coríntios lembram que a construção do templo escatológico não passa somente pelo caminho de união, colaboração ou aceitação, como sinalizado por 1Coríntios 3 e Efésios 2, mas de separações que respeitam sua natureza santa. Por último, o reconhecimento de que não somos de nós mesmos é fundamental na construção do templo.

A IMPORTÂNCIA E A RIQUEZA DO CONCEITO DE EDIFICAÇÃO

Existem palavras que despertam no leitor um mundo de referências e sentidos. A orientação de alguns estudiosos da interpretação é que, diante das várias possibilidades de sentido latentes no vocábulo, devemos buscar elementos contextuais que "afunilem o sentido". Outro caminho é analisar todos os usos do vocábulo em busca do significado básico, o núcleo. Tais expedientes interpretativos fazem sentido. Eles têm como objetivo alcançar maior precisão de significado, a luta de toda comunicação. Contudo, existem palavras que são mais resistentes ao afunilamento de sentido. Elas cobram caro na negociação de alguma nuança de seu campo semântico. Uma razão é que suas nuances são tão próximas que dificultam qualquer dissecação analítica. Para esse tipo de vocábulo, o segundo procedimento — a busca pelo núcleo de sentido — seria o caminho, mas isso não torna a lida mais fácil. Existem palavras extremamente ricas, que não estão dispostas a negociar sua complexidade.

Tomemos a palavra hebraica *shālôm* como exemplo. Trata-se de uma palavra de enorme peso teológico. São numerosas as referências e nuances: promessa, esperança, harmonia, ordem, equilíbrio, alegria, realização, ausência de conflito, satisfação, tranquilidade, segurança, felicidade, prosperidade, saúde, salvação, completude, término e inteireza. Qual seria seu núcleo de sentido? Alguns estudiosos tentaram definir. Gerleman, por exemplo, entende que o significado básico de *shālôm* é

---
[19]Swete apud Thiselton, 2000, p. 475.

243

O HABITAT DA MORALIDADE

"retribuir, recompensar".[20] Isso, porém, não parece de todo satisfatório. Mesmo que o contexto possa limitar as várias nuances de palavras como *shālôm*, ela ainda lutará contra as reduções. Assim, na queda de braço interpretativa, temos de entender que uma palavra terá mais de um sentido. Devemos estar abertos à proposta de que certas palavras podem ganhar o status de "epítomes teológicas". *Shālôm*, por exemplo, seria o "epítome da consumação".

"Edificação" é uma dessas palavras complexas de grande peso teológico. Ela poderia ser definida como o "epítome eclesiológico". Assim, o que está jogo quando Paulo lança mão desse termo e de seus cognatos?

A imagem da igreja como um templo em construção já foi bem desenvolvida, e não vou cansá-lo com isso. O ponto aqui é que, ao lançar mão do substantivo "edificação" ou do verbo "edificar", Paulo faz uma referência à igreja como templo, pois se trata de uma construção, mas não de qualquer construção. Essa palavra e suas variações aparecem especificamente na argumentação paulina em prol do uso devido dos dons do Espírito na dinâmica da vida na igreja, e como incentivo a comportamentos éticos sacrificais, visando a uma relação pacífica dentro do povo de Deus.

Ao declarar que o "amor *edifica*" (1Coríntios 8:1), que "nem tudo *edifica*" (10:23), que nossas palavras devem *edificar* (Efésios 4:29), que determinado comportamento no culto é bom para a "*edificação* da igreja" (1Coríntios 14:12), ou que todos os dons foram dados para a *edificação* (Efésios 4:12), Paulo potencializa a complexidade do vocábulo. Por estar ligado ao objetivo de ajustar o comportamento nas relações na igreja, "edificação" ganha uma nuança *ética*. Como o tema está vinculado ao uso dos dons do Espírito, edificação une templo, ética e Espírito. O *templo* é construído por escolhas *éticas* e sacrificiais e pela capacitação do *Espírito*. Podemos, então, afirmar que edificamos o templo com palavras, escolhas e atos amorosos e sacrificiais, na dependência da ação e dos dons do Espírito.

Infelizmente, há uma distância incalculável entre o uso paulino de "edificação" e a aplicação desse grupo de palavras no discurso cotidiano.

---

[20]Veja VanGemeren, Willem A. (org.). *Novo dicionário internacional de teologia e exegese do Antigo Testamento*. São Paulo: Cultura Cristã, 2011, v. 4, p. 131.

PROPOSIÇÃO 3: O TEMPLO ESCATOLÓGICO É CONSTRUÍDO POR ESCOLHAS QUE PRIORIZAM O POVO

Ao final de um culto ou de uma reunião informal, ouvimos com facilidade expressões como "Fui muito edificado!", em que "edificado" refere-se exclusivamente a algum benefício aplicado à vida do indivíduo. Não estamos negando a edificação individual.[21] O ponto, porém, é que a riqueza desse "epítome eclesiológico" tem sido reduzida a uma experiência sem qualquer referência ou relação com a perspectiva comunitária da igreja, e menos ainda com a temática do templo. Trata-se de um empobrecimento semântico de custo altíssimo, pois sabemos que o uso das palavras não envolve escolhas aleatórias de vocábulos no mercado do discurso; antes, trata-se do reflexo de nosso imaginário e de nossas intuições interpretativas. Um dos inúmeros problemas desse empobrecimento é que os apelos de Paulo (p. ex., "nem tudo edifica") tornam-se inalcançáveis. As pessoas nem sequer se questionam: "Edifica *o quê*? Estamos em construção? Que construção é essa?".

OS USOS DE "EDIFICAÇÃO" E "EDIFICAR"

Em sua aplicação literal, o vocábulo "edificar" e suas derivações nos levam ao mundo das construções. Aliás, diante do quadro apresentado anteriormente sobre o imaginário referente à "edificação", sugiro trocar o termo por "construção". É possível que esse exercício ofereça melhor apreciação de seu sentido.

---

[21]1Coríntios 14:4a diz: "Quem fala em língua *a si mesmo se edifica*". Em 1Coríntios 12:7, Paulo diz que as manifestações do Espírito visam ao "bem comum". Textos como esse desestimulam a edificação própria. Segundo John Stott (Stott, John. *Batismo e plenitude do Espírito*. São Paulo: Vida Nova, 2001, p. 84), um estudo do uso de "edificação" mostra que "invariavelmente é um ministério voltado para outras pessoas. [...] Certamente deve existir pelo menos uma ponta de ironia [...] A autoedificação está completamente fora de cogitação quando o Novo Testamento fala de edificação". Por outro lado, D. A. Carson (Carson, D. A. *A manifestação do Espírito*. São Paulo: Vida Nova, 2013b, p. 36), analisando 1Coríntios 12:7, declara: "o versículo elimina a possibilidade de algum χάρισμα (*charisma*) para engrandecimento pessoal ou *meramente* para satisfação pessoal; ele não elimina a possibilidade de benefício individual [...] desde que o resultado final seja o benefício comum". Samuel Storms (Storms, Sam. *The language of heaven*. Lake Mary: Charisma House, 2019, p. 75) apela para Jd 1:20,21, em que os verbos "edificar" e "guardar" têm com o pronome reflexivo ἑαυτοὺς (*heautous*, "a si mesmos" como objeto, e conclui como Carson: "a autoedificação só é ruim se for feita como um fim em si mesma". O uso de Judas, porém, tem seus problemas. Primeiro, o pronome reflexivo está no plural, e isso faz diferença. Em segundo lugar, a ordem de edificação vem como resposta ao comportamento dos falsos mestres que "causam divisões entre vocês" (v. 19). Ou seja, Judas não defende uma edificação individual com desdobramentos coletivos. A edificação é a luta pela unidade que passa pela negação de desejos egoístas. Contudo, ainda considero possível uma edificação individual. Fico com as palavras de Dietrich Bonhoeffer (Bonhoeffer, Dietrich. *Vida em comunhão*. São Paulo: Cultura Cristã, 2022, p. 93): "Cada ato de disciplina pessoal do cristão é também um serviço à comunidade".

O HABITAT DA MORALIDADE

Os termos traduzidos por "edificar"[22] e "edificação",[23] juntos, ocorrem 65 vezes. Vinte delas – bem menos da metade – se referem a construções literais,[24] como sinagoga (Lucas 7:5), túmulos (Mateus 23:29), torre (Marcos 12:1) ou celeiros (Lucas 12:18). No sentido metafórico, o verbo pode ter como objeto a "vida" (representada por uma "casa" em Mateus 7:24),[25] o povo de Deus (Mateus 16:18; 1Pedro 2:5) e o ministério (Romanos 15:20).

Pensando especificamente no material paulino,[26,27] todas as trinta ocorrências são metafóricas, e a maioria se refere à *igreja*. Pessoas são edificadas (1Coríntios 14:17), a igreja é edificada (v. 4) ou o ministério é visto como uma construção em que Paulo não tem interesse de edificar sobre o alicerce de outro (Romanos 15:20).

Chamam-me a atenção passagens com a expressão "edificação", porém sem a explicitação do objeto edificado ou do tipo de construção. Por exemplo, em declarações como "o amor *edifica*" (1Coríntios 8:1),

-----

[22]As considerações acima dizem respeito a οἰκοδομέω (*oikodomeó*, "erigir um edifício", p. ex., 1Coríntios 14:4), ἐποικοδομέω (*epoikodomeó*, "construir sobre um fundamento", p. ex., Efésios 2:20) e seus cognatos. Κατασκευάζω (*kataskeuazó*, "construir") poderia ser considerado. Contudo, em boa parte dos casos, ele tem "caminho" como objeto (Mateus 11:10; Marcos 1:2; Lucas 7:27). Em ambos os casos, em documentos diferentes, a "arca" é o objeto (Hebreus 11:7; 1Pedro 3:20). O uso do verbo ligado ao povo e ao tabernáculo é restrito a uma única obra, Hebreus (3:3,4; 9:2,6). Ou seja, o verbo não perpassa outras obras como *oikodomeó* e *epoikodomeó*, que estão presentes em documentos de origem, gênero literário, autores e destinatários diferentes. Ou seja, são uma expressão com maior amplitude de público e, por conseguinte, maior riqueza de referências. Mais importante, essa amplitude de uso faz desses verbos forte candidatos a epítome. Δημιουργός (*dēmiourgos*, Hebreus 11:10) é uma palavra que aparece registrada somente uma vez no grego e, portanto, está sujeito ao mesmo julgamento de *kataskeuazó*.

[23]οἰκοδομή (*oikodomé*).

[24]Algumas passagens mostram que os ouvintes entendiam o edifício como literal (p. ex., Mateus 26:61; 27:40; Marcos 14:58; 15:29), quando o sentido, na verdade, era metafórico (cf. João 2:21).

[25]Segundo N. T. Wright (Wright, N. T. *Jesus and the victory God*. London: SPCK, 1996, p. 292, 334), "A casa construída sobre a rocha, nos termos judaicos do século I, é uma clara alusão ao templo. A menos que Israel siga o caminho que Jesus está a liderar, a maior instituição nacional de todas estará em perigo mortal". Em outro momento na mesma obra, comentando esse verso, Wright diz: "Jesus, como outros sectários judeus, convidava seus ouvintes a se juntarem a ele no estabelecimento do verdadeiro templo".

[26]Mesmo fora do material paulino, alguns usos metafóricos da raiz οἰκοδομ (*oikodom*; "constru-"), em sua maioria, seguem o mesmo uso de Paulo. Com exceção da "casa" edificada no sermão do monte (entendida como "vida", mas também possivelmente como templo, conforme a nota anterior), referências a "edificação" ligam a construção ao templo e ao povo de Deus. Alguns exemplos: a igreja é o objeto da edificação em Mateus 16:18; a "pedra que os construtores rejeitaram" é uma referência ao templo; em Atos 4:11, Jesus é chamado de "pedra angular"; a igreja é edificada em At 9:31; o povo de Deus é edificado em Ats 20:32; em Judas 1:20, a edificação é uma ordem que nasce em contraposição às divisões; em 1Pedro 2:5,7, a relação entre edificação e templo é tão clara quanto em 1Coríntios 3 e Efésios 2.

[27]Richard Bauckham (Bauckham, Richard. *Jude-2Peter*. Grand Rapids: Word, 1983, p. 112) reconhece que a expressão "edificar" está ligada ao templo. Ele também afirma que Paulo não foi quem cunhou esse uso. O apóstolo lançou mão de uma expressão mais antiga e comum, sinalizada em Gálatas 2:9: "colunas". A ordem de edificar a igreja, com sua carga teológica, teria vindo de um material catequético tradicional.

PROPOSIÇÃO 3: O TEMPLO ESCATOLÓGICO É CONSTRUÍDO POR ESCOLHAS QUE PRIORIZAM O POVO

"nem todas as coisas *edificam*" (1Coríntios 10:23), "bom para *edificação*" (Romanos 15:2)[28] ou "autoridade que o Senhor me deu para *edificar*"[29] (2Coríntios 13:10), o termo "edificação" se encontra sozinho. As perguntas aqui são "Edificam *o quê*?" ou ainda "Que *tipo* de construção é essa?".

É de suma importância entender que essas perguntas, ou a percepção da falta do objeto e do tipo de construção, não foram fomentadas por curiosidade nem movidas pela semântica de "edificar", que pressupõe, no mínimo, uma construção. Elas, antes, têm sua origem na expectativa criada por passagens mais completas, como 1Coríntios 3:16 e Efésios 2:20, vistas anteriormente, em que encontramos uma relação entre a edificação, o objeto edificado e o tipo de edificação. Há outras passagens que listam pelo menos a edificação e o objeto – mesmo sem fazer uma referência direta ao templo sendo edificado, encontramos como objetos da edificação o *outro* (1Coríntios 14:17), a *igreja* (1Coríntios 14:4,12; 2Coríntios 10:8; 12:19; Efésios 4:12, 16 – nesse caso, as metáforas de "corpo" e "templo" se unem), ou ainda a prática da *edificação mútua* (1Tessalonicenses 5:11; Romanos 14:19).

Ficamos, então, com dois tipos de passagens: as completas e as incompletas, como mostra o gráfico a seguir:

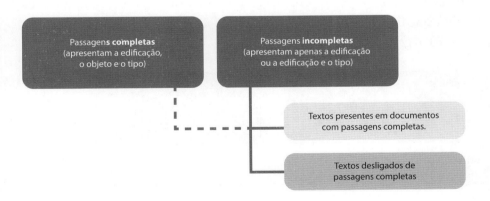

---

[28] A NVI traduz o versículo por: "Cada um de nós deve agradar ao seu próximo para o bem dele, a fim de edificá-lo". Nessa tradução, o substantivo οἰκοδομήν (*oikodomēn*, traduzido por "edificá-lo") é tomado como verbo com um objeto. No entanto, o verso grego fala de "edificação" (substantivo), sem objeto.

[29] A NVI traduz como "edificá-los". Novamente, *oikodomēn* é tomado como verbo com objeto, sendo que o texto grego traz uma "referência ambígua", sem definir o que está sendo edificado ou que tipo de construção se tem em vista.

O grupo das incompletas precisa ser dividido em outros dois grupos: as que estão em 1Coríntios e Efésios (as passagens mais completas) e as demais. A razão para essa classificação é que o tipo de construção, ausente em algumas partes de 1Coríntios e Efésios, é apresentado no restante da carta. Ou seja, ao falar de "edificação", Paulo pressupõe uma construção já referida no próprio documento. A passagem incompleta pressupõe o texto completo.

O que fazer com as passagens incompletas que estão *fora* de 1Coríntios e Efésios? É importante entender que esse grupo é pequeno. As passagens em 2Coríntios, por exemplo, podem ser colocadas no grupo de textos que são preenchidos pela "completude" de 1Coríntios, uma vez que o público é o mesmo. Ou seja, Paulo não precisaria explicitar o tipo de construção que está em pauta, nem o que está sendo construído, pois essa informação é um pressuposto criado pela carta anterior. Os apelos à edificação em Romanos 14:19 e 15:2 surgem na lida com questões semelhantes que encontramos em 1Coríntios 8–10. Ou seja, os problemas e os apelos são basicamente os mesmos. Isso me faz pensar que, ao lançar mão de "edificar" e de seus derivados, Paulo pressupõe um conhecimento prévio dos três elementos. Assim, surge um terceiro grupo dentro dos textos incompletos: os que estão ligados, por *temática* ou por *público*, aos textos completos. Dessa forma, o gráfico ficaria assim:

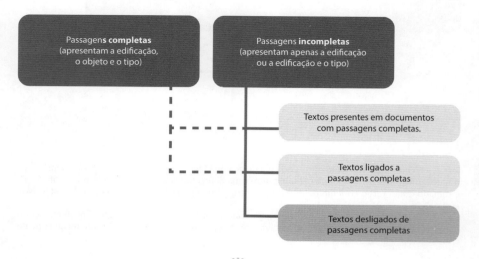

PROPOSIÇÃO 3: O TEMPLO ESCATOLÓGICO É CONSTRUÍDO POR ESCOLHAS QUE PRIORIZAM O POVO

Assim, ficamos com um pequeno grupo de textos que podemos realmente chamar de "desligados das passagens completas". São três: Gálatas 2:18; 1Tessalonicenses 5:11 e Colossenses 2:7.

Toda a argumentação envolvendo passagens completas e incompletas apresenta um *peso estatístico* que não pode ser ignorado. Não seria, pois, estranho pensar que o conteúdo pressuposto nas passagens incompletas também estaria presente em todas as passagens "de fora". O peso estatístico pode apontar para uma tradição semântica para o vocábulo "edificar". No estudo sobre edificação na carta de Judas, Richard Bauckham declara que "provavelmente desse conceito [igreja como templo escatológico] derivou a imagem de 'edificar' [vocábulo sozinho] a comunidade cristã".[30]

A realidade de que construímos (edificamos) o povo de Deus com comportamentos éticos que visam à paz no corpo é reforçado pela declaração contrária: "Se alguém destruir o santuário de Deus, Deus o destruirá; pois o santuário de Deus, que são vocês, é sagrado" (1Coríntios 3:17). Nossos atos têm poder tanto de construção como de destruição.

Em suma, o vocábulo "edificação" e seus cognatos nunca estão sozinhos. Eles trazem consigo os outros dois elementos: o *objeto* da edificação e o *tipo* de construção. Ao declarar que determinado comportamento é "bom para a edificação", Paulo está assegurando que existem atos com "poder para construir" um lugar muito especial: "o centro do lugar sagrado".

Edificação, como já dito, é o epítome da eclesiologia. Infelizmente, todo o senso conceitual complexo presente na metáfora da construção não permaneceu vivo durante a história do povo de Deus. Dos três elementos, o tipo de construção – o templo – foi o que mais sofreu. Ao longo do tempo, ficou etéreo e esvaneceu-se do imaginário ético de boa parte do povo de Deus. A santidade se limitou a atos individuais de piedade – orações no quarto fechado – pragmáticos e deontológicos. Deixamos de mentir por obediência a um imperativo categórico, e não porque "somos membros do mesmo corpo" (Efésios 4:25). Trabalhamos somente para garantir o pão ou, em uma leitura mais piedosa, para cumprir nossa vocação. Esquecemos, porém, que essa mesma vocação envolve o corpo e "repartir com quem tem

---

[30]Bauckam, 1983, p. 112.

necessidade" dentro dele (Efésios 4:29). Ou seja, a igreja está compromissada com a verdade e o trabalho, mas não necessariamente com o corpo, com a construção do centro do lugar sagrado. Uma ética sem a consciência do valor construtivo de nossos atos.

Encerramos aqui o estudo sobre edificação, conscientes de que sua riqueza renderia muito mais. Vamos, pois, aos *desafios* da edificação.

EDIFICAÇÃO E AS RELAÇÕES DE UNIDADE DENTRO DO CORPO

As relações harmônicas entre os membros do corpo de Cristo são um instrumento de edificação do povo de Deus. O templo escatológico é construído por escolhas que visam ao estabelecimento de uma vida pacífica.

A destruição referida por Paulo em 1Coríntios 3 está ligada a rupturas no corpo-santuário. Cisões maculam o templo e receberão o juízo divino. Em Corinto, essa terrível realidade foi fomentada por preferências de liderança. O refrão "Eu sou de Paulo" (1Coríntios 1:13; 3:4) é bem representativo. Paulo corrige seus leitores, lembrando que a iluminação vem do Espírito Santo e que o crescimento não vem de pessoa alguma, mas tão somente do nosso Deus.

A conexão entre edificação-construção (ou destruição) e as relações não está restrita a uma única passagem. Em Romanos, encontramos um apelo à edificação em um contexto que envolve relacionamentos. A declaração de Romanos 14:19 ("esforcemo-nos em promover tudo quanto conduz à paz e à edificação mútua") estabelece uma ligação entre a paz ("harmonia" na NVT) em meio aos irmãos com a edificação do grande templo escatológico.

Deus está construindo um povo. Não somos meros espectadores dessa obra, mas cooperadores. Essa construção exige a dedicação sacrificial de um atleta que sabe exatamente o que está fazendo (1Coríntios 9:27). A unidade do Espírito (Efésios 4:3),[31] marca desse povo, exigirá esforço para ser mantida, pois a harmonia nas relações no corpo, apesar de *já* ser uma

---

[31] Segundo Daniel Wallace (Wallace, Daniel B. *Greek grammar beyond the basics*. Grand Rapids: Zondervan, 1996, p. 105), o "do" é um "genitivo de produção". Em suas palavras, "[é] similar ao genitivo de fonte, mas tende a um papel mais ativo". É importante entender que classificações gramaticais dessa natureza não são regras inquestionáveis. A nuance de *atividade* entra no campo teológico.

realidade presente, *ainda* deve ser obtida com "esforço"[32] (Romanos 14:19). Isso exigirá um espírito de alerta e certamente resultará em fadiga, a qual, embora dolorosa, valerá muito a pena. 1Coríntios 3:14 nos lembra que o labor da edificação traz recompensas.

Todo esse esforço ou perseguição em prol de uma relação construtiva e harmônica lembra a ordem original de domínio – veja só, Romanos ecoando Gênesis. O domínio de Gênesis pressupõe, pela própria semântica, resistência e, pelo texto, capacitação (bênção). Os mesmos elementos podem ser encontrados na edificação do templo escatológico. Para a realização deste, recebemos a *capacitação* do Espírito Santo, na qualidade do fruto e dos dons espirituais; quanto à *resistência*, há os desafios das relações: o convívio de nossa consciência com a do outro, e nossos direitos. É nesses dois elementos, o convívio e os direitos, que nos concentraremos no restante deste capítulo. Paulo ensina que conhecimento, direitos ou preferências pessoais não são fins em si mesmos, mas estão a serviço de algo maior: a edificação de um povo constituído de várias raças, que adora a Deus em paz, justiça e alegria. Paulo mostra que o amor, visto na vida sacrifical de Cristo, e a liberdade que visa à edificação são os orientadores legítimos de nossas decisões. Romanos 14–15 será o texto-base, enquanto 1Coríntios 8–10 será acionado para reforçar conceitos que emergem de Romanos.

ROMANOS 14-15: A COMUNIDADE QUE NÃO ROMPE O TECIDO E FALA COM ELEFANTES

Consideremos, antes de tudo, as questões estruturais do texto. Em primeiro lugar, há uma clara estrutura literária de inclusão, cujos extremos são os versículos 14:1 e 15:7. Nessas pontas, encontramos a ordem: "Aceitem".[33] Desse modo, toda a argumentação desenvolvida entre essas ordens visa apresentar uma sustentação para o exercício do acolhimento. Deus (14:3), nossa incapacidade de julgamento (14:10-12), a natureza do reino (14:17), o amor (14:15), Cristo como modelo de aceitação (15:3,7) e a adoração

---

[32] διώκω (*diókó*) traz a ideia de "esforço" enfatizada pela NVI. A NAA, ARA e ACF traduzem como "sigamos". Na NTLH temos "procuremos", e, na NVT, "tenhamos como alvo". A escolha dessas duas últimas versões, apesar da ideia de um alvo a ser buscado, não ressalta o esforço implícito em uma perseguição.

[33] προσλαμβάνεσθε. A NAA traduz por "acolham".

conjunta de gentios e judeus (15:9-12) são os ingredientes teológicos dessa rica reflexão, que tem como objetivo a vivência pacífica dos membros da nova humanidade (14:19). Aplicando os Modos de Hays, a *ordem* de acolher está ancorada no *princípio* do amor, no *paradigma* de Cristo e no *mundo simbólico* do templo, da nossa condição (não somos juízes) e da natureza do reino. Como bem observa Micheal Bird, "a raiz da ordem não é pragmática";[34] é teológica.

Segundo Brian Rosner:

O verbo "aceitar", *proslambanō*, significa "dar boas-vindas" [...]. É usado para caracterizar uma resposta positiva a Jesus (Mateus 10:40; Lucas 8:40; 10:38; João 1:11) e para receber crentes como irmãos e irmãs em Cristo (Atos 15:4; 3João 10). Em termos práticos, pode se referir a oferecer hospitalidade a alguém (Atos 28:7). Em Lucas 15:2, Jesus "acolhe os excluídos e come com eles".[35]

Em segundo lugar, podemos dividir o texto da seguinte maneira:

1. a realidade da diversidade (14:1-2);
2. conselhos práticos (14:13-23);
3. Cristo como modelo (15:1-6);
4. a adoração conjunta de judeus e gentios (15:7-13).

É importante destacar a declaração conclusiva de Romanos 14:19: "Por isso" (ἄρα οὖν, *ara oun*).[36] Ela funciona como um resumo ou sumário dos conselhos práticos da parte 2. O valor dessa observação está no fato de que confere ao tema da "edificação" posição de destaque. O que Paulo deseja, com sua argumentação, é a paz (harmonia) e a edificação. Em resumo, Romanos 14:19 também explicita o conceito de acolhimento. Assim, o

---

[34]Bird, Michael F. *Romans*. Grand Rapids: Zondervan, 2016b, p. 465.
[35]Rosner, Brian S. *Paul and the law*. Downers Grove: InterVarsity, 2013, p. 46.
[36]Para Mathewson (Mathewson, David L.; Emig, Elodie Ballantine. *Intermediate Greek grammar*. Grand Rapids: Baker Academic, 2016, p. 372-3), a presença das duas conjunções "talvez remeta a uma conclusão ou inferência mais enfática". Ambas as conjunções podem indicar dedução, conclusão ou sumário (Wallace, 1996, p. 673). A decisão fica por conta do contexto. No caso em questão, considerando a ampla semântica das palavras envolvidas (p. ex., procurar e edificação), faz mais sentido ver a declaração como um *sumário* da argumentação que a precede.

acolher não é somente um ato permissivo, no qual se tolera a presença do outro, mas algo que deve ser buscado pela comunidade cristã.

Aceitação antes da discussão: Jonathan Haidt e o apóstolo Paulo

Em 2022, fiz uma das minhas leituras mais impactantes: a obra *A mente moralista*, do psicólogo social Jonathan Haidt. Além do conteúdo em si, creio que minha empolgação se explica pelo fato de que Haidt me ajudou a ler melhor o apóstolo Paulo, especialmente Romanos 14–15. É isto mesmo: um psicólogo social e ateu não somente me ajudou a entender Paulo, como também ratificou a proposta do apóstolo no que diz respeito à lida com as diferenças dentro do povo de Deus.

Haidt dedicou parte de seus estudos ao fenômeno da polarização na política. Em *A mente moralista*, ele apresenta três teses:

1. As intuições morais *antecedem* os raciocínios estratégicos;
2. A moralidade envolve *mais* do que dano e justiça;
3. A moralidade *agrega* e *cega* as pessoas.

Essas três teses explicam por que diálogos autênticos são um fenômeno mais raro do que imaginamos. Vamos às teses de Haidt; depois, vamos a Paulo e Romanos.

A primeira tese mostra que, na maioria esmagadora dos casos, a razão só explica o que o instinto moral faz. Ou seja, boa parte das discussões sobre política não são fruto de ponderações, mas de instintos morais. O raciocínio, na maioria das vezes, está a serviço das inclinações morais. Para Haidt, nossas repulsas a certos comportamentos e ideias não encontram explicação em momentos reflexivos, nem mesmo na verdade. Diante dos questionários propostos pelo autor em suas pesquisas, as pessoas "esforçaram-se muito para racionalizar. Mas não em busca da verdade; e sim, de uma razão que endossasse suas reações emocionais. [...] O raciocínio moral é, por vezes, uma invenção *post hoci*".[37] É instinto moral. Rápido, emocional e combativo.

---

[37] Haidt, Jonathan. *A mente moralista*. Rio de Janeiro: Alta Books, 2020, p. 26-7.

O HABITAT DA MORALIDADE

Vale ressaltar que, para Haidt, "as emoções não são estúpidas. [...] *As emoções são um tipo de processamento de informações*".[38] O importante para ele é reconhecer dois tipos diferentes de cognição: a intuição e o raciocínio. Desses dois, porém, a intuição ocorre primeiro. Infelizmente, muitas de nossas discussões não passam desse estágio intuitivo, inicial. É preciso sair dessa primeira fase, que, em geral, opera no "modo combate", pronto para a discussão.[39] Sim, ela é forte, mas não é despótica nem determinante do ponto de vista psicológico. Ou seja, é possível ser mais reflexivo e racional, sem que isso signifique abandonar os sentimentos intuitivos (o que revelaria problemas cerebrais sérios).[40] Caso contrário, não sairemos da Babel, e cada palavra servirá unicamente como combustível para um incêndio que parece não ter fim.

Na segunda tese, Haidt mostra que o processamento intuitivo de informação é formado pelo que ele chama de "alicerces morais". Esse alicerce é composto por seis elementos: cuidado, justiça, lealdade, autoridade, pureza e liberdade. Nossos instintos são ativados por gatilhos e se revelam acompanhados de emoções relativas ao elemento acionado. O *cuidado*, por exemplo, se revela em compaixão; a *justiça*, com raiva, gratidão e culpa; a *lealdade*, com patriotismo e ódio aos traidores; a *autoridade*, com respeito e medo, a *pureza*, com repulsa e senso do sagrado; e, por fim, a *liberdade*, com a raiva por resistência à dominação.

Esses alicerces são como os receptores de sabor da língua humana e revelam nosso paladar moral. Alguns alicerces serão mais intensos do que outros, assim como terão direcionamentos distintos. O paladar moral variará de pessoa para pessoa e de cultura para cultura. Haidt ilustra isso com uma pesquisa simples, na qual as pessoas deveriam escolher um cão. Ele diz que as pessoas "querem cães que se encaixem em suas próprias matrizes morais. Os liberais querem cães que sejam dóceis [...] os conservadores [...] querem cães leais (lealdade) e obedientes (autoridade)".[41]

---

[38] Haidt, 2020, p. 47-8.

[39] Haidt, 2020, p. 62.

[40] Para se aprofundar na questão de raciocínio e sentimentos, sugiro a leitura da obra *O erro de Descartes*, de António Damásio (Damásio, António. *O mistério da consciência*. São Paulo: Companhia das Letras, 2015). Nessa obra, o neurocientista português mostra que o raciocínio precisa das paixões.

[41] Haidt, 2020, p.174.

PROPOSIÇÃO 3: O TEMPLO ESCATOLÓGICO É CONSTRUÍDO POR ESCOLHAS QUE PRIORIZAM O POVO

Mesmo sendo do espectro de esquerda, Haidt entende que "os liberais [esquerda norte-americana] têm uma moral de dois alicerces [cuidado e justiça]".[42] Os conservadores, por outro lado, "endossam todos os cinco[43] alicerces de maneira mais ou menos igual".[44] Aqui podemos ver a *ênfase* nos alicerces. De um lado, *cuidado*; do outro, *lealdade* e *autoridade*. Vale ressaltar que essa conclusão é fundamentada em pesquisas que não se limitam à realidade norte-americana, além de pressupor conceitos da neurologia.

Segundo Haidt, "o *cuidado* conservador [...] *não* é direcionado a animais ou pessoas de outros países, mas àqueles que se sacrificam pelo grupo. Não é universalista; é mais local e combinado com a lealdade".[45] Para a esquerda, *justiça* tem a ver com *igualdade*; a direita a entende como *proporcionalidade*. Porém, o igualitarismo de esquerda "está mais enraizado no ódio à dominação do que no amor à igualdade em si".[46]

O alicerce da liberdade funciona de maneira diferente também. Se sua repulsa se dirige aos que têm poder político, o que vai contra a *liberdade*, você está mais inclinado à direita. Se seu alicerce de liberdade é acionado contra os que têm poder financeiro, o que vai contra a *igualdade*, sua inclinação é mais à esquerda.

Se o alicerce do *cuidado* é o mais realçado do lado esquerdo do espectro político, um dos alicerces mais fortes entre os conservadores é o da *pureza*. Aqui, talvez, encontremos um indício que explique a *repulsa* entre os cristãos, revelando, na maioria das vezes, inconscientemente, sua hierarquia de sacralidade. Podemos ter uma noção do peso que esse alicerce tem se observarmos o tamanho da fúria acionada quando ele é maculado. Nas eleições de 2022, por exemplo, para muitos, a sacralidade do púlpito e a imagem da igreja evangélica estavam sendo manchadas por apoiar candidatos. Do outro lado, estavam os cristãos, que entendiam que a *liberdade* (do poder político, não do poder econômico) e a luta pela vida humana intrauterina *sagrada* valiam o sacrifício.

[42] Haidt, 2020, p .171.
[43] Essa citação está na p. 174. Somente na p. 183 Haidt sugere o sexto alicerce – a liberdade.
[44] Haidt, 2020, p. 174.
[45] Haidt, 2020, p. 144.
[46] Haidt, 2020, p. 194.

Os desafios são incontáveis: seu paladar moral contempla todos os seis elementos? Você sofre de alguma atrofia moral, na qual somente alguns alicerces falam e os outros se calam? Na hierarquia de valores, quais alicerces, em geral, ganham mais destaque? Na inevitabilidade da hierarquia de valores, qual está à frente? Como ele se manifesta? Em ira? Repulsa? Compaixão? A justiça social, segundo as Escrituras, está mais para *igualdade* ou *proporcionalidade*? Quem é o alvo do seu cuidado? Os pobres? Uma classe social específica? Você baseia sua opção em alguma orientação bíblica?

Voltemos à primeira tese – As intuições morais *antecedem* os raciocínios estratégicos – e ao reconhecimento de dois tipos de cognição (intuição e raciocínio).

Em *A hipótese da felicidade*, chamei esses dois tipos de cognição de ginete (processos controlados, incluindo "raciocinar por quê") e elefante (processos automáticos, incluindo emoção, intuição e todas as formas de "ver que"). Escolhi um elefante em vez de um cavalo porque os elefantes são muito maiores — e mais inteligentes — do que os cavalos. [...] o ginete pode fazer várias coisas úteis. Ele pode ver mais adiante (porque podemos examinar vários cenários alternativos em nossas cabeças) e, portanto, ajudar o elefante a tomar melhores decisões no presente. [...] mais importante, o ginete atua como porta-voz do elefante, mesmo que não saiba necessariamente o que o elefante está realmente pensando. [...] A razão é serva das intuições. O ginete foi colocado lá, em primeiro lugar, para servir ao elefante.[47]

O que fazer nas discussões? A solução de Haidt nos lembra a orientação de Paulo em Romanos 14–15: *acolha*. Ele diz:

Se quiser fazer as pessoas mudarem de ideia, precisa conversar com seus elefantes. [...] O objetivo do persuasor deve ser transmitir respeito, cordialidade e abertura ao diálogo *antes* de declarar o próprio caso. [...] Se pedir às pessoas que acreditem em algo que viola suas intenções, elas se dedicarão a encontrar uma saída de

[47]Haidt, 2020, p. 48-50.

PROPOSIÇÃO 3: O TEMPLO ESCATOLÓGICO É CONSTRUÍDO POR ESCOLHAS QUE PRIORIZAM O POVO

emergência — uma razão para duvidar de seu argumento ou conclusão. E quase sempre terão sucesso.[48]

O "falar com o elefante" de Jonathan Haidt é o "acolha" de Paulo em Romanos 14–15. Somente em um ambiente de acolhimento teremos a possibilidade de vivenciar o encontro de consciências fracas e fortes, sem julgamentos ou desprezo, no qual descosturamos "sem romper o tecido com violência",[49] não por força ou pressão, mas pela *persuasão* piedosa".[50] É assim que construímos e vivemos no templo.

O acolhimento: o templo como colmeia

A ordem de aceitar e/ou acolher revela-se necessária diante de uma situação histórica específica: a relação entre pessoas de contexto judaico e outras de contexto gentílico. Pelo próprio conteúdo da argumentação fica evidente que o comportamento sectário da comunidade romana não era um fenômeno localizado, mas uma tendência que invadia a própria comunidade cristã.

Aqui entra a terceira tese de Haidt: a moralidade *agrega* e *cega* as pessoas. A ideia é que, mesmo diante de nossa tendência egoísta, fazemos coisas visando ao nosso grupo. Temos a predisposição de "mental tribal". *Agrega-mo*-nos com os nossos iguais, enquanto ficamos *cegos* ou indiferentes aos demais. Somos "grupistas" e "grupos competem com grupos".[51] O que acontecia nas igrejas de Roma entre "fortes" e "fracos" não era algo acidental, mas uma amostra didática de nossa predisposição sectária.

A descrição das separações entre cristãos, feita por Christena Cleveland em *Disunity in Christ* [Desunião em Cristo], mostra que as palavras de Paulo e de Haidt não estão restritas ao primeiro século ou às teorias da psicologia social:

Os cristãos são tão bons em criar divisões que não paramos nas principais (p. ex., raça/etnia, classe e gênero); também criamos divisões *dentro* das divisões. Por

[48] Haidt, 2020, p. 51-3.
[49] Calvino, João. *As Institutas*. Edição especial com notas para estudo e pesquisa. São Paulo: Cultura Cristã, 2006, p. 102.
[50] Frame, John. *A doutrina da vida cristã*. São Paulo: Cultura Cristã, 2013, p. 180.
[51] Haidt, 2020, p. 206.

exemplo, embora o corpo de Cristo experimente uma divisão significativa entre gêneros (homem vs. mulher), também é atormentado por divisões *inter*gênero (mulher vs. mulher e homem vs. homem). Por exemplo, as mulheres cristãs contribuem para divisões entre igualitaristas e complementaristas, mães que ficam em casa e mães que trabalham (as infames "guerras das mães"), feministas e tradicionalistas, mulheres casadas que usam o sobrenome do marido e mulheres casadas que não o fazem, solteiras e casadas, urbanas e suburbanas, negras e brancas, mães e não mães, e jovens e idosas, para citar apenas algumas.[52]

A proposta do apóstolo Paulo para mudar esse quadro marcado por rupturas não é uma aceitação incondicional. Na mesma carta em que Paulo convida seus leitores ao acolhimento, ele ordena a seguinte atitude quanto aos que causam divisão: "Afastem-se deles" (Romanos 16:17c).

Em 1Coríntios 5:2,5,7,9,11,13, temos uma série de declarações que deixam claro que o afastamento, junto com o acolhimento de Romanos 14, são ingredientes importantes na dinâmica da vida da igreja: "Não deviam [...] *expulsar da comunhão aquele que fez isso?*"; "*Entreguem* esse homem a Satanás"; "*Livrem-se* do fermento velho..."; "Vocês *não devem associar-se com pessoas imorais*"; "*Não devem associar-se* com qualquer que"; "*Expulsem* esse perverso do meio de vocês".

O acolhimento, pois, não é um absoluto. Deus é o modelo. E, como bem expressa John Stott, "se é fato que o amor de Deus é incondicional, sua aceitação, contudo, não o é, uma vez que ela depende de nos arrependermos e da nossa fé em Jesus Cristo".[53]

Portanto, ao fazer o convite à aceitação, Paulo não desafia as igrejas em Roma a uma receptividade desmedida. Como vimos, ser templo envolve separações. O apóstolo tem em mente uma questão *específica*: διαλογισμός (*dialogismos*; lit. "assuntos controvertidos"). Compreender o sentido dessa expressão é fundamental para entender a natureza do acolhimento paulino — um tipo de acolhimento (Romanos 14:1) que não descarta *afastamentos* (16:7; 1Coríntios 5).

---

[52]Cleveland, Christena. *Disunity in Christ*. Downers Grove: InterVarsity, 2013, p. 31.
[53]Stott, John. *Romanos*. São Paulo: ABU, 2000, p. 435.

PROPOSIÇÃO 3: O TEMPLO ESCATOLÓGICO É CONSTRUÍDO POR ESCOLHAS QUE PRIORIZAM O POVO

O léxico de Louw e Nida coloca *dialogismos* no campo semântico do "pensar", e o traduz como "pensar cuidadosamente", "raciocinar minuciosamente" e "considerar cuidadosamente".[54] As versões NAA e a NTLH traduziram *dialogismos* por "opiniões"; a ACF traz "dúvidas". Em si, a palavra não tem uma carga negativa, porém seu outro uso em Romanos e no restante do material paulino é predominantemente negativo. Em Romanos 1:21, temos: "porque, tendo conhecido a Deus, não o glorificaram como Deus, nem lhe renderam graças, mas os seus *pensamentos tornaram-se fúteis* e os seus corações insensatos se obscureceram". Em Filipenses 2:14, Paulo orienta: "Façam tudo sem queixas nem *discussões*". Em 1Timóteo 2:8, temos: "Quero, pois, que os homens orem em todo lugar, levantando mãos santas, sem ira e sem *discussões*". O mesmo pode ser dito de outras passagens fora do material paulino (Mateus 15:19; Marcos 7:21; Lucas 2:35; 5:22; 6:8; 9:46,47; 24:38; Tiago 2:4).

Seja qual for o sentido do termo *dialogismos*, o fato é que existem matérias que não são fundamentais, mas que, infelizmente, entram na arena da comunidade com o status de *essenciais* para os relacionamentos. A incompreensão (Romanos 14) ou a troca dessas categorias ("não fundamentais" por "fundamentais", 1Coríntios 8–10) são verdadeiras fórmulas do caos, ou, usando uma terminologia paulina, da "destruição" (Romanos 14:20). A ideia é simples e clara: *existem assuntos que podem bloquear as relações dentro da comunidade.* No caso específico de Romanos 14, a confusão estava na diferente *percepção* e no *peso* ou no *valor* que cada membro da comunidade dava a esses assuntos – todos entendiam suas escolhas como "para o Senhor" (v. 6). Essa variação de entendimento tem desdobramentos comportamentais terríveis, que tiram o ar das relações tornando-as pesadas e inviáveis: uns *julgam* (condenam) e outros *desprezam* (v. 3,10).

Ou seja, existem obstáculos na edificação do templo escatológico. Em Romanos 14–15, esses obstáculos são, por um lado, inclinações e preferências morais (escrúpulos) que, apesar de serem tomadas como divinas, falam mais de origem, cultura e gostos pessoais do que de mandamentos claros,

---

[54] Louw, J. P.; Nida, E. A. *Greek-English lexicon of the New Testament: based on semantic domains.* 2. ed. Minneapolis: Fortress, 1996, v. 1. Ed. eletrônica, p. 350.

como eram considerados. Em 1Coríntios 8–10, o obstáculo é a abstração do conhecimento sem amor.

Voltando aos *dialogismos* de Romanos, na literatura teológica o nome dado a isso é "adiáfora". Essa palavra de origem grega vem do mundo dos estoicos e era uma referência a atos que não eram nem obrigatórios nem proibidos – eram insignificantes ou indiferentes. Na história, a palavra foi usada em questões litúrgicas. Há quem a traduza simplesmente como "não essenciais". Esse entendimento levou Heffelfinger a declarar: "A essência da acolhida [...] é uma *determinação contínua de aceitar os outros*, apesar das diferenças em relação a questões moralmente *neutras*".[55]

Antes de sairmos das questões adiáforas para nos dedicar ao entendimento da classificação "fracos" e "fortes", vale a pena considerar o alerta de John Frame:

> Quando glorificamos a Deus, agimos certo; quando não o fazemos, agimos errado. Não há espaço para uma terceira categoria. Nenhuma ação humana é *indiferente* para Deus. [...] Tomar sorvete não é certo ou errado "em si", mas nunca uma ação humana é realizada em *si mesma*. É sempre realizada em certo conjunto de circunstâncias. *Qualquer ato específico de tomar sorvete será sempre correto ou errado, nunca indiferente*. Isso também é verdade para qualquer outro ato que não seja certo ou errado em si. [...] penso que o uso do termo [adiáfora] sempre dá a conotação de neutralidade moral, a qual, numa compreensão cristã, é indiferença divina. Mas Deus nunca é indiferente ao que fazemos, como é claro em 1Coríntios 10:31 e passagens semelhantes.[56]

Apesar não gostar das implicações do uso de "adiáforas", John Frame entende que "definições nunca são uma questão de vida ou morte". Ou seja, o uso da expressão não implica necessariamente a aceitação da neutralidade na ética. Concordo totalmente com Frame, no sentido de que, diante de Deus, nossos atos nunca não são *indiferentes* ou *neutros*; ou seja, glorificam ou não. Sua preocupação é, sim, legítima. Aliás, Paulo mostra isso ao declarar "Cada um deve estar *plenamente convicto* em sua própria mente"

---

[55] Heffelfinger, Curtis. *A igreja pacificadora*. Eusébio: Peregrino, 2021, p. 160.
[56] Frame, 2013, p. 176-7.

PROPOSIÇÃO 3: O TEMPLO ESCATOLÓGICO É CONSTRUÍDO POR ESCOLHAS QUE PRIORIZAM O POVO

(Romanos 14:5b). Paulo não entrega seus leitores a escolhas arbitrárias, mas a caminhos de convicção.

Porém, quando autores denominam certos comportamentos como "neutros", entendo que estão pensando em atos que têm *potencial* tanto para o pecado como para a adoração e que, em muitos casos, não podem, nem devem, ser julgados. Não é que sejam *insignificantes* ou *indiferentes*, mas *não são essenciais*. Não são marcas de nossa identidade.

Quanto ao conteúdo dos *dialogismos*, o vocábulo não diz muito. Precisamos olhar ao redor da expressão para preencher a lacuna de sentido. A sequência do texto em Romanos 14 deixa claro que Paulo estava pensando em comida, dias e bebida. Ele é direto: "Tenho plena convicção de que nenhum alimento é por si mesmo impuro" (v. 14); "o Reino de Deus *não* é *comida* nem *bebida*, mas justiça, paz e alegria no Espírito Santo" (v. 17). Nossa marca identitária, portanto, não passa obrigatoriamente por matérias como dieta ou calendário religioso, e não deveria ser motivo de rupturas dentro do povo de Deus.

Se, pois, como vimos anteriormente, por um lado temos os *escrúpulos* acentuados como obstáculo; do outro, temos o exercício da *liberdade* dada pelo evangelho. Há uma liberdade no evangelho que o torna elástico ou com grande poder de adaptação. As palavras de Paulo em 1Coríntios 9:20-23 ilustram bem essa "acomodação camaleônica" do evangelho, experimentada no ministério do apóstolo:

> Tornei-me judeu para os judeus, a fim de ganhar os judeus. Para os que estão debaixo da lei, tornei-me como se estivesse sujeito à lei, (embora eu mesmo não esteja debaixo da lei), a fim de ganhar os que estão debaixo da lei. Para os que estão sem lei, tornei-me como sem lei (embora não esteja livre da lei de Deus, mas sim sob a lei de Cristo), a fim de ganhar os que não têm a lei. Para com os fracos tornei-me fraco, para ganhar os fracos. Tornei-me tudo para com todos, para de alguma forma salvar alguns. Faço tudo isso por causa do evangelho, para ser coparticipante dele.

Apesar da liberdade e do poder adaptativo do evangelho, bem como do exercício do amor sacrificial, que são característicos de quem o vive, muitos irmãos não tinham o evangelho como a *base de seus relacionamentos.* Para uns, a liberdade falava mais alto; para outros, os escrúpulos tinham a última palavra. O resultado era um casamento entre julgamentos desmedidos e desprezo – uma dinâmica sustentada pelo orgulho e que tem como filha a quebra dos relacionamentos.

Tanto os escrúpulos como as liberdades têm seus agentes. Eles são chamados de "fracos" e "fortes". Cranfield acredita que a terminologia "fraco" foi dada por um grupo aos que discordavam deles. Em suas palavras: "Dificilmente os fracos se terão referido a si mesmos como 'fracos (na fé)'".[57] Tenho minhas razões para rejeitar essa tese, e a principal é que, considerando o espírito do texto, dificilmente Paulo se apropriaria de uma terminologia que erguesse muros.

N. T. Wright crê que existe cuidado nas palavras de Paulo. Usando o argumento do silêncio, ele discorre: "O mais fascinante de todo esse capítulo é que, embora esteja claro que os assuntos de que Paulo está tratando dizem respeito a coisas que teriam dividido os cristãos judeus e os cristãos gentio, ele *não* diz: 'muitos cristãos judeus [...] gentios [...]'".[58] Se há um cuidado terminológico visando à paz, por que Paulo teria usado uma terminologia depreciativa como "fraco", enquanto se identifica como forte (Romanos 15:1)? Em primeiro lugar, é importantíssimo dizer que Paulo não toma nenhum partido, e que seu movimento linguístico segue sua própria orientação de "perseguir a paz".

Onde, pois, está a fraqueza do "fraco"? O versículo 2 nos diz que o fraco é marcado por escrúpulos maiores e, por conseguinte, abstinências. Diretamente ligada a essa postura abstêmia, está a declaração de que *fé* deste é fraca – daí a expressão "fraco". Tal pessoa é chamada de fraco por ter uma fé fraca. Essa fé revela sua fraqueza por impedir a vivência da liberdade do Evangelho. Assim, não é a *fé em Cristo* que é fraca, mas, sim, o entendimento das implicações da fé em Cristo.

Pelo conteúdo, fica claro que os fracos são de contexto judaico. "Contexto" porque, em essência, a questão não era *étnica*. Paulo, por exemplo,

---

[57] Cranfield, 1992, p. 318.
[58] Wright, N. T. *Paulo para todos: Romanos 9–16.* Rio de Janeiro: Thomas Nelson Brasil, 2020b, p. 113.

PROPOSIÇÃO 3: O TEMPLO ESCATOLÓGICO É CONSTRUÍDO POR ESCOLHAS QUE PRIORIZAM O POVO

era judeu e se identificava como "forte". A questão, pois, muito provavelmente tem a ver com a relação dessas pessoas com a *Torá*.

Não creio que essas legendas (fraco e forte) têm como referente um *grupo*. Estão mais para uma *categoria*. Novamente, destaco o cuidado de Paulo com as palavras. Em vez de usar um adjetivo (como "fraco") ou um adjetivo substantivado (como "o fraco"), Paulo usa catorze particípios adjetivais no capítulo 14 (p. ex., "aquele que é fraco").[59] A ênfase, portanto, está na pessoa ou na coisa descrita ou pensada. No caso, no *tipo* de pessoa. Para ser mais exato, em um tipo de pessoa *idealizada*. Ao lançar mão desse recurso linguístico, Paulo deixa ao leitor a responsabilidade da identificação. Assim, uma pessoa pode ser forte em um determinado tópico e fraca em outros.

Ambas as categorias de irmãos têm suas inclinações e recebem as exortações necessárias. Os primeiros tendem a *julgar*; os segundos, a *desprezar*. Porém, embora em alguns momentos Paulo se dirija a uma categoria, isso não implica que determinado comportamento esteja ausente na outra. Assim, apesar de os fracos serem propensos ao julgamento, todos julgam; ou ainda, apesar de a ordem de acolher ser direcionada primeiramente aos fortes (14:1), na outra ponta do texto (15:7), Paulo ordena o acolhimento *mútuo* (ἀλλήλων, *allēlous*).

Ao longo de todo o texto de Romanos 14 (v. 13, 16, 20, 22 etc.), há instruções que colocam a liberdade sob o julgamento. O alvo delas claramente são os fortes. Por um lado, o "forte" precisa entender que o uso indevido de sua liberdade traz a possibilidade de escandalizar, de transformar algo bom em maledicente, de ser condenado pelo que aprova e, em vez de edificar, de *destruir a obra de Deus*. Em todas as orientações, Paulo deixa claro que é necessário estar certo de que o ato escolhido faça bem *ao povo*. É necessário saber se *edifica* o templo escatológico.

Por outro lado, é importante entender que Paulo não deseja que as pessoas continuem na mesma condição. Não podemos abandonar o fraco, nem, menos ainda, alimentar sua fraqueza. É fato que a consciência

---

[59]"Aquele que é fraco" (v. 1,2); "aquele que come" (v. 3, 2 vezes; v. 6); "aquele que não come" (14:3, duas vezes; v. 6); "o que julga" (v. 4); "aquele que considera" (v. 6, 14); "aquele que serve" (v. 18); "aquele que não se condena" (v. 22); "aquele que tem dúvida" (v. 23).

O HABITAT DA MORALIDADE

precisa ser ouvida (cf. 1Timóteo 1:18,19), mas também é fato que ela precisa ser *transformada*. Contudo, não podemos fazer isso de qualquer maneira.

Como gerar crescimento sem destruir, escandalizar ou entristecer o fraco? Essas duas questões estão muito próximas no texto, e estou certo de que uma ajuda a entender a outra. Paulo é claro: não devemos entristecer o irmão. Segundo John Murray, essa tristeza não é apenas o irmão forte fazer algo que não agrada ao fraco. Em suas palavras:

> Se a tristeza consistisse apenas em um pesaroso desprazer, na mente do crente fraco, isso não poderia ser entendido como uma queda. É que verdade que seu desprazer se origina do juízo censurador que ele cultiva, um juízo errôneo, condenado por Paulo. [...] O versículo 15 indica a gravidade do que está envolvido na tristeza em foco, uma gravidade que não poderia ser aplicada ao simples entristecimento por causa da conduta dos fortes. [...] o imperativo "não faças perecer" implica em graves consequências [...] quando são encorajados a transgredir sua própria consciência.[60]

Essa conclusão pode ser confirmada com certa facilidade no mistério de Jesus. Certamente, ele chocou, incomodou e entristeceu muitas pessoas. Keller reforça: "'Tropeçar' e 'cair'" significam *mais do que apenas incomodar* o irmão mais fraco. Um cristão mal-humorado seria capaz de chantagear uma igreja inteira nesse caso".[61]

As colocações de João Calvino sobre essa questão são perfeitas, pois nos lembram que a vida não é composta somente por duas categorias. Além do "forte" e do "fraco", existe também o "fariseu".

> Devemos observar a distinção comum segundo a qual há duas classes de escândalos: causados e supostos. [...] Se alguém, por leviandade, intemperança ou temeridade indiscreta, em tempo ou lugar inoportuno, faz alguma coisa que escandalize os fracos e simples, poderemos dizer que ele causou o escândalo, porque foi por sua culpa que tal escândalo ocorreu. Em geral se pode dizer que é

---

[60] Murray, John. *Romanos*. São José dos Campos: Fiel, 2003, p. 552-3.
[61] Keller, Timothy. *Romanos 8-16 para você*. São Paulo: Vida Nova, 2017, p. 174.

PROPOSIÇÃO 3: O TEMPLO ESCATOLÓGICO É CONSTRUÍDO POR ESCOLHAS QUE PRIORIZAM O POVO

causado escândalo por alguma coisa quando a culpa é do autor da referida coisa. Chama-se escândalo suposto àquilo que acontece quando alguma coisa é praticada sem intemperança e sem indiscrição e, todavia, pela maldade e malícia alheia, é tomada como ocasião de escândalo. Porque neste caso não foi real e não foi causado, mas os maus sem razão o supõem. No primeiro gênero de escândalos, somente os fracos tropeçam. No segundo, tropeçam aqueles que, com seu deplorável rigorismo, estão sempre caçando o que morder e censurar. Portanto, ao primeiro tipo chamaremos escândalo dos fracos, ao segundo, dos fariseus; e *vamos abrandar e moderar o uso da nossa liberdade de modo que cedamos e atendamos à ignorância dos nossos irmãos fracos, e não ao rigor farisaico.*[62]

Se não reconhecermos essa distinção, usando uma expressão de R. C. Sproul, certamente cairemos na "tirania do irmão mais fraco".[63]
Vou deixar Haidt explicar:

Minha hipótese [...] é que *seres humanos são criaturas de colmeia condicionais.* Temos a capacidade (sob condições especiais) de transcender o interesse próprio e nos concentrar [...] em algo maior do que nós mesmos. Essa habilidade é o que chamo de *interruptor de colmeia.* [...] Um dos fatos mais intrigantes sobre o interruptor de colmeia é que existem muitas maneiras de ativá-lo.[64]

Se existem "interruptores de colmeia", Paulo nos ensina que existem também os botões interruptores de unidade – atos que edificam o templo escatológico. Precisamos urgentemente acionar os interruptores que Paulo nos deixou em Romanos 14–15. Quando acolhemos uns aos outros, respeitando o nível de maturidade de nossas consciências (14:13); quando entendemos que existem assuntos que não cabe a nós julgar (14:12); ou quando exercemos nossa liberdade com esforço (14:19; 15:3) e discrição (14:22), e não como um fim em si mesma, mas a serviço do evangelho e tendo Jesus Cristo como modelo de vida sacrificial (15:3), vivenciamos o "espírito de unidade" (15:5) e, assim, nosso Deus é louvado e glorificado por um

---

[62]Calvino, 2006b, 1:99.
[63]Thorn, Joe. *Os charutos, o cristão e a glória de Deus.* Brasília: Monergimo, 2015, p. 35.
[64]Haidt, 2020, p. 239, 243.

povo composto por todas as raças, confirmando as promessas feitas aos patriarcas (15:8). Em suma, experimentamos a vida no templo – experimentamos o encontro.

CONCLUSÃO

No Salmo 27, encontramos o salmista apresentando um *único* desejo: viver na casa do Senhor para todo o sempre. Esse é um desejo escatológico. Na igreja, a nova humanidade, vivenciamos o desejo do salmista. Para isso, contudo, precisamos entender o processo de edificação do templo escatológico, experimentado em uma dinâmica de separação e acolhimento; santidade e unidade. Quando entendemos os benefícios da edificação, podemos afirmar com Gordon Fee: "A liberdade pessoal, por mais importante que seja para Paulo, não é o *summum bonum* da vida cristã".[65]

---
[65] Fee, 1998, p. 478.

Conclusão

CONFESSO QUE CHEGUEI ATÉ AQUI com uma sensação negativa. "Faltou muito", pensei. Faltou maior espaço para o papel do Espírito Santo; faltou expor sobre a importância da oração nas decisões cotidianas; faltou dedicar mais linhas para discorrer sobre o poder do pecado; faltou uma palavra específica sobre o desfrute da criação, mais referências bibliográficas e mais exemplos de comportamentos contemporâneos que ameaçam a moralidade bíblica. Sim, faltou tudo isso.

Diante da insanidade das exposições gratuitas das redes sociais, pensei se não poderia ter comentado sobre a importância da vida privada (uma espécie em extinção) à luz de Romanos 14:22. Poderia ter dedicado espaço para o poder (construtivo e destrutivo) das palavras na edificação do templo escatológico. Seria interessante ter destacado o fenômeno do "diálogo de surdos" ou das polêmicas estéreis em que as palavras não visam construir, convencer, conquistar, incitar e/ou convidar à apreciação da verdade; antes, realçam a distinção entre os "seus" e os "outros" (e vice-versa) e desviam nossa atenção para coisas menos importantes. Seria interessante se, inspirado em Dietrich Bonhoeffer, eu tivesse discorrido sobre a arrogância e a glamourização da vida solitária e como a vida comunitária pode refletir uma dependência emocional tóxica. Enquanto escrevo estas palavras, as faltas vão ficando cada vez mais claras.

No entanto, as faltas que trouxeram a tristeza me lembraram de que a proposta desta obra era alimentar o imaginário teológico para os devidos exercício da sabedoria e apropriação das orientações e ordens bíblicas. Por um momento, eu me esqueci que, por um lado, o mundo simbólico do templo é uma fonte abundante de metáforas e, por outro, a falta é uma

O HABITAT DA MORALIDADE

constante. Aliás, é bom entender que sempre falta. É bom, conscientemente, deixar espaços para preencher faltas.

As palavras irônicas e reprovativas de Paulo me vieram à mente: "Vocês não sabem que são o santuário de Deus?" (1Coríntios 3:16). Dito de outra forma: Vocês não têm pensado sobre isso? Não têm trazido à mente a verdade que somos templo? Nossa natureza de templo não tem sido alvo de suas meditações? Vocês não têm pensado nas implicações de sermos santuário do Espírito Santo? Este livro é um eco da pergunta de Paulo. Ele tem o "espírito da pergunta", em que parte da resposta não pode ser dada. A propósito, a simples *tentativa* de apresentar todas as respostas, além de ilusória e tola, por tudo o que foi construído, seria o maior dos contrassensos.

A tristeza pela falta também me lembrou do que não posso fazer. Não posso promover o encontro no templo nem gerar mudanças. Posso apontar, sinalizar, mostrar os perigos de se querer a especificidade das leis do Antigo no Novo Testamento, ignorando as mudanças dramáticas e radicais que a vinda de Cristo trouxe. Posso, por outro lado, argumentar que uma vida desregrada, imoral e desordenada não sinaliza a carência de leis ou regras e que a solução não passa necessariamente pelo acréscimo de mais regras detalhadas ou pelo comportamento simplório de acionar leis isoladas. Também posso tentar aumentar o volume do mundo simbólico do templo, mas não posso gerar apreciação. Sim, estou certo de que faltou. E faltou muito.

E quanto ao que não faltou? E quanto ao que foi posto? Ao pensar nisso, a tristeza da falta foi substituída pela alegria de saber que o que foi apresentado não tinha o objetivo insano de suprir todas as faltas, mas que há nele o potencial do preenchimento. Por isso, findo com uma breve palavra sobre o que foi apresentado.

Em primeiro lugar, o acesso à moralidade bíblica não se limita a uma busca por ordens, mandamentos, leis, exortações e imperativos. Como o segredo de um cofre, é necessário seguir uma *sequência*. São três as "combinações" para chegarmos ao tesouro da sabedoria moral bíblica: "onde estou?"; "quem sou?" e "o que devo fazer?". Este livro considerou as respostas mais fundamentais e, portanto, aplicáveis a qualquer ser humano

CONCLUSÃO

em qualquer momento histórico. São elas: estamos em um lugar sagrado (*lugar*), somos corregentes de YHWH (os *atores*) e devemos ampliar a vida do Éden (as *orientações*). Este é o habitat da moralidade. Sem essas respostas, não abrimos o "cofre", e todo e qualquer modelo ou proposta ética não sobrevive às demandas da vida real.

É importante destacar que essas respostas são fundamentais (ou seja, passaremos obrigatoriamente por elas), mas não são únicas nem restritas. Elas possuem um potencial infindável de desdobramentos, especificações e "novas combinações" no "cofre da moralidade" que nenhum livro de ética poderá alcançar. Por exemplo: a primeira pergunta poderia ser respondida particularizando um momento histórico (p. ex., depois de Cristo) ou especificando o grupo social (p. ex., igreja, família). Pressupondo a primeira, a segunda pergunta poderia ser respondida detalhando o sexo, o estado civil, a paternidade/maternidade, filiação e a vocação. Isso certamente afetaria as respostas à última pergunta, gerando propostas éticas específicas (p. ex., ética pastoral, ética do trabalho, ética familiar). Toda essa complexidade e toda essa riqueza de possibilidades e combinações inalcançáveis devem ser valorizadas e, ao mesmo tempo, simplificadas para que possamos vivê-las. Isso é possível quando mantemos as respostas na sequência devida, em diálogo (ou seja, não as isolamos) e voltamos para nos certificar de que elas emergiram das respostas mais fundamentais.

Ilustrarei com um texto de Dietrich Bonhoeffer intitulado "O que significa dizer a verdade?", presente em seu livro *Ética*. Trata-se de um texto que, mesmo inacabado, ainda traz grande colaboração para o entendimento da *complexidade* do exercício da ética cristã e a importância do *lugar*. Para Bonhoeffer, "'falar a verdade' significa algo diferente dependendo do lugar onde se está".[1] É preciso ter sensibilidade situacional. É necessário ter, nas palavras do próprio Bonhoeffer, "conhecimento correto e avaliação séria das reais circunstâncias".[2] Ou seja, "dizer a verdade é uma coisa que se deve aprender".[3] Ignorar o lugar, os personagens e o conteúdo envolvidos é o mesmo que desprezar a *essência* da verdade.

---

[1] Bonhoeffer, Dietrich. *Ética*. São Leopoldo: Sinodal, 2009, p. 231.
[2] Bonhoeffer, 2009, p. 231.
[3] Bonhoeffer, 2009, p. 232.

O HABITAT DA MORALIDADE

"Cada palavra deve ter e continuar no seu lugar."[4] Uma palavra fora do seu habitat perde em verdade.

Para ilustrar sua tese, Bonhoeffer lança mão de uma história fictícia:

> [...] um professor pergunta uma criança, diante da classe, se é verdade que seu pai frequentemente volta embriagado para casa. De fato, é assim, mas a criança nega. A pergunta do professor colocou-a numa situação que ela ainda não tem condições de enfrentar. Sente, apenas, que aqui aconteceu uma ingerência indevida na ordem da família que ela deve rechaçar. O que se passa na família não é da conta da classe. A família tem seu mistério próprio que deve preservar. O professor desrespeitou a realidade dessa ordem. A criança deveria achar, em sua resposta, um caminho que respeitasse, de igual maneira, a ordem da família e da escola. Ela ainda não tem capacidade para isso; faltam-lhe a experiência, o conhecimento e a habilidade da expressão correta. Ao responder negativamente à pergunta do professor, a resposta é enganosa, mas, ao mesmo tempo, expressa a verdade de que a família é uma estrutura *sui generis* em cuja intimidade não cabe ao professor penetrar. Podemos qualificar a resposta da criança como mentira; mesmo assim, essa mentira contém mais verdade, isto é, ela corresponde mais à realidade do que se a criança tivesse revelado a fraqueza do pai à sala. Proporcionalmente ao seu conhecimento, a criança agiu certo.[5]

Em segundo lugar, a moralidade bíblica não é chata nem pesada. É complexa, rica e bela. Revela-se em histórias (reais ou fictícias), poesias, metáforas, exortações, admoestações, acrósticos, lamentos, profecias, princípios e mundos conceituais. Ela subsiste na dinâmica entre a firmeza e a flexibilidade da vida. É adaptativa e criativa, pois lê a situação e aplica as verdades sólidas às variáveis incontroláveis da Providência. Enquanto a resposta natural de uma ética que se confunde com código de conduta é o protesto com todos os efeitos colaterais (p. ex., ira, amargura, indignação...), a ética bíblica, nos convida a uma postura criativa onde não ficamos imóveis apontado cansativamente os erros; antes, prosseguimos a

---

[4]Bonhoeffer, 2009, p. 233.
[5]Bonhoeffer, 2009, p. 233-4.

CONCLUSÃO

caminha em sabedoria, propondo soluções. Ela é o fruto da meditação e da prática disciplinada, que produzem um estilo de vida humana que preserva e ilumina o mundo, mas que não pode ser reduzido a regras. Ela constrói relacionamentos vibrantes (não estáticos ou codificados) e abertos a refinamentos, pois tem como prioridade os caminhos do coração. Suas diretrizes relacionais tanto edificam o templo como orientam na vida nele. Quando vivenciamos o perdão, a adoração coletiva, as exortações amorosas, o acolhimento e outras marcas da vida no templo, passamos a ver todas as outras relações como carentes de qualidade, profundidade e vitalidade.[6]

Terceiro, as orientações da moralidade bíblica não são *ex nihilo*. Elas nascem do coração do Criador, ecoam nas paredes do lugar sagrado e beneficiam o encontro. Elas não vêm de um legislador impassível e distante, que lança suas regras com o fim único de controlar; antes, vêm de um Rei e Pai que nos chama e capacita para a grande obra de estender a todo mundo sua presença soberana e paternal. É o impulso comportamental resultante do encontro com a face do Criador. Vem do encontro e visa o encontro.

Por fim, pensando no encontro, há um desafio. O templo não é completamente silencioso. Comida, cânticos, orações, lágrimas e famílias reunidas na partilha da refeição são alguns exemplos da complexidade da vida diante de Deus. Vemos Ana em prantos, Davi dançando e pessoas buscando livramento da morte iminente. Isaías, citado por Jesus, denomina o templo de "casa de oração". A verdadeira vida acontece diante de Deus. Cante, ore, lamente, pergunte, fale, chore... Vá ao templo! Viva o templo!

---

[6]Banks, Robert J. *Paul's idea of community*. Grand Rapids: Baker Academics, 1994, p. 6,94.

Bibliografia

ALEXANDER, T. Desmond. *Do paraíso à Terra Prometida*. São Paulo: Shedd, 2010.

_____. *A cidade de Deus e o objetivo da criação*. São Paulo: Shedd, 2020.

_____; ROSNER, Brian S. *Novo dicionário de teologia bíblica*. São Paulo: Vida, 2009.

ALTER, Robert. *A arte da narrativa bíblica*. São Paulo: Companhia das Letras, 2007.

_____; KERMODE, Frank. *Guia literário da Bíblia*. São Paulo: UNESP, 1997.

ARISTÓTELES. *Ética a Nicômaco*. São Paulo: Edipro, 2014.

ATTRIDGE, Harold W. *To the Hebrews*. Philadelphia: Fortress Press, 1989.

AUERBACH, Erich. *Mimesis: a representação da realidade na literatura ocidental*. São Paulo: Perspectiva, 2013.

AUNE, D. E. *Revelation 6–16*. Nashville: Thomas Nelson, 1998.

BANKS, Robert J. *Paul's idea of community*. Grand Rapids: Baker Academics, 1994.

BARCLAY, John. M. G. *Obeying the truth*. Vancouver: Regent College Publishing, 2005.

BARTH, Karl. *A grande promessa*. São Paulo: Fonte, 2020.

BAUCKHAM, Richard. *Jude–2Peter*. Grand Rapids: Word, 1983.

_____. *A teologia do livro de Apocalipse*. Rio de Janeiro: Thomas Nelson Brasil, 2022.

BAUER, W.; DANKER, F. W.; ARNDT, W. F.; Gingrich, F. W. *A Greek-English lexicon of the New Testament and other early Christian literature*. 3. ed. Chicago: University of Chicago Press, 2000.

BEALE, G. K. *The book of Revelation*. Grand Rapids: Eerdmans; Paternoster, 1999.

_____. *Manual do uso do Antigo Testamento no Novo Testamento*. São Paulo: Vida Nova, 2013.

_____. *O uso do Antigo Testamento no Novo Testamento e suas implicações*. São Paulo: Vida Nova, 2014.

_____. *Teologia bíblica no Novo Testamento*. São Paulo: Vida Nova, 2018.

_____. *Deus mora entre nós*. São Paulo: Loyola, 2019.

_____. *O templo e a missão da igreja*. São Paulo: Vida Nova, 2021.

_____; CARSON, D. A. (orgs.). *Commentary on the New Testament use of the Old Testament*. Grand Rapids: Baker, 2007.

BIRD, Michael F. *Bourgeois babes, bossy wives, and bobby haircuts*. Grand Rapids: Zondervan, 2012. Ed. digital.

_____. *An anomalous Jew*. Grand Rapids: Eerdmans, 2016.

_____. *Romans*. Grand Rapids: Zondervan, 2016b.

_____; MCKNIGHT, Scot. *God's Israel and the Israel of God*. Belligham: Lexham Academic, 2023.

BLOCK, Daniel. *Ezequiel*. São Paulo: Cultura Cristã, 2012.

_____. *O evangelho segundo Moisés*. São Paulo: Cultura Cristã, 2017.

_____. *Além do rio Quebar*. São Paulo: Cultura Cristã, 2018.

BLOMBERG, Craig. *Matthew*. Nashville: Broadman & Holman, 1992.

BOCK, Darrell L.; GLASER, Mitch. *O servo sofredor*. São Paulo: Cultura Cristã, 2015.

BONHOEFFER, Dietrich. *Discipulado*. São Leopoldo: Sinodal, 2004.

_____. *Ética*. São Leopoldo: Sinodal, 2009.

_____. *Vida em comunhão*. São Paulo: Cultura Cristã, 2022.

BRANT, Chad (org.). *Perspectives on Israel and the church: 4 views*. Nashville: Broadman & Holman, 2015.

BRATCHER, R. G.; NIDA, E. A. *A handbook on Paul's Letter to the Ephesians*. New York: United Bible Societies, 1993.

BIBLIOGRAFIA

BRATCHER, R. G., REYBURN, W. D. *A translator's handbook on the book of Psalms.* New York: United Bible Societies,1991, p. 585.

BRUCE, F. F. *Paulo: o apóstolo da graça.* São Paulo: Shedd, 2003.

BRUEGGEMANN, Walter. *Teologia do Antigo Testamento.* São Paulo: Paulus; Santo André: Academia Cristã, 2014.

CALVIN INSTITUTE OF CHRISTIAN WORSHIP. *Public worship as sign and means of new creation.* YouTube, 2017. Disponível em https://www.youtube.com/watch?v=lqr2UEulDAw. Acesso em: 17 maio 2024.

CALVIN, John. *Commentary on the book of the prophet Isaiah.* Grand Rapids: Baker, 1979.

_____. *Commentary on Second Epistle to the Thessalonians.* Grand Rapids: Baker, 1979.

CALVINO, João. *As Institutas.* Edição clássica. São Paulo: Cultura Cristã, 2006.

_____. *As Institutas.* Edição especial com notas para estudo e pesquisa. São Paulo: Cultura Cristã, 2006b.

CARSON, D. A. *A exegese e suas falácias.* São Paulo: Vida Nova, 1992.

_____. (org.). *Do Shabbath para o dia do Senhor.* São Paulo: Cultura Cristã, 2006.

_____. *Um chamado à reforma espiritual.* São Paulo: Cultura Cristã, 2007.

_____. *A cruz e o ministério cristão.* São José dos Campos: Fiel, 2009.

_____. *O comentário de Mateus.* São Paulo: Shedd, 2010.

_____. *Cristo e a cultura.* São Paulo: Vida Nova, 2012.

_____. *Deus amordaçado.* São Paulo: Shedd, 2013.

_____. *A manifestação do Espírito.* São Paulo: Vida Nova, 2013b

_____. *O sermão do monte.* São Paulo: Vida Nova, 2018.

_____; NELSON, Kathleen B. (orgs.). *Este é o nosso Deus.* São Paulo: Cultura Cristã, 2016.

CERFAUX, L. *O cristão na teologia de Paulo.* São Paulo: Teológica, 2003.

CHARLES, R. H. *Pseudepigrapha of the Old Testament.* Oxford: Clarendon, 1913.

CHESTERTON, G. K. *Ortodoxia.* São Paulo: Mundo Cristão, 2008.

CHILDS, B. S. *Isaiah: a commentary*. Louisville: Westminster John Knox Press, 2001.

CHOU, Abner. *I saw the Lord*. Eugene: Wipf & Stock, 2013.

_____. *The hermeneutics of the biblical writers*. Grand Rapids: Kregel Academic, 2018, p. 23.

CLEMENTS, R. E. *God and temple*. Eugene: Wipf & Stock, 2016.

CLEVELAND, Christena. *Disunity in Christ*. Downers Grove: InterVarsity, 2013.

COLE, R. D. *Numbers*. Nashville: Broadman & Holman, 2000.

COLLIER, Winn. *Fogo em meus ossos: a biografia de Eugene Peterson*. São Paulo: Mundo Cristão, 2022.

COPAN, Paul et al. (orgs.). *Dicionário de cristianismo e ciência*. Rio de Janeiro: Thomas Nelson Brasil, 2018.

CORBETT, Steve; FIKKERT, Brian. *Quando ajudar machuca*. Brasília: Editora 371, 2019.

CRANFIELD, C. E. B. *Romanos*. São Paulo: Paulinas, 1992.

DALRYMPLE, Theodore. *Evasivas admiráveis*. São Paulo: É Realizações, 2017.

DAMÁSIO, António. *O mistério da consciência*. São Paulo: Companhia das Letras, 2015.

DECKER, Rodney. *Mark 9-16: a handbook on the Greek text*. Waco: Baylor University Press, 2014.

DEMPSTER, Stephen G. *Dominion and dynasty*. Downers Grove: IVP, 2003.

DE VAUX, Roland. *Instituições de Israel no Antigo Testamento*. São Paulo: Teológica, 2002.

DODD, C. H. *Segundo as Escrituras*. São Paulo: Fonte, 2020.

DORIANI, Dan. *A verdade na prática*. São Paulo: Cultura Cristã, 2019.

DORSEY, David A. "The law of Moses and the Christian: a compromise", *Journal of the Evangelical Theological Society*, n. 34, v. 3, 1991, p. 321-34.

DUMBRELL, William J. *The end of beginning*. Grand Rapids: Baker, 1985.

DUNN, James D. G. "Echoes of intra-Jewish polemic in Paul's letter to Galatians", *Journal of Biblical Literature*, v. 112, n. 3, 1993, p. 459-77.

BIBLIOGRAFIA

_____. *The New Perspective on Paul*. Grand Rapids: Eerdmans, 2008.

DUVAL, J. Scott; HAYS, J. Daniel. *God's relational presence*. Grand Rapids: Baker, 2019.

EDWARDS, James R. *O comentário de Marcos*. São Paulo: Shedd, 2018.

ELLINGWORTH, Paul; HATTON, HOWARD A. *A handbook on Paul's First Letter to the Corinthians*. New York: United Bible Societies, 1995.

ENNS, Peter; BYAS, Jared. *Genesis for normal people*. Publicação independente, 2019.

ESTANDARTE DE CRISTO. "Pedro e Judas, por João Calvino". Disponível em: https://oestandartedecristo.com/pedro-e-judas-por-joao-calvino/. Acesso em: 16 jul. 2024.

ESTES, Douglas. *Questions and rhetoric in the Greek New Testament*. Grand Rapids: Zondervan, 2017. Ed. digital.

FEE, Gordon. *God's empowering presence*. Peabody: Hendrickson, 1994.

_____. *Paulo, o Espírito e o povo de Deus*. Campinas: United Press, 1997.

_____. *The First Epistle to the Corinthians*. Grand Rapids: Eerdmans, 1998.

_____. *The First and Second letters to the Thessalonians*. Grand Rapids: Eerdmans, 2009.

_____. *Revelation*. Eugene: Wipf and Stock, 2011.

FERRIS, Matthew E. *If one uses it lawfully*. Eugene: Wipf & Stock, an Imprint of Wipf and Stock Publishers. Edição do Kindle, 2018.

FRANCE, R. T. *The Gospel of Mark*. Grand Rapids: Eerdmans, 2002.

_____. *The Gospel of Matthew*. Grand Rapids: Eerdmans, 2007.

FRAME, John. *A doutrina do conhecimento de Deus*. São Paulo: Cultura Cristã, 2010.

_____. *A doutrina da vida cristã*. São Paulo: Cultura Cristã, 2013.

FUNG, Ronald Y. K. *The Epistle to the Galatians*. Grand Rapids: Eerdmans, 1988.

GAMMIE, John G. "Paraenetic Literature: Toward the Morphology of a Secondary Genre". *Semeia* 50, 1990.

GAEBELEIN, Frank E. (org.). *The expositor's Bible Commentary*. Grand Rapids: Zondervan, 1984.

GENTRY, Kenneth L. *O homem da iniquidade*. 2006. Disponível em https://www.monergismo.com/textos/preterismo/homem-iniquidade-pret_gentry.pdf. Acesso em: 01 ago. 2023.

GENTRY, Peter; WELLUM, Stephen. *Kingdom through covenant*. Wheaton: Crossway, 2018.

GOPPELT, Leonhard. *Tipologia*. São Paulo: Fonte, 2021.

GORMAN, Michael. *Lendo Apocalipse com responsabilidade*. Rio de Janeiro: Thomas Nelson Brasil, 2022.

_____. *O apóstolo do senhor crucificado*. São Paulo: Hagnos, 2022b.

GREEN, Joel B. (org.). *The New Testament and ethics*. Grand Rapids: Baker Academic, 2011.

GREER, Jonathan S.; Hilder, John W.; WALTON, John. *Behind the scenes of the Old Testament*. Grand Rapids: Baker Academic, 2018.

GUNDRY, Stanley (org.). *Lei e o evangelho*. São Paulo: Vida, 2003.

GUPTA, Nijay K. *1–2 Thessalonians*. Eugene: Cascade, 2016.

GURTNER, Daniel; GLADD, Benjamin L. *From creation to new creation*. Peabody: Hendrickson, 2013.

GUSSO, Antônio Renato. *Gramática instrumental do hebraico*. São Paulo: Vida Nova, 2008.

GUTHRIE, George H. *Hebrews*. The NIV Application Commentary. Grand Rapids: Zondervan, 1998, p. 107.

_____. *The structure of Hebrews*. Grand Rapids: Baker, 1994.

HAIDT, Jonathan. *A mente moralista*. Rio de Janeiro: Alta Books, 2020.

HAMILTON, James. *God's glory in salvation through judgment*. Wheaton: Crossway, 2010.

_____. *O trabalho e o nosso serviço no Senhor*. São Paulo: Shedd, 2021.

HARRINGTON, Daniel J.; KEENAN, James F. *Jesus e a ética da virtude*. São Paulo: Loyola, 2006.

BIBLIOGRAFIA

HARRIS, R. Lard; ARCHER, Gleason L; WALTKE, Bruce K. *Dicionário internacional de teologia do Antigo Testamento*. São Paulo: Vida Nova, 1998.

HAYS, Richard B. *The moral vision of the New Testament*. New York: HarperCollins, 1996.

_____. *Echoes of Scripture in the Gospels*. Waco: Baylor University Press, 2017.

_____. *Echoes of scripture in the letters of Paul*. New Haven & London: Yale University Press, 1989.

HEFFELFINGER, Curtis. *A igreja pacificadora*. Eusébio: Peregrino, 2021.

HEISER, Michael. *The unseen realm: recovering the supernatural worldview of the Bible*. Bellingham: Lexham, 2015. Ed. digital.

_____. *Sobrenatural*. Vitória: Base, 2021.

HILL, Andrew E.; WALTON, John H. *Panorama do Antigo Testamento*. São Paulo: Vida, 2007.

Horton, Michael. *O Deus da promessa*. São Paulo: Cultura Cristã, 2010.

HURTADO, Larry W. *Marcos*. São Paulo: Vida, 1995.

_____. *Senhor Jesus Cristo*. Santo André; São Paulo: Academia Cristã; Paulus, 2012.

JOHNSON, Dru. *Filosofia bíblica*. Rio de Janeiro: Thomas Nelson Brasil, 2022.

JOOSTER, Jan. *The verbal system of biblical Hebrew*. Jerusalém: Simor, 2012.

KAISER Jr., Walter. *Teologia do Antigo Testamento*. São Paulo: Vida Nova, 1984.

_____. *O plano da promessa de Deus*. São Paulo: Vida Nova, 2011.

_____; SILVA, Moisés. *Introdução à hermenêutica bíblica*. São Paulo: Cultura Cristã, 2009.

KAUTZSCH, E.; Cowley, S. A. (orgs.). *Gesenius' Hebrew grammar*. Oxford: Clarendon Press, 1910.

KEENER, Craig. *Comentário bíblico em Atos: Novo Testamento*. Belo Horizonte: Atos, 2005.

KELLER, Timothy. *Romanos 8-16 para você*. São Paulo: Vida Nova, 2017.

KIDNER, Derek. *Gênesis*. São Paulo: Vida Nova, 1979.

KIM, Lloyd. *Polemic in the book of Hebrews: anti-Judaism, anti-Semitism, supersessionism?* Eugene: Wipf and Stock, 2016. Ed. digital.

KLINE, Meredith G. *Kingdom prologue.* Overland Park: Two Age, 2000.

KOTVA Jr., Joseph J. *The Christian case for virtue ethics.* Washington, D.C.: Georgetown University Press, 1996.

LADD, George. *Apocalipse.* São Paulo: Vida Nova, 1980.

_____. *Teologia do Novo Testamento.* São Paulo: Hagnos, 2003.

LAKOFF, George; JOHNSON, Mark. *Metaphors we live by.* Chicago: The Chicago University of Chicago Press, 1980.

LANE, William L. *The Gospel of Mark.* Grand Rapids: Eerdmans, 1974.

LEFEBVRE, Michael. *Collections, codes, and Torah.* New York: T&T Clark, 2006.

_____. *Hebreus 9–13.* Mexico City: Thomas Nelson, 1991.

LAVELLE, Louis. *O erro de Narciso.* São Paulo: É Realizações, 2012.

LEVENSON, Jon D. *Creation and the persistence of evil.* Princeton: Princeton University Press, 2013.

LEVINE, Amy-Jill. *Sermon on the mount.* Nashville: Abingdon Press, 2020.

LEVINSOHN, Stephen H. *Discourse features of New Testament Greek.* Dallas: SIL, 2000.

LEWIS, C. S. *A abolição do homem.* Rio de Janeiro: Thomas Nelson Brasil, 2017.

_____. *Cristianismo puro e simples.* Rio de Janeiro: Thomas Nelson Brasil, 2017b.

LIGONIER MINISTRIES. "Praying in faith (Mark 11:22-33) – a sermon by R.C. Sproul". YouTube, 2021. Disponível em: https://www.youtube.com/watch?v=Q_G9d5ogjvk. Acesso em: 17 maio 2024.

LINTS, Richard. *Introdução à teologia evangélica.* São Paulo: Vida Nova, 2022.

LIOY, Dan. *The axis of glory.* New York: Peter Lang, 2010.

LISTER, J. Ryan. *The presence of God.* Wheaton: Crossway, 2015.

LONGENECKER, Richard N. "The pedagogical nature of the law in Galatians", *Journal of the Evangelical Theological Society,* v. 25/1, 1982.

_____. *New Testament social ethics for today.* Grand Rapids: Eerdmans, 1984.

LONGMAN III, Tremper. *Proverbs*. Grand Rapids: Baker, 2006.

_____. *Como ler Gênesis*. São Paulo: Vida Nova, 2009.

_____. *Emanuel em nosso lugar*. São Paulo: Cultura Cristã, 2016.

_____. *Genesis*. Grand Rapids: Zondervan, 2016b.

_____. *O temor do Senhor é sabedoria*. Eusébio: Peregrino, 2023.

LOUW, J. P.; NIDA, E. A. *Greek-English lexicon of the New Testament: based on semantic domains*. 2. ed. Minneapolis: Fortress, 1996, v. 1. Ed. eletrônica.

LUNN, Nicholas P. "Categories of contrast in New Testament Greek", *Biblical and ancient Greek linguistics*, v. 7, 2018.

LUTERO, Martinho. *Obras selecionadas*. São Leopoldo: Sinodal; Porto Alegre: Concórdia; Canoas: Ulbra, 2014, v. 12.

MACINTYRE, Alasdair. *Depois da virtude*. São Paulo: Vide, 2021.

_____. *Ética nos conflitos da modernidade*. Brasília: Devenir, 2022.

MARSHALL, I. Howard. *Atos*. São Paulo: Vida Nova, 1982.

_____. *1 e 2Tessalonicenses*. São Paulo: Vida Nova, 1984.

MATHEWSON, David L.; EMIG, Elodie Ballantine. *Intermediate Greek grammar*. Grand Rapids: Baker Academic, 2016.

MCCRACKEN, Brett. *A pirâmide da sabedoria*. Rio de Janeiro: Thomas Nelson Brasil, 2023.

MCGRATH, Alister. *A ciência de Deus*. Viçosa: Ultimato, 2016.

MCKNIGHT, Scot. *Sermon on the Mount*. Grand Rapids: Zondervan, 2013.

_____ (org.). *Dictionary of Paul and his letters*. 2. ed. Downers Grove: IVP, 2023.

MEEKS, Wayne A. *O mundo moral dos primeiros cristãos*. São Paulo: Paulus, 1996.

MEYER, Jason. *O fim da lei*. Brasília: Dois Dedos de Teologia, 2020.

MILLER, Colin D. *The practice of the body of Christ: human agency in Pauline theology after MacIntyre*. Eugene: Wipf and Stock. 2014. Ed. digital.

MOLTMANN, Jürgen. *Ética da esperança*. São Paulo: Vozes, 2012.

MONTEIRO, Rômulo. *Caminhando na perfeição*. Rio de Janeiro: Concílio, 2018.

Moo, Douglas J. "'Law', 'works of the law', and legalism in Paul", *Westminster Theological Journal*, v. 45, n. 1, 1983.

Morales, Michael. *Quem subirá ou monte santo do Senhor?* São Paulo: Cultura Cristã, 2022.

Morris, Leon. *Lucas: introdução e comentário*. São Paulo: Vida Nova, 1983.

_____. *The Gospel according to Matthew*. Grand Rapids: Eerdmans; InterVarsity, 1992.

Motyer, J. Alec. *O comentário de Isaías*. São Paulo: Shedd, 2016.

Mounce, Robert H. *Mateus*. São Paulo: Vida, 1996.

Mulholland, Dewey M. *Marcos*. São Paulo: Vida Nova, 1999.

Murray, John. *Romanos*. São José dos Campos: Fiel, 2003.

Nicoll, Robertson (org.). *The expositor's Greek Testament*. Peabody: Hendrickson, 2002.

Niehaus, Jeffrey J. *Deus no Sinai*. São Paulo: Shedd, 2021.

Nolland, John. *The Gospel of Matthew*. Grand Rapids: Eerdmans; Paternoster, 2005.

O'Donovan, O. *Resurrection and moral order*. Downers Grove: IVP, 2020.

Osborne, Grant. *Espiral hermenêutica*. São Paulo: Vida Nova, 2009.

_____. *Apocalipse*. São Paulo: Vida Nova, 2014.

_____. *Marcos*. São Paulo: Vida Nova, 2019.

Oswalt, John. *Isaías*. São Paulo: Cultura Cristã, 2011.

Payne, Philip B. *Man and woman, one in Christ*. Grand Rapids: Zondervan, 2009.

Pennington, Jonathan. *El Sermón del Monte y el florecimiento humano*. Kevina Road: Proyecto Nehemías, 2020.

Peterson, Eugene. *Um pastor segundo o coração de Deus*. Rio de Janeiro: Textus, 2000.

Porter, Stanley E.; Kurschner, Alan E. (orgs.). *The future restoration of Israel*. Eugene: Pickwick, 2023.

BIBLIOGRAFIA

PORTER, Stanley; REED, Jeffrey T.; O'Donnell, Mathew B. *Fundamentals of New Testament Greek*. Grand Rapids: Eerdmans, 2010.

PROVAN, Iain. *Discovering Genesis: content, interpretation, reception*. Grand Rapids: SPCK, 2015.

RAE, Scott B. *Ética cristã*. São Paulo: Vida Nova, 2013.

RÉE, Paul. *A origem dos sentimentos morais*. São Paulo: UNIFESP, 2018.

REID, Daniel G. (org.). *Dicionário teológico do Novo Testamento*. São Paulo: Vida Nova, 2012.

ROSNER, Brian S. *Paul and the law*. Downers Grove: InterVarsity, 2013.

ROSS, Allen P. *Gramática do hebraico bíblico para iniciante*. São Paulo: Vida, 2001.

RUDOLPH, David J. *A Jew to the Jews*. Eugene: Wipf and Stock, 2018. Ed. digital.

SANTRAC, Dragoslava. "The psalmists' journey and the sanctuary: a study in the sanctuary and the shape of the book of Psalms", *Journal of the Adventist Theological Society*, v. 25, n. 1, 2014.

SCHAEFFER, Francis. *O Deus que se revela*. São Paulo: Cultura Cristã, 2002.

_____. *A arte e a Bíblia*. Viçosa: Ultimato, 2010.

_____. *Verdadeira espiritualidade*. São Paulo: Cultura Cristã, 2021.

SCHREINER, Thomas R. *40 questions about Christians and biblical law*. Grand Rapids: Kregel, 2010.

_____. *Teologia de Paulo*. São Paulo: Vida Nova, 2015.

_____. *A aliança e o propósito de Deus para o mundo*. São Paulo: Shedd, 2021.

SCRUTON, Roger. *A alma do mundo*. Rio de Janeiro: Record, 2017.

_____. *O rosto de Deus*. São Paulo: É Realizações, 2015, p. 114.

SENNETT, Richard. *Autoridade*. Rio de Janeiro: Record, 2016.

SERTILLANGES, A. D. *A vida intelectual*. Campinas: Kirion, 2019.

SILVA, Moisés (org.). *Foundations of contemporary interpretation*. Grand Rapids: Zondervan, 1996.

SOWELL, Thomas. *Conflito de visões*. São Paulo: É Realizações, 2011.

O HABITAT DA MORALIDADE

Sproul, R. C. *Estudos bíblicos expositivos em Mateus*. São Paulo: Cultura Cristã, 2017.

Storms, Sam. *The language of heaven*. Lake Mary: Charisma House, 2019.

Stott, John. *The message of 1 e 2 Thessalonians*. Downers Grove: IVP, 1991.

_____. *Romanos*. São Paulo: ABU, 2000.

_____. *Batismo e plenitude do Espírito*. São Paulo: Vida Nova, 2001.

_____. *Os cristãos e os desafios contemporâneos*. Viçosa: Ultimato, 2006.

_____. *A mensagem do Sermão do Monte*. São Paulo: ABU, 2007.

Strauss, Mark L. *Mark*. Zondervan Exegetical Commentary on the New Testament. Grand Rapids: Zondervan, 2014, p. 63.

Tasker, R. V. G. *Mateus*. São Paulo: Vida Nova, 1980.

Taylor, Charles. *A ética da autenticidade*. São Paulo: É Realizações, 2011.

Terrien, Samuel. *The elusive presence: toward a new Biblical theology*. San Francisco: Harper & Row, 1978.

Thielman, Frank. *Teologia do Novo Testamento*. São Paulo: Vida Nova, 2007.

Thiselton, A. C. *The First Epistle to the Corinthians*. Grand Rapids: Eerdmans, 2000.

Thorn, Joe. *Os charutos, o cristão e a glória de Deus*. Brasília: Monergimo, 2015.

Thorn van der Merwe, Christo H. J.; Naudé, Jacobus A.; Kroeze, Jan H. *A biblical Hebrew reference grammar*. London: Bloomsbury, 2017.

Tomlin, Graham. *Spiritual fitness: Christian character in a consumer culture*. London: Continuum, 2006.

VanGemeren, Willem A. (org.). *Novo dicionário internacional de teologia e exegese do Antigo Testamento*. São Paulo: Cultura Cristã, 2011.

Vanhoozer, Kevin J. (org.). *Theological interpretation of the Old Testament*. Grand Rapids: Baker, 2008.

_____. *O drama da doutrina*. São Paulo: Vida Nova, 2016.

_____. *Teologia primeira*. São Paulo: Vida Nova, 2016b.

BIBLIOGRAFIA

Vicent, Marvin R. *Word studies in the New Testament*. Peabody: Hendrickson, 1985.

Wallace, Daniel B. *Greek grammar beyond the basics*. Grand Rapids: Zondervan, 1996.

Waltke, Bruce. *Gênesis*. São Paulo: Cultura Cristã, 2010.

_____; Houston, James. *Os salmos como adoração cristã*. São Paulo: Shedd, 2015.

Walton, John H. *Genesis*. Grand Rapids: Zondervan, 2001.

_____. "Creation in Genesis 1:1-2:3 and the Ancient Near East: order out of disorder after *Chaoskampf*", *Calvin Theological Journal*, v. 43, 2008.

_____. *The lost world of Genesis one*. Downers Grove: IVP, 2009.

_____. *O mundo perdido de Adão e Eva: o debate sobre a origem da humanidade e a leitura de Gênesis*. Viçosa: Ultimato, 2016.

_____. *Ancient Near Eastern Thought and the Old Testament*. Grand Rapids: Baker Academic, 2018.

_____. *Teologia do Antigo Testamento para cristãos*. São Paulo: Loyola, 2021.

_____. *Wisdom for faithful reading*. Downers Grove: IVP, 2023.

_____; Matthews, Victor H.; Chavalas, Mark W. *Comentário histórico-cultural da Bíblia: Antigo Testamento*. São Paulo: Vida Nova, 2018b.

_____; Walton, J. Harvey. *The lost world of the Torah*. Downers Grove: IVP, 2019.

_____. *Demons and spirits in biblical theology*. Eugene: Cascade, 2019b.

Walvoord, John F. *The Revelation of Jesus Christ*. Chicago: Moody, 1966.

Wenham, Gordon J. *Genesis 1–15*. Grand Rapids: Zondervan, 1987.

Willard, Dallas. *A conspiração divina*. Rio de Janeiro: Thomas Nelson, 2021.

Witherington, Ben. *Revelation*. Cambridge: Cambridge University Press, 2003.

_____. *Isaiah old and new*. Minneapolis: Fortress, 2017.

Wright, N. T. *Jesus and the victory God*. London: SPCK, 1996.

_____. *Paulo: novas perspectivas*. São Paulo: Edições Loyola, 2009.

_____. *Eu creio, e agora?* Viçosa: Ultimato, 2012.

_____. *Como Deus se tornou rei*. Rio de Janeiro: Thomas Nelson Brasil, 2019.

_____. *Marcos para todos*. Rio de Janeiro: Thomas Nelson Brasil, 2020.

_____. *Paulo para todos: Romanos 9–16*. Rio de Janeiro: Thomas Nelson Brasil, 2020b.

_____. *Salmos*. Rio de Janeiro: Thomas Nelson Brasil, 2020c.

_____. *História e escatologia*. Rio de Janeiro: Thomas Nelson Brasil, 2021.

_____. *Paulo e a fidelidade de Deus*. São Paulo: Paulus, 2021b.

_____. *O Novo Testamento e o povo de Deus*. Rio de Janeiro: Thomas Nelson Brasil, 2022.

_____. *Gálatas*. Rio de Janeiro: Thomas Nelson Brasil, 2023.

_____; *O Novo Testamento em seu mundo*. Rio de Janeiro: Thomas Nelson Brasil, 2024.

Este livro foi impresso pela Vozes, em 2025,
para a Thomas Nelson Brasil. O papel do miolo é
avena 70g/m^2 e o da capa é cartão 250g/m^2.